KB137780

믿음이란
무엇인가

믿음이란 무엇인가

신 信 에 관 한 열 두 가 지 입 장

이종성 지음

글항아리

믿음에게 말을 걸다

1.

지금 한국인들은 이 시대가 불신의 시대라고들 말한다. 이 말이 진실이라면 믿음의 반대편에 존재하는 것이 불신이라는 점에서 이 시대는 믿음의 부재 시대라고 말할 수 있다. 학교 현장에서는 학생이 선생님을 불신하고 선생님은 학생을 믿지 못한다. 환자가 의사를 불신하고 노동자와 기업인이 서로를 믿지 못한다. 국민은 법을 불신하며, 정치가들을 불신한 지 이미 오래되었다. 기업의 신뢰도가 높지 못한 것도 대외적인 문제로 작용한 지 오래다. 한번 깊어진 불신의 골은 시간이 지나면서 나아지는 것이 아니라 더 깊어만 간다. 특히, 국가 간 신뢰도를 비교한 후쿠야마는 국제사회에서의 한국에 대한 믿음의 정도가 상당히 낮은 것으로 평가하고 있다. 우리는 이제 자신을 겸허하게 되돌아보지 않으면 안 되는 시점에 서 있는 것이다.

믿음은 인간학적인 개념이다. 더군다나 믿음은 인간의 인간다운 삶을 보장받기 위해 필수적으로 요청되는 중요한 덕목이기도 하다. 물론 그것이 존재론적 개념이 아니라는 말은 아니다. 학자에 따라서는 존재의 믿음을 보고자 하는 이들도 있다. 믿음의 특성상 그것은 인간의 개별적 삶에서 일어나는 수많은 인간관계와 사회관계의 관계맺음 방식에서 요청되는 진실성이라고 할 수 있다. 그러나 그것은 실체가 없어서 늘 유동성을 지니고 가변성에 기대어 자신의 모습을 나타낸다. 믿음이 옮겨갈 수 있는 것이다. 지켜진 믿음은 믿음의 진정성을 대변하지만, 깨어진 믿음은 불신을 낳는다. 그렇다면 서로가 서로를 믿지 못하는 상호 불신의 삶의 양식은 도대체 어디에서 기원하는 것일까?

그것은 인간의 이기심에서 비롯되는 것이라고 할 수 있다. 인간은 누구나 믿음을 지켜낼 의지와 그런 능력이 있는 존재다. 그럼에도 그 믿음을 무너뜨리는 힘은 언제나 인간의 이기심으로부터 촉발된다. 이기심은 인간적 삶을 불신의 골로 인도하고 만다. 그 이기심은 자기 욕망의 실현과 관련되며, 다자와의 공존이나 공생이 불가능하도록 가로막는다. 믿음이 없는 곳에는 타자와의 공존과 공생도 존재하지 않는다. 그래서 믿음은 지켜져야 하며, 또한 지켜내야만 하는 존재가 된다. 불신의 시대를 산다고 하면서도 우리는 여전히 사람들이 믿음을 지켜내는 것을 보고는 훌륭하다고 평가한다. 또한 불신을 야기하는 일체의 행동을 보면서 부끄러워한다. 이것은 아직 우리에게 믿음에 대한 희망의 불씨가 살아 있다는 증거다. 그 불씨를 지피는 일은 우리 몫일 것이며, 믿음의 불씨는 언제든 살아날 준비를 하고 있다.

한국국학진흥원으로부터 '신信'이라는 주제로 집필 의뢰를 받았을 때 이 주제는 나의 주된 연구 대상이 아니었던 탓에 처음에는 망설여진 것이 사실이다. 그러나 용기를 내서 이 제의를 흔쾌히 받아들였다. 배움의 길로 접어든 이후 지금까지 개인적인 저서를 출간하는 일에는 조금 게을렀던 터라 이번 일로 반전의 기회를 삼아보자는 야심찬 의욕을 앞세웠던 것이 다. 무모한 일일망정 일을 벌여놓아야 뒷수습을 하면서라도 공부를 할 수 있을 것 같았다.

그러나 문제는 그렇게 간단하지 않았다. 6개월여에 걸쳐 나는 이 주제 에 대해 고민만 했을 뿐 본격적인 연구에 착수하지 못했다. 막중한 부담 감 때문에 다른 일들도 손에 제대로 잡히지 않았다. 그런데 이 연구 외에 도 해야 할 일은 무척 많았다. 몇 가지 다른 과제를 정리하고 나니 한가위 가 다가왔고, 이즈음 한국국학진흥원에서는 원고 점검과 관련한 이메일 을 보내왔다. 일종의 중간 점검의 성격을 띤 것이었다. 이 이메일로부터 나 는 엄청난 압박감을 받기 시작했다. 원고 마감일 약속을 지켜야만 한다는 압박이 내 의식을 짓눌렀다. 더군다나 이번에 내게 주어진 주제가 '믿음'이 요 '약속'이 아니던가. 나는 나에 대한 믿음을 스스로 저버릴 수 없었고, 타 자와의 약속을 어길 수 없었다. 그 믿음과 약속이 10월이 시작되면서부터 지금까지 두 달에 가까운 시간 동안 나를 연구실에 가두어둔 채 결박시킨 큰 힘이었음을 부정할 수 없다.

그러나 더 결정적인 힘의 원천은 다른 데 있었다. 그것은 딸아이와의 약 속이었다. 지금으로부터 이태 전 겨울로 돌아가면, 그해 겨울은 다른 어떤

해보다도 더 질기도록 추웠다. 내가 더 그렇게 느꼈을지도 모를 일이지만, 그해 겨울은 나에게 혹독하게 잔인했다. 초등학교에 다니는 딸아이에게 갑자기 찾아온 원인 모를 병마가 나와 내 주변의 모든 사람을 놀라게 하고 긴장시켰다. 대수롭지 않게 생각했던 아이의 병은 입원 3일째 되던 날 청 천벽력 같은 결과를 던져줬고, 나는 마지막 실낱같은 희망과 믿음을 안고 아이와 함께 서울대병원으로 몸을 옮겨야만 했다. 천우신조라고나 할까. 겨울방학이 끝나갈 무렵 아이의 병세도 많이 호전되었고, 다행스럽게도 그토록 그리던 집으로 돌아올 수 있었다.

그런데 집으로 돌아오기 얼마 전 딸아이가 내게 하나의 제안을 했다. 아빠의 이름으로 지어진 책을 한 권 선물로 받아보고 싶다는 것이었다. 뜬 금없는 요청이었지만, 나는 흔쾌히 약속했다. 살아만 준다면 그깟 약속쯤 내 어찌 지키지 못할 것이겠냐는 절박함이 있었기 때문이다. 그러나 겨울 이 가고 또 한 번의 겨울이 지나갔지만 내 저서는 나오지 않았다. 그만한 이유가 없었던 것도 아니지만, 딸아이와 맺은 약속은 차일피일 미루어지 고 있었던 것이다. 그런데 이 약속을 지킬 수 있도록 다리를 놓아준 것이 우연찮게도 한국국학진흥원이있다. 내 어찌 고맙지 않겠는가?

죽음의 문턱에서 다시 살아나 새 생명을 얻은 내 딸 경릉은 이 책이 나 올 수 있게끔 힘을 실어준 가장 결정적인 인연이기에 더할 나위 없이 고마 운 존재다. 살아가는 것이 기적이라고 한다면, 죽음 앞에서 소생하는 삶이 야말로 얼마나 극적이고 기적적인 것인가? 그해 겨울 이 아이의 옆을 지켜 준 아내 지연은 또한 이 책의 교정을 보느라 내 첫 번째 독자가 되어주었 다. 내 어찌 이 일에만 감사함을 느끼랴마는, 늘 미안하고 고마울 뿐이다.

그리고 묵묵하게 생활해주는 큰아들 관수의 미더움 또한 내겐 큰 힘이다. 어떠한 길을 가든 그 길에 대한 믿음이 있으리라, 그렇게 믿는다.

이 한 권의 책이 나오기까지는 많은 사람의 도움이 필요했다. 특히, 이 책에 원용된 많은 고전과 그에 대한 여러 번역서, 그리고 하나하나 주를 달아 출처를 밝히지는 못했지만 내 손끝을 스쳐 지나간 숱한 연구 성과가 모두 나에게 큰 힘이 되었다. 그 모든 숨은 인연에게 감사의 말을 전하며, 이들에게 빚진 사유와 언어를 늘 마음에 품고 정진하는 삶을 살고자 끊임없이 노력하고자 한다. 학문의 길 안내자들이 있다는 것이 더없이 행복한 지금이다.

3.

이 책은 중국의 고전들을 중심으로 믿음의 의미와 그에 대한 변천의 역사를 훑어본 것이다. 각각의 철학자나 각각의 학파에 따라서, 또한 각각의 시대에 따라서 믿음에 대한 입장은 물론 그 대상 또한 다르게 나타나고 있다. 무려 3000여 년에 걸친 믿음의 파노라마가 시대별로 인물별로 학파별로 다양한 모습을 띠면서 펼쳐지는 것이다. 이러한 흐름에 몸을 맡길 수 있었던 것 자체가 나에겐 축복이었다. 그랬기에 밤을 꼬박 새우고 몸살이 찾아와 사지육신이 욱신거려도 또 다른 밤을 새울 수 있었던 것이라 믿는다. 한편 아쉬움도 남는다. 시간적 여유가 좀 더 있었다면 더 나은 형태의 성과를 거두지 않았을까 하는 것이다. 또 하나는 여기 싣지 못한 우리 자료들이다. 내가 가려 뽑은 국내의 믿음 관련 자료들이 생각보다 많고, 또 예상치 않은 특징이 발견되고 있어 그 아쉬움이 더하다. 이는 차후에 시간을 두고 지속적으로 연구하기로 하면서 아쉬움을 대신한다.

　이제 다시 원점이다. 그 자리는 내 삶의 터전이다. 내가 과거의 고전들을 빌려 믿음의 의미를 되돌아본 것도 결국은 '지금-여기'라는 내 삶의 터전을 아름답게 가꾸기 위한 방편이었을 뿐이다. 믿음은 인간다운 삶을 영위하기 위한 하나의 촉매 이상일 수 없다. 믿음은 인간 관계의 목표라기보다는 그 관계를 원활하게 해주는 촉매로서 더 큰 의미가 있다. 중요한 것은 믿음을 운용하는 주체의 문제다. 주체의 자기 믿음이 전제되지 않고는 인간 상호 간의 믿음을 말하기 곤란하다. 자신이 미더운 존재가 되어야 하고, 타자에 대한 관용과 배려에 게으르지 말아야 한다. 적어도 내게 숨이 붙어 있는 한 그 이상이 함께할 수 있다면, 현실을 고단하게 이끌어가기는 하겠지만 타자의 삶을 외면하지는 않으리라 믿는다. 믿음의 대상도 중요하지만 그 믿음의 주체인 자신에게 모든 것을 되돌려놓지 않으면 안 된다. 주체의 진실만이 믿음의 진정성을 드러내는 가장 강력한 권능의 행사자일 수 있다는 점에서 그러하다. 주체에 대한 처절한 반성 없이 어떻게 진정한 믿음을 고민할 수 있을 것인가? 그래서 나는 다시 원점에 선 것이다.

　　　　　흰 눈과 함께 밤이 내려앉는 중정원을 바라보며
　　　　2013년에 11월 27일에 처음 쓰고 2014년 5월에 고쳐 쓰다

　　　　　　　　　　　　　　　　이종성

책머리에

믿음에게 말을 걸다 · 004

1장 풀이하는 글

2장 원전과 함께 읽는 '믿음'

일러두기

1. 원전 번역은 원문의 취지를 손상시키지 않는 범위 안에서 자유롭게 풀이했다.

2. 인명은 상앙 이후부터는 모두 이름을 직접 썼다.

3. '理'와 같은 개념어도 두음법칙을 적용하여 '이'로 표기했고 문맥에 따라 한자를 병기했다.

4. 연구 대상은 사상적 의의와 비중에 따라 선별했다. 검토 대상에 포함시키지 못한 사상가는 훗날의 연구 대상으로 남겨둔다.

풀이하는 글

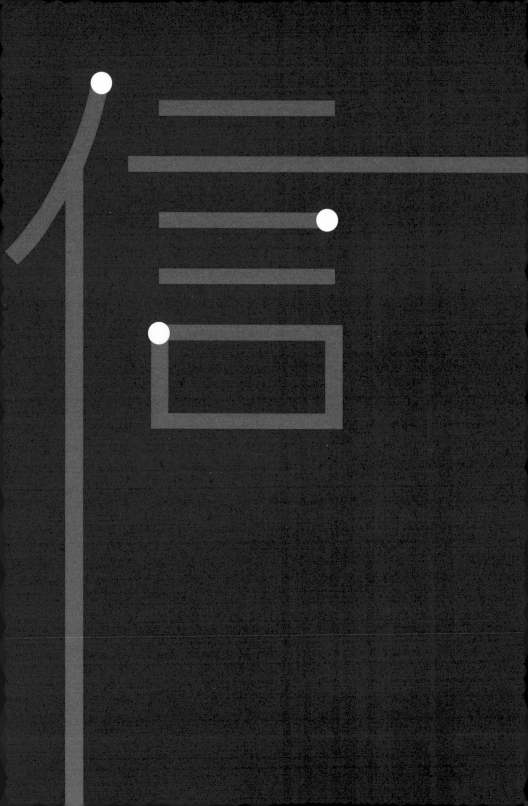

1.
그 사람을 가졌는가?

　　　　　서울 동숭동의 혜화역 근처에는 함석헌咸錫憲(1901~
1989)의 시비 하나가 서 있다. 2001년에 그의 탄생 100주년을 기념하여
함석헌기념사업회에서 건립한 것이다. 그 시비에는 「그 사람을 가졌는가」
라는 시가 실려 있다. 그러나 전문이 실려 있지는 않다. 여기서 『함석헌저
작집 23』(『수평선 너머』)에 실려 있는 시의 전문을 인용해본다.

　　민멋길 나시는 길
　　처자를 내맡기며
　　맘 놓고 갈 만한 사람
　　그 사람을 그대는 가졌는가

　　온 세상 다 나를 버려
　　마음이 외로울 때에도

'저 맘이야' 하고 믿어지는
그 사람을 그대는 가졌는가

탔던 배 꺼지는 시간
구명대 서로 사양하며
'너만은 제발 살아다오' 할
그 사람을 그대는 가졌는가

[마지막 숨 넘어오는 순간
그 손을 부썩 쥐며,
'여보게 이 조선을' 할
그 사람을 그대는 가졌는가]

불의의 사형장에서
"다 죽여도 너희 세상 빛을 위해
저만은 살려두거라" 일러줄
그 사람을 그대는 가졌는가

잊지 못할 이 세상을 놓고 떠나려 할 때
'저 하나 있으니' 하며
빙긋이 웃고 눈을 감을
그 사람을 그대는 가졌는가

온 세상의 찬성보다도

"아니" 하고 가만히 머리 흔들 그 한 얼굴 생각에

알뜰한 유혹을 물리치게 되는

그 한 사람을 그대는 가졌는가

[가졌거든 그대는 행복이니라

그도 행복이니라

그 둘을 가지는 이 세상도 행복이니라

그러나 없거든 거친 들에 부끄럼뿐이니라]

　함석헌은 자신이 시인은 아니라고 말한다. 그도 그럴 것이 그는 1970년 대 유신정권에 맞서 싸운 재야 지식인의 전형이기 때문이다. 이러한 이유 에서인지 함석헌은 자신이 쓴 300여 수의 시가 있음에도, 이를 시가 아니 라고 부인한다. 그것은 시 아닌 시라고 한다. 아마 그것은 시 아닌 저항이 며, 시 아닌 씨알이며, 시 아닌 역사이며, 시 아닌 사랑이라는 의미로 독해 될 수 있을 것이다.

　함석헌이 노래한 그 사람은 어떤 자인가? 그 사람은 구체적인 실존 인 물이라기보다는 일차적으로 믿음을 주는 자라고 할 수 있다. 그래서 그는 내가 믿을 수 있는 사람이다. 그는 내가 살아서 돌아올지 알 수 없는 머나 먼 길을 나서면서 처자식까지 내맡기며 맘 놓고 떠나갈 수 있는 사람이다. 온 세상 사람이 나를 버려 마음이 외로울 때에도 마음으로 믿을 수 있는 사람이 그다. 혹여 타고 가던 배가 잘못되어 난파될 찰나에도 구명대를 양보하며 너만은 제발 살아달라고 할 수 있는 사람이 바로 그다. 또한 내가 먼저 세상을 떠나더라도 저 한 사람 살아 있으니 다행스럽다고 안심하며 눈을 감을 수 있는 그런 자다. 그는 자기 혼자서만 잘 살아보겠다는 이기적인 사람이 아니다. 그는 자기 가족 사랑에만 안주하는 소아병적인 사람도 아니다.

함석헌의 표현을 빌리자면 그 사람은 씨알이라고 할 수 있다. 씨알이란 사람 안에 존재하는 영원하고 불멸적인 생명력이며, 함석헌이 사용하는 민중의 다른 말이기도 하다. 씨알은 모두 평등한 존재다. 그리고 사회적 관계나 신분 등에 관계없이 사회와 역사의 주체이기도 하다. 그 씨알은 나와 너로 나누어 대립하는 개별자가 아니라, 나와 너를 싸고 넘어서는 참다운 자아를 지닌 사람이다. 그 참다운 자아의 모습을 타자에게서 발견할 수 있는 자는 값진 인생을 살아가고 있는 것이다. 참다운 자아의 상호 소통은 행복을 낳는다. 그래서 미더운 사람을 가진 자는 행복한 사람이지만, 그 사람을 갖지 못한 자는 부끄러운 사람이다. 마찬가지로 미더운 사람들이 살아가는 세상은 행복한 세상이지만, 불신하는 사람이 가득한 세상은 불행한 세상이다.

물론 함석헌에게서 믿음의 타자는 종교적인 것일 수 있다. 우리는 요즘도 믿음을 이야기할 때, 종교적 믿음을 가장 많이 연상한다. 실제로 믿음과 종교는 밀접한 관련이 있다. 종교는 철학처럼 따져 묻고 회의하지 않는다. 철학은 도리어 종교처럼 믿음을 전제로 사유하지 않는다. 따라서 믿음은 철학의 범주에서보다는 종교적 범주에서 더 큰 권능을 발휘한다. 함석헌의 직접적인 종교적 믿음의 대상은 예수였다. 그러나 그의 예수는

2000여 년 전에 죽은 예수가 아니다. 함석헌의 예수는 현재적 믿음 안에 존재한다. 예수는 나의 살과 뼈와 피 속에 살아 있는 존재다. 함석헌의 믿음은 곧 예수의 주체화다. 거기에는 믿음의 대상인 예수도, 믿는 주체로서의 나도 존재하지 않는다. 내가 예수요, 예수가 곧 내가 되는 것이다. 이러한 믿음은 다분히 함석헌적인 것이다.

함석헌은 민주화를 위해 고통받던 당대의 민중 속에서 예수가 태어날 것이라고 믿었다. 사람의 아들로 예수가 이 땅에 온다는 것이다. 이것은 얼마나 엄청난 사건인가? 함석헌의 예수는 역사 속에서 완성되는 하느님을 상징한다. 하느님의 역사가 인간 세상에 새롭게 시작된다는 것이다. 그 역사는 믿음의 역사이며, 사랑의 역사다. 내가 타자를 믿을 수 있듯이 타자도 나를 믿을 수 있고, 내가 타자를 사랑할 수 있듯이 타자도 나를 사랑할 수 있는 역사가 시작된다는 것이다. 그 세상에는 더 이상 불의가 용납되지 않을 것이며, 사형장에 끌려갈 사람도 없을 것이고, 그 사형장이라는 공간조차 사라질 것이다. 사형이라는 말조차 무의미해질 것이다. 불의의 사형보다 더 지독한 생명의 파괴는 다시없다. 그러나 믿음은 사형제도도 사라지게 할 것이다. 함석헌이 본 이러한 믿음은 생명을 기르는 힘이라고 할 수 있다.

그런데 진정으로 믿을 수 있는 사람은 상대방의 말에 노여워하지 않는다. 즐겁고 기쁜 말만 귀담아 듣는 것이 믿음은 아니다. 나를 경계하는 말이나 잘못을 지적하는 말에도 귀 기울여 수용할 수 있는 마음이 진실한 믿음이다. 그래서 온 세상 사람이 모두 나에게 찬성하여 나를 기쁘게 한다 하더라도 그것은 내 잘못을 제대로 짚어내 따끔하게 지적해줄 수 있는 단한 사람만도 못할 수 있는 것이다. 동조자가 반드시 믿음의 사람인 것은 아니다. 비판자가 반드시 불신의 사람인 것도 아니다. 내 언어와 행동에 진실성이 있을 때 그 행위를 믿어주는 것이 진실한 믿음이다. 반면 내 언어와 행동에 진정성이 없을 때 이를 믿어주는 것은 진실한 믿음이 아니다. 믿음직스러운 타자는 내가 어려울 때 내 고난을 대신해주고자 하는 자기희생적인 사람이기도 하지만, 세상의 평판과 갖가지 유혹을 물리칠 수 있도록 인도해주는 내 삶의 비판자이기도 하다. 우리에게는 과연 그런 사람이 있는가?

2.
'신信'의 사전적 정의

'믿음'의 의미로 가장 널리 알려진 '신信'의 사전적 정의를 살펴보면, 아주 다양한 함의가 있다. 우리나라 권병훈權丙勳 (1864~1940)이 지은『육서심원六書尋源』은 허신許愼(30~124)의『설문해자』 풀이를 비롯한 다양한 전적의 용례를 소개하면서, '신'의 의미를 대체로 성실함의 의미와 의심이 없는 진실한 상태라고 해석하고 있다.

일본이 자랑하는 세계적인 석학 모로하시 데쓰지諸橋轍次(1883~1982) 가 40여 년에 걸쳐 편찬한『대한화사전大漢和辭典』에는 '신'자의 해의를 비롯해 이에 대한 다양한 뜻을 소개하고 있어 참고할 만하다. 글자의 해의에 대해 모로하시는 다음과 같이 설명한다. 이것은 사람人과 말言의 합자로서 회의문자에 해당된다. 이것은 사람의 중심을 표명한 것으로, 속이지 않는 것을 의미한다. 그러므로 '신'은 진실을 의미한다. 따라서 '믿다'라는 의미가 된다. 또한 고문에 '伈'(믿을 신)으로 적혀 있는 것도 같은 의미다. 그러므로『설문해자』는 '성실함誠'의 뜻으로 새긴 것이다.

그리고 이에 대한 스무 가지 뜻을 다음과 같이 소개한다.

① 진실, 진심. 정말로. 믿다. 의심 없는.

② 분명히 하다, 밝히다. 소상하게 밝히다.

③ 알다.

④ 정표, 증표, 증거. 증명. 특히, 결백의 증거.

⑤ 부절: 후일에 맞춰보아서 증거로 하는 문서나 감찰 따위.

⑥ 따르다, 좇다.

⑦ 존경[공경]하다, 숭상하다.

⑧ 가지다, 지니다, 지키다.

⑨ 맡기다, …하는 대로 내버려두다, 마음대로 …하게 하다, 위임하다,
일임하다.

⑩ 이틀 밤을 머물다.

⑪ 정해진 때의 해수의 간만[썰물과 밀물].

⑫ 사신.

⑬ 편의, 편리, 형편이 좋은 때, 기회, 방문, 소식. 편지.

⑭ 오음에서 '궁宮'음을 말함.

⑮ 오행에서 '토土'를 말함.

⑯ 오행에서 '수신水神'을 말함.

⑰ 옛날에는 '伈' '訫' '訞'으로도 쓴다.

⑱ 성씨의 하나.

⑲ [현대어] Ⓐ 신호信圖: 눈짓·몸짓·소리·봉화 등 모든 방법의 총칭.

ⓑ 비석砒石: 비소와 유황과 철로 된 광물.

⑳ [불교어] 일체의 이理와 비리非理를 변별해, 삼보의 맑은 덕을 소원하고, 일체의 착한 일을 희망해서 그 마음이 청정한 것.

이 해석을 보면, '신信'은 '믿음'이라는 명사형보다는 '믿는다'라는 동사형으로 먼저 사용되었을 가능성이 높다. 언어의 발달 과정에서 '믿는다'가 자연스럽게 '믿음'으로 전화되었을 것으로 추정된다. 에리히 프롬Erich Fromm(1900~1980)은 서양의 언어를 소유와 존재의 개념을 기준으로 분석하면서, 언어의 관습에 변화가 찾아왔음을 확인했다. 그는 지난 몇 세기 동안 명사의 사용 증가와 동사의 사용 감소를 예로 들면서, 동사를 명사로 대치하는 언어적 관용에 대해 주목한 바 있다.

물론 서양의 언어와 동양의 언어가 지닌 차이가 있을 테지만, 인간의 소유지향 의식과 존재지향 의식의 측면에는 공통성이 있다는 점에서 동사적 언어의 명사적 전화는 자연스러운 현상이다. 특히 인의예지라는 네 가지 덕과 더불어 오상의 개념으로 정립되는 단계에 이르면 '신'은 더 이상 동사형에 머물지 않는다. '신'이 언제부터 명사형으로 쓰이기 시작했는지는 분명치 않다. 어쨌든 매우 이른 시기부터 이 말은 '믿음'의 의미로 활용되었을 가능성이 높다. 그리고 명사화된 '신'은 애초에 고유명사보다는 일반명사로 활용되었다고 보는 게 타당할 것이다.

모로하시는 '신'의 또 다른 의미로 펴지다, 펴다, 묽게 하다 등의 뜻과 몸身의 뜻이 있다고 말한다. 이외에도 다른 사전류에서는 '신'이 말하다, 알다 등의 뜻으로 쓰일 때도 있다고 설명한다. 그러나 우리의 전체적인 주제의식은 대체로 '믿음'의 의미에 초점이 맞추어진다. 그렇다면 이제 믿음과 관련된 몇 가지 사례를 통해 믿음에 대한 전통적 사고방식에 좀 더 가까이 다가가보자.

3.
무모하지만 아름다운 믿음의 역설

일찍이 공자가 말했다. "사람이면서도 믿음이 없다면 그것을 옳다고 할 수 있을지 모르겠다." 믿음이 없는 이는 생물학적인 면에서는 사람이겠지만 사람다운 사람이라고는 할 수 없을 것이라는 평가다. 그래서 중국의 고사에는 유독 믿음을 위해 목숨까지도 초개처럼 던진 사람들의 이야기가 자주 등장한다.

특기할 점은 무모한 믿음의 결과가 도리어 성공적인 결말을 보여주는 경우가 많다는 것이다. 중국 고전에서 이러한 사례를 찾아보는 것은 어렵지 않다. 마치 종교적 믿음과도 같은 무조건적인 믿음이 미덕인 양 칭송되기도 한다. 우선 여기서는 무모한 믿음이지만 성공적인 결과를 보여준 몇몇 사례를 확인해보자. 이에 대해서는 최병규의 「중국고전에 나타난 신뢰 고사」(2005)라는 연구 성과를 참고할 만하다. 다음의 세 가지 사례는 최병규의 연구 성과에서 그 내용을 요약하여 재인용한 것이다.

[사례 1]

오나라의 위백양魏伯陽은 불로장생의 신단을 만들어 함께 수련하던 세 제자의 믿음을 시험해보았다. 위백양이 그 신단을 먹고 숨을 쉬지 않았다. 이것을 보고 두 명의 제자는 하산했지만, 우虞라는 이름을 가진 제자는 끝까지 남아서 무모하게 그 신단을 먹었다. 그러나 우는 죽지 않았을 뿐만 아니라 스승인 위백양과 함께 불로장생의 선인이 되었다.

[사례 2]

『수신기搜神記』라는 책에는 적赤이라는 이름의 사내 이야기가 나온다. 그는 초나라 왕 때문에 아버지를 잃었다. 이에 적이라는 사내는 아버지를 위해 복수하고자 절치부심했다. 지나가던 협객이 이를 알고 적이라는 사내를 만나 현상금이 붙어 있는 그의 머리와 보검을 주면 대신 복수해주겠다고 제의했다. 적은 이에 흔쾌히 자결했고, 협객은 적의 머리를 가지고 초나라 왕에게 가 보여주면서 적의 보검으로 초왕의 목을 내리치고 자신의 목도 쳤다. 적은 무모한 믿음으로 자신의 소원을 성취했다는 이야기다.

[사례 3]

『사기』「자객열전」에는 노나라 사람 조말曹沫의 이야기가 나온다. 그는 제나라 환공을 칼로 위협하여 제나라가 침략한 노나라의 땅을 반환받기로 약속받고 칼을 버렸다. 이에 제 환공은 화가 나서 약속을 번복하려 했지만, 관중이 믿음을 저버리면 천하의 원조를 잃게 된다고 조언해 환공은 약속을 지켜 노나라 땅을 돌려주었다. 여기에서 주목되는 점은 조말이 환공으로부터 약속을 받아내자마자 그 약속을 믿고 환공을 겨누고 있던 자신의 칼을 스스럼없이 버렸다는 사실이다. 환공이 자신을 죽일지도 모른다는 데 대한 추호의 의심이 없었던 것이며, 이러한 무모한 믿음이 실패하지 않았다는 이야기다.

[사례 4]

『열자』에는 아흔 살이 다 되어가는 우공愚公이라는 노인의 이야기가 실려 있다. 그런데 노인의 집은 태항산과 왕옥산이라는 두 산이 가로막고 있어서 출입하는 데 어려움이 많았다. 그러던 어느 날 노인은 가족들을 모아놓고 집 앞을 가로막고 있는 두 산을 옮기자고 제의했다. 대부분 찬성했지만, 그의 아내만이 의문을 품으며 반대했다. 그러나 노인은 자신의 뜻을 굽히지 않았고, 다음 날부터 작업을 시작했다. 이 모습을 본 이웃집 노인이 우공의 행위가 무모하다고 비웃었다. 그러자 우공은 비록 자신이 죽더라도 아들과 손자와 증손자가 자자손손 계속해서 산을 옮긴다면 언젠가는 반드시 산이 평평해질 것이라고 대답했다. 산을 지키던 산신이 이 말을 듣고는 즉시 상제에게 산을 지켜달라고 아뢰었다. 이 말을 들은 상제는 두 산을 각각 멀리 옮겨놓게 했다. 믿음은 산도 옮긴다는, 이른바 '우공이산愚公移山'의 고사다.

위의 사례 외에도 무모한 믿음의 사례는 얼마든지 발견된다. 『사기』 「자객열전」에는 자신의 믿음을 성공으로 이끌지는 못했지만, 조말 이외에도 자신을 알아준 사람을 위해 목숨을 내던진 다른 네 사람의 이야기가 소개되어 있다. 즉, 예양豫讓, 섭정聶政, 협루俠累, 형가荊軻가 그들이다. 이중에서 예양은 진晉나라 지백智伯의 신하였다. 그는 평소 지백의 총애를 받았는데, 지백이 조양자趙襄子를 치려다가 도리어 실패해 죽고 말았다. 조양자는 지백을 깊이 원망하여 그의 두개골로 술잔을 만들었다. 이에 예양은 "사내는 자기를 알아주는 사람을 위하여 죽고, 여자는 자기를 사랑해주는 사람을 위해 화장을 한다"고 하면서 보복을 맹세했다. 그는 몇 차례 조양자를 죽이려고 시도했지만 발각되어 끝내 자결하고 말았다.

　예양의 예화는 무모하긴 하지만, 자신을 믿음으로 대해준 사람에 대한 보은의 행위였다는 점에서 긍정적인 평가를 받기도 한다. 「자객열전」에 소개된 다섯 명의 자객은 모두 개인적인 원한 때문에 복수를 다짐하고 이를 실행에 옮긴 것이 아니다. 그들은 모두 약자였지만 자신이 믿고 있던 정의를 실천하려고 목숨까지 걸었던 공통점이 있다. 그들의 행위가 반드시 옳다고는 할 수 없지만, 그럼에도 그들의 믿음과 의협심만큼은 높이 살 만하다. 특히, 다섯 사람의 자객 중에서 연나라 태자 단에게 인정받았던 형가는 진시황에게 도전했고, 폭력을 반대하는 정신도 가장 강하게 나타난다. 그 역시 자신의 믿음을 따라 몸을 움직인 대표적인 경우다. 그의 믿음은 성공하지 못했지만, 오늘날까지 인구에 회자되고 있다. 배우 리롄제李連杰가 무명이라는 이름의 자객으로 열연했던 장이머우 감독의 영화 「영웅」(2003)의 모티프는 형가로부터 얻은 것이다. 영화 속의 주제의식 역시 정의였다. 암살을 목적으로 한 작은 정의와 천하를 목적으로 한 큰 정의 앞에서, 주인공 무명은 스스럼없이 진시황 암살이라는 작은 정의를 포기하고 천하라는 큰 정의 앞에 목숨을 내놓는다. 이들 자객의 믿음은 사사로운 개

믿음이란 무엇인가

인의 욕망 달성을 목적으로 하지 않는다는 점에서 의의가 있다.

한편, 무모한 믿음의 예로 가장 많이 알려진 예화는 '미생지신尾生之信'일 것이다. 옛날 미생이라고 하는 순박한 청년이 살았다. 그는 사랑하는 여인을 다리 밑에서 만나기로 약속했고, 시간에 맞춰 다리 밑으로 나가 여인을 기다렸다. 그러나 여인은 나타나지 않았다. 그러던 중 비가 쏟아져 순식간에 다리 밑의 개울물이 불어나기 시작했다. 그러나 미생은 약속 장소를 떠나지 않았고, 급기야 다리 기둥을 부둥켜안은 채 물에 빠져 죽고 말았다. 이 이야기는 『장자』를 비롯한 『한비자』 『회남자』 등에 실려 있는데, 모두 우직한 믿음의 대명사로 인용되고 있다. 그런데 『전국책』에 등장하는 소진蘇秦만큼은 미생의 믿음을 긍정적인 것으로 인정한다. 장의張儀와 더불어 종횡가의 대표적인 한 사람으로 활동한 소진은 미생의 행동을 어리석고 융통성 없는 것이 아닌 진정한 믿음에서 나온 것으로 본다. 그는 연나라 소왕에게 유세하면서 미생은 고매한 품성의 소유자이며, 자신의 믿음은 미생의 믿음처럼 목숨을 걸 수 있는 종류의 것이라고 다짐한다.

소진과 같은 특별한 경우를 제외한다면, 미생의 믿음은 답답할 정도로 우직하고 고지식한 믿음을 가리키는 말로 전용되었다. 그러나 미생의 믿음은 단순하게 부정되거나 긍정될 대상은 아닌 듯하다. 미생의 믿음이 우직하면서도, 그의 기다림은 사람들의 감성을 자극하기에 충분하기 때문이다. 그래서인지 미생의 이야기가 전해진 지 2000여 년이 지나 아쿠타가와 류노스케芥川龍之介(1892~1927)에 의해 「미생의 믿음」이라는 이름으로 다시 태어난다. 이 작품은 1920년 『주오코론中央公論』에 발표되었는데, 그 내용의 일부는 다음과 같다.

[사례 5]

미생은 다리 밑에 머물러, 아까부터 여자가 오는 것을 기다리고 있었다. 올려다보니, 높은 돌로 된 다리 난간에는 덩굴나무가 반쯤 줄기를 뻗어, 때때로 그 사이를 지나가는 행인들의 흰 옷자락이, 선명한 지는 해에 비치면서, 유유히 바람에 날리어간다. 그러나 여자는 여태 오지 않는다. (…) 그로부터 수천 년인가의 시간이 지난 후, 그 영혼은 무수히 변천하여, 또 생을 인간에게 맡기지 않으면 안 되었다. 그것이 이러한 내게 깃든 혼인 것이다. 때문에 나는 현대에 태어났지만, 무엇 하나 의미 있는 일을 할 수가 없다. 낮이나 밤이나 하릴없이 꿈꾸는 듯한 생활을 하면서, 그저, 뭔가 다가올 이상한 일들만을 기다리고 있다. 꼭 그 미생이 해질녘 다리 밑에서, 영원히 오지 않을 연인을 언제까지나 기다리다가 죽어간 것같이.(김명주, 「아쿠타가와 「미생의 믿음尾生の信」 고찰」, 2005에서 재인용.)

아쿠타가와는 원래의 고사를 작품에 그대로 수용하면서도, 여자를 기다리다 물속에서 죽어간 미생의 혼을 불러내 현재를 살아가는 '나'의 몸 안으로 끌어들여 다시 태어나게 한다. 몇천 년의 시간이 경과되었건만, 자신이 사랑한 여인을 포기하지 않고 계속하여 기다린다는 스토리 설정이 독특하다. 아쿠타가와에게는 미생의 기다림이 아직도 끝나지 않은 것이다. 오직 한 사람의 사랑하는 여인만을 기다리게 만든 미생의 믿음은 도대체 무엇인가? 지나치게 완고하고 집요하여 숨을 가쁘게 하는 종류의 일고의 가치도 없는 믿음인가? 아니면 더없이 투명하고 맑은 영혼에서 우러나온 우직한 믿음인가? 해답은 이야기의 청자에게 있을 뿐이다. 다만, 아쿠타가와가 설정한 미생의 믿음만큼은 결코 가벼운 것이 아니며, 한시적인 것도 아니라는 것은 분명하다. 영원을 꿈꾸는 기다림의 미학이 미생의 믿음을 통해 다시 탄생했기 때문이다.

4.
믿음의 적 또는 의심과 선입견

'의심암귀疑心暗鬼'라는 말이 있다. 의심하는 마음이 생기면 있지도 않은 귀신이 나타나는 것처럼 느껴진다는 말이다. 의심은 믿음의 부재를 의미하며, 선입견을 품고 대상을 보는 데서 생겨난다. 선입견이란 어떤 대상에 대해 이미 마음속에 가지고 있는 고정관념이나 관점을 의미하는데, 그것은 우리가 대상을 있는 그대로 진실하게 보는 것을 방해한다. 이런 점에서 선입견과 의심은 믿음의 최대 적이다. 선입견을 통해 사물을 의심하기 시작하면 갖가지 종류의 망상이 줄지어 생겨난다. 의심은 또 다른 의심을 낳기 때문이다.

선입견 때문에 물건을 다른 사람이 가져가려 한다고 의심하거나, 또는 잃어버린 물건을 특정한 사람이 훔쳐갔을 것이라고 의심할 때가 있다. 이런 의심이 마음에서 일어나면 상대방의 일거수일투족이 모두 부정적으로 보인다. 『열자』는 이러한 빗나간 판단에 관하여 다음과 같은 두 가지 사례를 든다.

믿음이란 무엇인가

[사례 1]

어떤 사람에게 말라 죽은 오동나무가 있었다. 그의 이웃집 노인이 말라 죽은 오동나무는 불길하다고 말하자 그는 황급히 나무를 베어버렸다. 이웃집 노인은 그 나무를 땔감으로 쓰게 달라고 했다. 그 사람은 아주 불쾌해져서 말했다. "이웃집 노인은 단지 땔감으로 쓰고자 나에게 그 나무를 베어버리게 했다. 나와 이웃인데도 이와 같이 음흉하니, 어찌 이럴 수 있단 말인가!"

[사례 2]

어떤 사람이 도끼를 잃어버렸다. 그러자 그의 이웃집 아들을 의심했다. 그의 걸음걸이를 보아도 도끼를 훔친 것 같고, 그의 낯빛도 도끼를 훔친 것 같으며, 말하는 소리도 도끼를 훔친 것 같았다. 동작과 태도가 어느 것 하나 도끼를 훔치지 않아 보이는 것이 없었다. 며칠 후에 이 사람이 산골짜기에서 땅을 파다가 자기 도끼를 찾았다. 다음 날 그 이웃집 아들을 다시 보니 동작과 태도가 도끼를 훔친 사람 같아 보이지 않았다.

위 두 사례는 『열자』 「설부說符」 편에 나오는 이야기다. 둘 모두 선입견으로 상대방을 의심하게 되었다는 공통점이 있다. 선입견과 의심은 상대방의 진정성을 왜곡한다. 선입견과 의심은 전혀 객관적이지 못한, 주관적인 판단의 양상이다. 그것은 대상에 대해 정확하게 알아보기도 전에 미리 생겨나는 그릇된 판단이라는 점에서 부정적이다. 객관적 판단을 하기 위해서는 선입견과 그에 근거한 의심을 제거하지 않으면 안 된다.

그런데 의심이 절정에 이른 사례 하나가 『한비자』 「세난說難」 편에 다음과 같은 내용으로 실려 있다.

[사례 3]

송나라에 어떤 부자가 있었다. 어느 날 장마로 담장이 무너졌다. 그 아들이, "빨리 수리하지 않으면 도둑이 들지도 모릅니다"라고 말했다. 이웃에 사는 노인도 무너진 담장을 보고 같은 충고를 했다. 며칠 후 그 집에 정말로 도둑이 들었다. 그 부자는 아들에게는 '선견지명이 있다'고 하고, 노인에 대해서는 '수상하다'고 의심했다.

『한비자』에 소개된 송나라 부자의 의심은 매우 주관적인 것이다. 자기 아들에겐 선견지명이 있다고 본 반면, 이웃집 노인은 오히려 자신을 위해 조언을 해주었음에도 그가 도둑이 아닐까 의심했으니, 이러한 판단의 양상은 대단히 자기중심적인 것임을 알 수 있다. 이러한 경우 의심은 이성적 회의의 방법으로서 요청되는 의심과는 전혀 다른 종류의 것이다. 의심에 대한 반성작용이 철저히 배제되었기 때문이다. 그것은 이성적 판단을 가로막고 있는 편견이 일으키는 의심이라는 점에서, 방법적 회의와는 차원이 다르다.

그런데 의심과 불신은 자기 파멸을 가져오기도 한다. 상대방에 대한 의심과 불신이 부메랑이 되어 자기 자신에게로 되돌아올 때가 있다. 이와 관련된 사례들이 중국 고전에서 다수 발견된다. 몇 가지 예를 다시 최병규(2005)의 기존 연구로부터 원용해본다.

[사례 4]

명나라 때의 통속문학 작가인 풍몽룡馮夢龍(1574~1646)이 편찬한 소설 『삼언三言』 가운데 두시낭杜十娘이라는 기생의 이야기가 있다. 두시낭은 북경의 기생이었는데 진심으로 사랑하는 사람을 만나 현재의 신분에서 벗어나 행복한 결혼생활을 하고 싶은 꿈이 있었다. 그러던 중 자신을 좋아하는 이갑李甲이라는 점잖은 귀공자를 만나게 되어 결혼할 생각으로 이갑과 함께 그의 고향으로 가는 배를 탔다. 이갑은 배 안에서 손부孫富라는 교활한 상인을 만나는데, 손부는 두시낭의 미모에 반한 나머지 그녀를 탈취하기 위하여 이갑을 부추겨 그녀와 헤어지게 하려고 계책을 꾸민다. 결국 이갑은 손부의 계교에 넘어가 거금을 받는 조건으로 그녀를 팔아넘기게 되었다. 이에 화가 난 두시낭은 아무도 모르게 모아두었던 백 가지 보석과 만금이 들어 있는 보물상자를 이갑에게 보인 다음, 그것들을 강물에 던져버렸다. 이갑은 그때서야 자신의 무정함과 어리석음을 뉘우치며 그녀를 보듬고 통곡했다. 그러나 이미 때는 늦었다. 두시낭은 이갑과 손부를 통렬하게 꾸짖은 다음 이갑을 향해 냉소를 지으며, "첩이 낭군을 배반한 것이 아니라 낭군이 저를 배신한 겁니다!"라는 말을 남기고 바로 강물에 뛰어들어 숨을 거두었다. 두시낭이 죽고 난 후 그녀를 배반한 이갑은 우울증이 심해져 평생토록 고생을 하고, 손부는 두시낭의 악몽에 시달리다가 고통스럽게 죽었다.

[사례 5]

역시 풍몽룡의 『삼언』에 나오는, 주승선周勝仙이라는 처녀에 관한 이야기다. 여관을 경영하는 범이랑范二郎이라는 사내는 연못가를 거닐다가 주 승선이라는 처녀를 만나, 두 사람은 서로 반해 함께 상사병이 생겼다. 처녀 의 어머니는 이 사실을 알고 매파를 보내 두 사람의 혼담을 성사시켜 예물 을 주고받았다. 반년 뒤 출타했던 주승선의 아버지가 집에 돌아와 이 사실 을 알고는 혼사를 반대했고, 주승선은 충격으로 기절하여 쓰러지고 만다. 가족들은 그녀가 실제로 죽은 줄 알고 후하게 장례를 치러주었다. 그런데 그녀를 묻은 지 얼마 안 되어 도굴꾼이 그녀가 묻힌 무덤을 파헤쳐 재물 을 훔치는 일이 벌어졌다. 그 과정에서 도굴꾼은 백옥 같은 주승선의 몸까 지 훔치게 된다. 이 어처구니없는 사건의 충격으로 아직 죽지 않았던 주승 선은 소생한다. 도굴꾼은 그녀를 자신의 집으로 데려다 감금하지만, 주승 선은 그 집에서 탈출하는 데 성공하고, 곧바로 범이랑을 만나러 간다. 그러 나 범이랑은 죽은 줄만 알았던 그녀가 찾아오자 귀신이라고 의심하고 주 위에 있던 솥을 들어 그녀에게 내던진다. 이것이 마침 그녀의 관자놀이를 정통으로 맞히면서 그녀는 정말로 죽고 말았다. 결국 범이랑은 감옥에 들 어가고, 꿈속에서 죽은 주승선의 영혼을 만나 현실적인 사랑에 실패한다 는 이야기다.

[사례 6]

포송령蒲松齡(1640~1715)이 지은 『요재지이聊齋志異』에는 모란 요정 갈건 葛巾에 관한 이야기가 있다. 낙양에는 평소 모란꽃을 무척 사랑하는 상대 용常大用이라는 사람이 살았다. 소문에 조주의 모란이 최고라는 말을 들었 던 상대용은 다른 일 때문에 조주에 들러 그곳의 어느 사대부가에 머물게 되었다. 상대용은 그 집에서 모란 요정인 갈건이라는 처녀를 만나고 그만 상사병에 걸린다. 그가 사흘간을 몸져누워 있었는데, 그녀와 함께 있던 노부인이 그녀가 직접 짐새를 달여 만든 독약을 가져다주었다. 상대용은 놀라지 않을 수 없었다. 자신은 그녀와 아무런 원한이 없는데 왜 자기를 죽이려고 하는지 의심스러웠다. 그러나 상사병에 시달리느니 차라리 그걸 마시고 죽겠다면서 한 입에 들이마셨다. 그러나 오히려 병이 완쾌되었다. 이후 상대용의 정성에 감동한 갈건은 상대용과 깊은 인연을 맺게 되었고, 갈건은 비밀을 지켜달라고 강조했다. 상대용은 갈건 자매와 결혼하여 아들을 하나씩 낳았다. 어느 날 갈건은 자신의 성이 위魏씨이고 어머니는 조국曹國 부인으로 봉해졌다고 말했다. 상대용은 그 말에 의심을 품고 조국으로 가서 몰래 조사해보고, 그런 성씨의 귀족이 없다는 것을 확인했다. 그리고 조국 부인이란 누군가가 시를 통해 하나의 큰 모란꽃에 장난삼아 붙인 이름이라는 것을 알게 되었고, 그 모란 품종이 갈건자라는 사실도 알게 되었다. 상대용은 자기 부인이 모란 요정일 것이라는 의심을 굳히고, 집에 돌아와 우회적으로 부인에게 물어보았다. 이에 상대용의 부인은, 이제 자신을 의심하니 함께 산 이유가 없어졌다고 말하면서 다른 부인 및 자식들과 함께 흔적도 없이 사라져버렸다.

이상의 몇 가지 사례는 특히 남녀 사이의 믿음과 불신의 문제를 다루고 있다. 남녀 간의 사랑을 유지시켜주는 것이 믿음이라면, 의심과 불신은 사랑의 파국을 의미한다. 모란 요정 갈건을 사랑했던 상대용의 사례를 보더라도 이 점은 분명하다. 갈건은 상대용을 만나 여러 방식으로 그를 시험해

보았다. 그러나 그때마다 상대용은 갈건에게 믿음을 주었고, 심지어는 짐 새를 달여 만든 독약까지 선뜻 마실 정도로 죽음조차 불사하는 의지를 보여주었다. 그러나 결혼을 하고 아이를 낳고 보니, 갈건에 대해 풀리지 않는 의심이 더해만 갔다. 그는 몰래 부인의 뒷조사에 착수하고, 부인의 말이 거짓임을 확인하게 된다. 상대용은 갈건이 제시한 마지막 관문을 통과하지 못한 것인지 모른다. 결국 부인에 대한 의심과 불신은 상대용이 누려온 모든 행복을 물거품으로 만들어버렸다.

부부관계에 믿음이 없다면 남보다도 못한 관계가 된다. 상대용이 부인을 의심하여 그녀의 뒷조사를 한 행위는 의처증의 한 형태다. 의처증은 부인에 대한 믿음의 결여 내지는 상실과 관련된 정신적 병리 현상임에 분명하다. 의처증은 부정망상不貞妄想, delusion of infidelity의 일종이다. 상대방의 정조를 의심하는 망상성 장애의 한 가지가 부정망상이다. 아내가 남편의 정조를 의심하는 의부증도 부정망상이다. 그러나 상대용의 의심은 부인의 정조를 의심한 것은 아니라는 점에서 부정망상의 단계까지 진입하지는 않은 의처증적 망상이다.

부정망상은 배우자의 부정한 행동으로 인해 자신이 피해를 입고 있다는 정신적 병리 현상이라는 점에서 불신의 극단을 보여준다. 이러한 부정망상이 왜 일어나는지는 정확하게 알 수 없다. 그러나 거기에는 여러 이유가 중첩되어 있을 수 있다. 상대방에 대한 의심과 소유론적 집착이 배우자에 대한 부정망상을 일으킨다는 점만큼은 부정할 수 없다. 선입견과 의심은 여러 종류의 망상을 낳는데, 그중에서 남녀 사이의 상호 믿음을 불신하는 망상은 다른 종류의 망상보다도 그 사태가 더욱 심각하다.

『청소년을 위한 정신의학 에세이』(하지현·신동민, 해냄, 2012)는, 현실에 대한 올바르지 못한 추론을 근거로 수립한 잘못된 믿음을 망상이라고 정의한다. 그것은 비합리적이고 비현실적이라는 특성과 함께 근거 없는 주관적 확신을 고집하는 특성을 띤다. 『철학사전』(임석진 외 편저, 중원문화, 2009)에 따르면, 망상의 종류에도 여러 가지가 있다. 콤플렉스에 의존하는 망상과 전체 감정에 의존하는 망상이 있고, 그 형식에 의해서 체계망상과 무체계망상, 몽양夢樣망상으로 분류되며, 그 수립 메커니즘에 따라서는 환각망상, 해석망상, 상상망상(동화망상, 우주론망상 등)이 있고, 그 방향으로부터는 과대망상, 억울망상, 피해망상 등이 있다. 그 밖에도 내용에 따라서 발명망상, 피애被愛망상, 종교망상, 죄업망상, 임신망상 등 다양한 명칭이 쓰인다. 이러한 망상 관념은 대상에 대한 올바른 판단을 방해하고, 상호 간의 믿음을 없애는 믿음의 적이다.

망상이 일어나도록 유도하는 의심을 배제하지 않는 한 대상에 대한 믿음은 발생하지 않는다. 이러한 이유로 중국에서는 오래전부터 상대를 의심하지 말라고 강조한 것이다. 그러나 전혀 객관적이지 못한 상황이나 안심할 수 없는 상황에 대해서까지도 무조건적으로 믿어야 한다고 강요한다면, 이것은 문제다. 앞서 소개된 믿음과 관련된 여러 사례는 자기 이익에 집착하는 의심을 떨치라는 교훈이다. 그러나 또한 이들은 한결같이 무모한 믿음을 권할 수도 있는 한계를 갖고 있다.

무조건적인 믿음이 모두 옳은 것은 아니다. 사기꾼을 믿는다면 믿음의 결과는 참담할 것이다. 거짓 종류의 믿음이 대상의 부정적 권능을 발휘하지 못하게 해야 한다. 믿음에 대한 일종의 사회적 안전장치가 필요한 것이다. 이러한 안전장치가 마련되지 않는다면, 사회는 거짓 믿음의 남발로 대단히 혼란스러워질 것이다. 이러한 점 때문에 믿음은 늘 진실성과 성실함에 토대를 두고 도덕적 덕목으로 요청되는 것이라 볼 수 있다. 도덕의 손을 잡고 태어나는 믿음의 역사가 전개될 수밖에 없었던 이유가 있었던 것이다.

5.
역사 속 믿음의 해석과 변천

사전적 정의에 따른다면 믿음의 일차적인 의미는 인간의 언어가 거짓 없이 실천되는 것을 말한다. 믿음이란 거짓 없는 진실성을 의미한다고 본 것이다. 그런데 중국 철학사의 전개에서 제자백가 중 유가는 믿음을 구체적인 도덕적 덕목의 하나로 상정하여 그에 대한 고유한 특성을 부각시켰다. 유가에 의해서 믿음은 어짊과 의로움, 예의, 지혜와 더불어 인간이 반드시 지키고 간직해야 할 오륜과 오상의 하나로 구체화된 것이다. 이러한 특징 때문에 믿음의 덕목은 마치 유가에게 귀속된 도덕 덕목을 가리키는 것인 양 오해되는 경우가 있다.

그러나 많은 철학자가 자신의 학파적 입장에서 또는 시대적 상황에 따라 고유한 믿음관을 보여준다. 이러한 사실을 간과해서는 안 된다. 아주 다양한 믿음에 대한 이해와 해석이 역사 속에서 전개되어왔다는 사실을 주목해야만 한다. 이 책에서는 역사적으로 전개된 믿음의 양상을 열두 가지 측면에서 조명해보고자 한다. 편의상 12라는 숫자가 동양적 사유를 반영할 수 있는 수의 성격을 갖는다는 측면에서 이러한 분류 틀을 상정해본 것이다. 그것은 『예기』의 월령 사상과도 맥락이 닿아 있고, 1년이 12개월로 구성된다는 역수 사상과도 연관된다는 점에서 나름 의미가 있다. 다만, 공자 이전의 시대적 배경을 다룬 『시경』『서경』『주역』 등은 독립적인 믿음의 특징이 발견되기도 하지만 상호 텍스트성 때문에 중복되는 믿음의 용례도 많다. 때문에 여기서는 상호 간의 독립적인 믿음의 특성에 초점을 맞추어 편의상 『시경』『서경』『주역』의 단계로 용례를 살펴보기로 한다.

제1단계는 『시경』에 나타난 믿음의 양상이다. 『시경』에서는 '신信'의 의미가 다양하게 나타난다. 남녀 간의 '사랑의 약속'을 의미하는가 하면, 이틀 밤을 묵는다는 의미로 쓰이기도 한다. 그러나 『시경』에 나타난 믿음의 가장 독특한 의미는 무엇보다 시어를 통한 상징과 은유의 이미지화에 있다. 단 두 차례밖에 등장하지 않지만 『시경』은 남산이라는 공간적 이미지를 전면으로 띄워 올린다. 남산은 군자의 상징이며, 군주의 상징이다. 그것은 남성적인 우뚝함이며, 권위의 상징이기도 하다. 산이라서 높은 존재이며, 더욱이 남산이라서 태양이 가장 높이 떠올라 있는 공간이기도 하다. 그 남산과 같은 군주는 늠름할 뿐 아니라 믿음을 갖춘 존재라고 이해되는 것이다. 『시경』의 노래는 남산을 통해 남성다운 지도자의 믿음을 형상화해낸 특징이 있다. 『시경』에 표현된 '인仁'이 늠름한 젊은이의 듬직함을 일컫던 말인 것처럼, '신' 또한 비슷한 의미로 사용되었다. 『시경』은 '인'의 관대하고 너그러운 특성이 '신'의 미더움을 통해 구체화되어 드러난다고 보는 것이다. 한편 『시경』은 믿음을 가로막는 거짓말에 대해 경계한다. 특히 신하들이 군주에게 하는 거짓말은 문제가 많을 뿐만 아니라, 늘 끊이지 않고 일어난다는 특성이 있다. 이러한 종류의 거짓말을 가리켜 '참언讒言'이라고 한다. 참언이란 죄가 없는 사람에게 죄를 뒤집어씌워 정말로 죄가 있는 것처럼 꾸며 윗사람에게 고하는 거짓말의 일종이다. 군주가 이런 참언을 믿고 정치를 수행한다면 나라엔 커다란 혼란이 일어날 수밖에 없다. 『시경』은 쉬파리의 윙윙거리는 소리를 참언으로 비유하여, 이를 경계하기를 잊지 않는다.

제2단계는 믿음의 정치적 권능과 도덕주의적 성향이 결합되기 시작한 『서경』의 경우다. 『서경』에 나타난 믿음의 용례는 주로 군주의 명령어로서 등장한다. 이때의 믿음은 군주의 명령을 따르는 것이며, 불신은 군주의 명령을 거역하는 것을 의미한다. 『서경』은 군주의 권력이 하늘로부터 온다고 믿었다. 그래서 하늘에 대한 믿음은 매우 중요하다. 하늘에 대한 믿음은 길한 결과를 가져오지만, 반대로 하늘에 대한 불신은 흉한 결과를 초래한다. 『서경』에는 정치적 천명사상이 담겨 있는 것이다. 그러나 『서경』의 정치적 천명사상은 점차 도덕적으로 전환되는 특징을 띤다. 이러한 천명사상의 변화는 믿음의 범주에도 영향을 미친다. 이전의 정치적 복종의 강요와도 같았던 믿음의 의미는 점차 하늘의 도덕적 원리를 밝히고 깨닫는 것으로 바뀐다. 외재적 하늘에 대한 믿음을 내면화하여 하늘을 인간의 존재 근거로 이해하기에 이른 것이다. 훗날 성리학의 첨예한 논쟁의 근거가 되는 '도심'과 '인심'의 개념이 『서경』에 등장하는데, 그것은 마음의 도덕화를 지향한 것으로부터 비롯되었다고 할 수 있다. 『서경』으로부터 믿음의 내면적 도덕화가 서서히 나타나기 시작한 것이다.

제3단계는 변화의 원리에 대한 믿음을 통해 현실의 난관을 돌파한다는

『주역』의 입장이다. 『주역』은 이 세상에 존재하는 모든 것은 변화한다는 데 대한 믿음을 종용한다. 현상적 존재는 변화하지 않는 것이 없다는 사실을 일깨우고자 하는 것이다. 물론 『주역』의 정신에서 변화하지 않는 것에 대한 믿음이 없지 않지만, 현상적 존재에 관한 한 변화의 도리를 외면할 수 없다. 그리고 인간 상호 간의 관계에서 믿음이 중요하다는 점을 강조하면서 내면적으로 믿음이 있다면 어떠한 어려운 상황도 극복할 수 있다고 한다. 『주역』에서는 믿음이 현실의 어려움을 극복하게 하는 중요한 덕목으로 강조되는 것이다. 『주역』은 믿음과 언어의 상관관계에 대해서도 언급하고 있는데, 이들의 관계가 반드시 정합적으로 일치하진 않는다고 한다. 언어의 한계가 믿음을 배반하는 경우가 있기 때문이다. 한편, 『주역』 역시 지도자의 믿음을 강조한다. 지도자의 믿음이 가슴 가득 진실하다면, 다른 사람들이 그를 믿고 따를 뿐만 아니라 새끼 돼지나 물고기와 같은 미물에 이르기까지 길한 결과를 가져온다고 한다. 지도자의 믿음이 세상을 소통시키며, 평화롭게 안정시킬 것이라는 주장이다.

제4단계는 국가 간의 맹약과 믿음의 사례를 집중적으로 거론한 『춘추』의 경우다. 『춘추』는 일반적으로 충신효자를 높이고 난신적자를 비판하는 춘추 시대의 정신에 입각하여 기록된 역사서다. 맹자는 『춘추』를 공자가 산삭했다고 보았고, 공자가 『춘추』를 완성하자 나라를 어지럽히는 난신적자들이 두려워하게 되었다고 밝혔다. 그런데 『춘추』에 나타난 믿음의 용례는 대부분 국가 사이에 관한 것이다. 춘추 시대에는 국가 간의 전쟁이 빈발했기 때문에 서로의 영토를 침범하지 않겠다는 약속의 의례인 피의 혈맹의식이 자주 행해졌다. 이것을 맹약이라고 한다. 맹약은 국가 간 또는 제후 사이에 서로 믿음의 예를 행하는 것이다. 믿음과 예는 서로 불가분의 관계에 있다. 그런데 예는 덕의 한 가지 절목에 해당된다. 만일 덕의 결여나 예를 어긴 상태에서 강제적으로 맹약이 이루어졌다면, 이것은 지킬 필요가 없다고 한다. 모든 맹약은 상호 간의 예와 덕이 조화를 이룬 상태에서 이루어져야만 한다는 것이다.『춘추』는 국가 간의 신뢰를 중시하여, 믿음을 지킨 경우와 믿음을 배반한 경우를 자세히 소개하여 역사의 거울로 삼고 있다. 한편, 국가 간의 맹약을 거행할 때에는 반드시 하늘과 신의 권위에 의지하여 서로 간의 믿음을 공고히 하고자 했다. 그래서『춘추』에서는 신(상제, 또는 천제)에게 진실한 것을 믿음이라고 했고, 동시에 축사가 올바른 말로 거짓 없이 신에게 고하는 말 또한 믿음이라고 했다. 물론 당대의 축사들이 허위로 신에게 고하는 일이 많았던 것으로 보아 신에 대한 믿음의 의미가 많이 퇴색된 측면이 없지 않았지만, 믿음은 여전히 신과 함께하는 중요한 덕목에서 제외될 수 없었다.

제5단계는 공자와 맹자에 의한 믿음의 도덕적 내면화다. 공자는 마음속의 충성스러움의 덕목과 믿음을 병칭하여 거론하곤 했다. 주희는 공자가 말한 '충신忠信'을 규정하여 자기 마음을 다하는 것이 충성이요, 성실하게 하는 것이 믿음이라고 설명했듯이, 믿음은 내면적 자기반성을 토대로 행해지는 성실함이라고 할 수 있다. 바야흐로 공자에 이르면 믿음은 이제 인간의 내면적 덕성의 하나로 자리 잡게 된다. 공자 이전의 믿음이 주로 강제적인 힘의 권능과 함께 행사된 측면이 강했다면, 공자에게 와서는 믿음의 내면화가 확립되었다. 그리고 공자는 믿음을 친구들 사이의 사귐에서 제일의 덕목이라고 보기 시작한다. 이전 시대보다 수평적 믿음의 의의가 더 강조된 것이다. 물론 공자에게서도 믿음이 친구관계에만 유효한 것은 아니다. 군주와 신하, 군주와 백성 사이에도 믿음은 필요하다. 공자는 믿음의 중요성을 강조하여 "믿음이 없으면 설 수가 없다"고까지 말했다. 그는 모든 인간관계를 연결시켜주는 중요한 매개체가 다름 아닌 믿음이라고 보았다. 그것은 비유하자면, 마치 말이 끄는 작은 수레의 멍에막이와 같은 것이다. 그런데 맹자는 어짊·의로움·예의·지혜의 네 덕목과 함께 믿음을 오륜의 범주로 규정한 독자적인 특징이 있다. 즉, 부자간에는 친함이 있고, 군신 간에는 의리가 있으며, 부부간에는 분별이 있고, 장유 간에는 차례가 있으며, 붕우 간에는 믿음이 있다는 것이 그것이다. 그는 믿음이 마음으로부터 우러나오는 덕이라는 점을 분명히 밝혔다. 맹자는 자신이 이상으로 삼은 왕도정치를 구현하기 위해서도 군신 상하 간의 믿음은 필수적인 전제 요건이라고 강조했다.

제6단계는 예치에 대한 믿음과 천년왕국의 꿈을 믿은 순자의 경우다. 순자는 성악설을 주창한 철학자로 유명하다. 그가 본 인간의 본성은 악한 것이라서 인간의 후천적 계도를 받아 선한 것으로 순치되어야 할 대상이다. 순자는 이러한 인간의 본성을 믿고 따라야 한다고 주장하지는 않는다. 만일 악한 본성을 믿고 따른다면 그는 소인에 지나지 않는다. 그러나 도덕적 선에 대한 믿음과 예에 대한 믿음을 좇는다면 그는 군자이며 성실한 선비라 할 수 있다. 성실한 선비가 하는 일상의 말들에는 믿음이 있지만, 소인의 말에는 믿음이 없다고 한다. 순자는 당대에 활동한 열두 명의 제자백가를 소인으로 지목하여 비판한다. 이들의 말과 논리에는 의혹만 있을 뿐 믿음이 없다고 보았다. 그래서 순자는 믿음의 의미를 규정하여 "믿을 만한 것을 믿는 것이 믿음이며, 의심스러운 것을 의심하는 것 또한 믿음이다"라고 말한다. 순자는 유가적 정명론의 논리 위에서 자기 스스로는 옳다고 믿지만 실제로는 틀린 판단의 종류인 논리적 오류에 대해 믿음을 가져서는 안 된다는 입장을 분명히 밝힌다. 순자의 믿음관은 그의 정치론에도 그대로 적용된다. 그가 현실적인 패도정치를 인정하긴 했지만 최고의 이상으로 삼은 것은 맹자와 같은 왕도정치였다. 왕도의 구현에 앞장서는 위정자는 예의를 높이고 현명한 사람을 받드는 반면, 패도의 구현에 힘쓰는 위정자는 힘의 질서를 믿고 믿음을 소중히 여긴다고 본다. 요컨대, 순자는 힘에 대한 믿음보다는 예의를 더 높게 숭상했다고 볼 수 있다. 순자는 물론 예의에 대한 보편적 믿음에 관심을 갖는다. 예의를 믿는 사람들이 더불어 사는 세상이 되면, 그 나라는 천 년 이상 유지할 수 있다는 것이다. 천 년의 세월을 두고 믿을 수 있는 사람들이 사는 천년왕국설이 순자에 의해 제창된다. 순자는 천 년의 믿음을 꿈꾼 것이다.

제7단계는 겸애와 정령에 대한 믿음을 보여준 묵자다. 묵자는 공자의 어짊을 비판하면서 겸애주의를 제창한 철학자다. 이런 그에게서 믿음의 주체는 겸애를 실천할 수 있는 지식인, 즉 '겸사兼士'다. 그는 차별적인 사랑을 주장하는 '별사別士'와는 근본적으로 다른 지향성을 갖는 주체다. 묵자의 말에 의거할 때, 겸사는 다른 사람의 몸을 마치 내 몸처럼 사랑하는 자이며, 다른 사람의 가문을 내 가문처럼 사랑하고, 다른 사람의 나라를 내 나라처럼 사랑하는 이다. 겸사는 겸애를 믿고, 그것을 실천하겠다는 굳은 실천력을 소유한 지식인이다. 묵자는 현명한 사람을 존중하여 정치에 등용해야 한다고 주장하는데, 그 대상은 당연히 겸사일 뿐이다. 그런데 묵자는 당대의 사회적 혼란이 발생하게 된 주원인이 서로가 서로를 사랑하지 않는 데에 기인한다고 보면서, 그 근원을 하늘에 대한 불신에서 찾는다. 하늘에 대한 존중과 믿음이 사라지다보니 사람에 대한 사랑도 사라져버렸다는 입장인 것이다. 이에 묵자는 하늘에 대한 믿음을 복권시켜야 함을 강조하는데, 그 하늘은 정령적 성격을 띤다. 이런 점에서 하늘은 일종의 귀신과 같다. 그 정령적 성격을 띤 하늘과 귀신이 인간의 화복을 주관하고, 재앙과 상서로운 응보를 내린다고 생각했다. 그리고 이들이 존재한다는 것에 대한 믿음을 위하여, 귀신에 대한 존재 증명을 시도한다. 오늘날의 시각에서 보면 묵자의 귀신 존재 증명은 터무니없어 보이지만, 묵자는 당시의 경험주의적 인식의 토대 위에서 나름의 성공을 거둔다. 그런데 묵자가 귀신 존재를 증명하고 이를 통해 귀신의 존재를 믿음의 대상으로 상정하고자 한 이유는 종교적 측면에서의 의의를 확보하기보다는 겸애를 구현하고자 한 공리주의적 윤리를 완성하는 데 있었다.

제8단계는 일상적 믿음을 부정한 노자와 장자의 경우다. 이들은 "진정한 믿음은 믿음이 아니다"라는 역설적 믿음관을 제시한다. 노자는 유가에서 제시한 어짊과 의로움 및 예의 등이 덕과 믿음의 상실로부터 생겨난 것이라고 주장한다. 그는 도가 상실되자 덕이 생겨났고, 덕이 상실되자 어짊이 생겨났으며, 어짊이 상실되자 의로움이 생겨났고, 의로움이 상실되자 예의가 생겨났다고 말한다. 만일 노자가 맹자가 든 네 가지 덕이라든가 다섯 가지 윤리적 덕목에 관해 알고 있었다면, 그는 어짊, 의로움, 예의, 지혜, 믿음 순으로 전자의 파괴가 후자의 생성을 가져왔다고 생각했을지 모른다. 그러나 이러한 순서는 일단 예의라는 덕목에서 멈추며, 예의의 상실이 지혜를 생겨나게 하고, 지혜의 상실이 믿음을 생겨나게 했다고는 언급하지 않는다. 도리어 노자에게서는 믿음의 덕목이 예의의 덕목보다 상위의 개념으로 인식되고 있음이 확인된다. 이러한 노자의 믿음관은 현실 정치에도 그대로 반영되어 무위정치, 인의정치, 법제정치, 공포정치라는 각기 다른 형태로 나타난다. 즉, 믿음이라고 할 수도 없는 믿음의 정치가 무위의 정치인 반면, 믿음을 동반한 정치가 인의의 도덕정치이며, 믿음이 상실됨으로써 규범적인 믿음을 요구하는 것이 법제정치이고, 믿음의 그림자조차 찾아볼 수 없는 것이 가혹한 공포정치다. 노자의 역설적 믿음관을 계승한 장자 역시 일상적 믿음에 대해 부정적이다. 장자의 시대에 이르면 믿음도 하나의 외물로 변질되어 그 진정성이 의심되었다. 인간의 사회생활을 행복하게 해줄 것이라 여겨졌던 믿음과 같은 도덕 덕목들이 오히려 삶을 구속하는 이념적 기제로 변질된 것이다. 장자는 이러한 믿음을 부정한다. 이것은 진정한 믿음이 아니기 때문이다. 진정한 믿음은 믿음에 상응하는 어떠한 저당물도 잡히지 않는다. 만일 장자에게도 믿음의 주체가 있다고 한다면, 그는 '재질을 온전히 하면서도 그 덕이 밖으로 드러나지 않는 사람'이다. 그는 자기중심적인 일체의 자의식을 갖지 않는 사람이다 그래서 그는 다른 사람에게 믿음을 주면서도, 자신은 어떠한 믿음도 대상으로 삼지 않는 일상적 믿음의 부정자인 것이다.

　제9단계는 법치에 대한 믿음을 근거로 현실적 실천에 대한 믿음을 강조하는 법가의 철학자들이다. 이 책에서는 상앙과 한비를 예로 들었다. 상앙은 저 유명한 '이목지신移木之信' 고사를 남긴 인물이다. 나무를 옮겨놓으면 상금을 주겠다고 한 자신의 약속을 지킴으로써 법에 대한 믿음을 심어주었다는 고사가 바로 '이목지신'이다. 여기에는 위정자가 다른 사람을 속이지 않는다는 뜻과 함께 약속은 반드시 지킨다는 뜻이 들어 있다. 이것은 '사목지신徙木之信'이라는 말과도 통한다. 상앙은 특히 유가의 도덕주의적 믿음과 법가의 법치주의적 믿음을 비교하면서, 후자를 통해 전자를 비판한다. 도덕주의자들은 자기 스스로를 바르게 할 수는 있지만 다른 사람을 바르게 하는 데는 한계가 있다고 말한다. 이에 비해 법치주의자들은 다른 사람까지 반드시 믿게 할 뿐만 아니라 거역하지 못하게 하는 능력이 있다고 한다. 그는 믿음보다 법을 우위에 놓았던 법 지상주의자였다. 법가사상의 종결자로 평가받는 한비 역시 법에 대한 믿음을 중시한다. 그런데 한비는 스승 순자의 성악설을 승계하여 자연 상태에 있는 인간의 성품을 불신하는 태도를 보인다. 그는 모든 인간이 이기적 존재라고 본다. 그래서 법을 제정하여 현실 정치를 운용한다 하더라도 인간의 이기심을 적절하게 잘 활용할 필요가 있다고 주장한다. 한비가 신상필벌의 믿음을 내세우는 이유가 여기에 있다. 그런데 법의 기준이 주관적이거나 또는 비합리적이거나 비현실적이라면 국가에 큰 혼란이 생겨날 것이다. 그래서 한비는 법에 대한 믿음을 강화하려는 취지에서 법의 객관성과 합리성을 비롯한 현실성을 고려하게 된다. 한비가 일체의 탁상공론을 부정하고, 생활세계에서의 점술 기복을 물리치는 것도 이와 무관하지 않다.

제10단계는 믿음을 오행론적으로 이해한 여불위와 동중서다. 이들은 우주와 인간의 상호 유기적인 관계에 주목하고, 오행의 우주론을 인간론에 배속시켰다. 여불위는 하늘과 땅과 인간에게는 제각각 고유한 역할과 특징이 있는데, 하늘은 순응을 의미하고, 땅은 고정을 의미하며, 인간은 믿음을 의미한다고 한다. 그리고 인간에게는 믿음이 있기 때문에 하늘의 원리와 땅의 법칙을 믿고 따를 수 있는 존재라고 규정한다. 봄·여름·가을·겨울이라는 사계절이 변화하는 것에 미더운 질서가 있듯이 인간도 상호 간에 믿음을 갖지 않으면 안 된다고 한다. 믿음은 사계절의 그 어디에도 속해 있지 않지만 도리어 모든 곳에 관여하는 특성을 지닌다. 그래서 봄을 봄답게 하고 가을을 가을답게 만드는 역할을 한다. 봄에 믿음이 없으면 봄의 질서는 파괴되고, 가을에 믿음이 없으면 가을의 질서가 파괴된다. 모든 인간관계에도 믿음이 없으면 그 정상적인 관계가 망가진다. 이러한 사고는 동중서에 이르러 좀 더 구체적인 오행의 질서 안에 편입되어 나타난다. 동중서는 우주론적으로 동서남북의 중앙에 정위한 것이 토±라고 보면서, 인간론에서 거론되는 믿음 역시 중앙의 토에 해당된다고 주장한다. 토는 만물을 생겨나게 하는 믿음이다. 또한 군주가 만백성을 다스리는 근거이기도 하다. 만일 군주가 토의 믿음을 거역하면 천재지변이 일어날 것이다. 군주가 토의 믿음을 거역하는 행태로는 어질고 현명한 사람을 등용하지 않는 일, 부모 형제를 공경하지 않는 일, 음란함에 빠져 바른 생활을 하지 못하는 일, 호화로운 사치에 빠지는 일 등이 있다. 이러한 행태들을 통찰력 있게 반성하고 궁실을 검소하게 하며, 꾸며진 문채를 제거하고 효도와 공경할 줄 아는 사람을 등용하여 백성을 구휼한다면 자연의 질서는 안정을 찾을 것이라고 한다. 요컨대, 오행론에서는 믿음의 덕목이 중앙의 토에 배속되어 모든 사물과 사람에게 영향을 미치는 것으로 여겨진다.

제11단계는 성리학적 본성과 믿음의 합일을 주장한 한유와 정이, 주희다. 이른바 성리학적 관점에서 믿음을 독해한 경우라고 할 수 있다. 일찍이 당송팔대가의 한 명인 한유는 성삼품설性三品說을 주장하면서, 인간의 본성과 어짊·의로움·예의·지혜·믿음의 다섯 가지 도덕적 덕목을 연계시켰다. 인간의 다섯 가지 도덕적 본성이 한유로부터 탄생한 것이다. 그는 삼품의 본성과 일곱 가지 감정을 분류했다. 특히, 믿음을 위시한 다섯 가지 도덕적 덕목을 소유한 정도에 따라 본성의 등급은 상·중·하 셋으로 나눈다고 주장한다. 후대에 주희가 비판을 가했지만, 믿음을 인간의 본성으로 본 한유의 입장을 주희 역시 높이 평가한다. 정이는 한유로부터 한 걸음 더 나아가 본성이 곧 성리학적인 '이理'라고 규정하는 데 이른다. 이른바 '성즉리'의 사유에 믿음이 동참하게 된 것이다. 믿음은 이제 인간의 도덕적 본성일 뿐만 아니라 만물의 원리이기도 한 '이'의 차원으로 발전했다. 그런데 정이와 주희는 다 같이 어짊·의로움·예의·지혜라는 네 가지에만 단서가 있고 믿음에는 단서가 없는 것에 관한 이유를 믿음의 유동성에서 찾는다. 다른 네 가지 단서는 명확한 실체가 있지만, 믿음은 자신의 실체가 없어 흘러 움직이는 성격을 띠기 때문이다. 믿음은 네 가지 덕에 각각 진실성을 보장하는 역할을 부여하면서 그들의 작용에 동참할 뿐이다. 주희는 단적으로 "믿음은 네 가지 덕을 진실하게 하는 것이다"라고 말한다. 그런데 믿음이 실천되지 않으면 아무런 의미가 없다. 그래서 정이와 주희는 믿음을 깨달아 적극 실천해야 한다고 주장한다. 이른바 공부가 요청되는 이유가 여기에 있다. 주희는 대상의 이치를 올바르게 아는 격물 공부의 필요성을 역설함과 동시에 독서 등의 구체적인 공부를 통해 믿음을 실천할 것을 요청한다. 믿음을 꾸준히 다잡아두지 않으면 그것은 소리도 없이 증발될 가능성이 크다. 따라서 이를 유지하기 위한 각성과 실천이 필요하다.

제12단계는 양지론적 마음과 믿음의 소통을 주장한 육구연과 왕수인이다. 육구연과 왕수인은 주희와는 다른 종류의 믿음을 주장한다. 이들은 마음이 곧 '이'라고 하는 '심즉리心卽理'의 토대 위에서 믿음을 본다. 믿음이 인간의 본성이며 '이'라고 주장한 주희와 달리 믿음이 마음과 연동된 '이'라고 본 것이다. 특히, 마음은 선천의 양지를 가지고 있어 믿음의 내용에도 양지론적 의의가 함의되어 있다. 육구연과 왕수인은 믿음의 '이'가 객관적으로 존재함으로써 사람들 사이에 믿음이 행해지는 것이 아니라고 한다. 믿음은 본디 마음에 있는 것으로, 이 마음이 사물에 따라 자연스럽게 나타나는 것일 뿐임을 주장한다. 믿음은 외재적인 도덕의 대상이 아닌 것이다. 마음과 별도로 존재하는 믿음은 의미 없다는 것이 이들의 생각이다. 이러한 관점에서 특히 왕수인은 주희와 같은 방식의 독실한 믿음이나 독서 행위 등에 대해 부정적이다. 그러한 믿음은 대상에 대한 믿음일 뿐이기 때문이다. 내 마음으로부터 대상을 독립시켜 도리어 그의 권능에 지배되고 따른다면 이것은 전연 본질적이지 못하다고 본 것이다. 왕수인은 마음에 본래 갖추어진 양지에 대한 믿음만 있다면, 혹여 다른 사람이 자신을 믿어주지 않을까 걱정할 필요가 없다고 생각한다. 그의 공부 방법은 다른 사람에게 잘 보이기 위한 것이라거나 입신출세를 목표로 삼지 않는 위기지학爲己之學의 특징을 가지고 있기 때문이다. 왕수인은 마음속의 양지陽知가 밝은 거울과도 같다고 한다. 그것은 투명한 영명성을 지니고 있다. 그래서 타자를 이해하는 데 편견이 없고, 불신을 허용하지 않으며, 혹여 불신이 발생하면 즉각적으로 그것을 깨달을 수 있다고 본다. 그리고 양지에 대한 믿음은 천지만물 일체의 세계를 구현하는 실천력으로 나타난다. 양지의 믿음은 천지만물을 자신처럼 여겨, 타자의 아픔을 내 아픔으로 여기게 하고 정신을 잃어버릴 정도로 미치게 만든다고 한다. 이러한 양지의 믿음이 정치에 반영된다면, 곧바로 대동세계를 구현할 수 있을 것이다. 왕수인에게서 대동세계의 구현은 양지에 대한 믿음을 현실화하는 것 외의 다른 것일 수 없다.

이상 열두 가지 믿음의 단계론은 중국 철학사에 나타난 통시적 측면에 초점을 맞추어 각각의 특징을 살펴본 것이다. 이러한 점에서 이것은 일종의 믿음의 해석에 관한 중국 철학사라는 성격을 지닌다. 그런데 이렇게 통시적으로 본 믿음은 각각의 경전이나 철학자들이 보인 자체적 사유 반경을 벗어나지 않는다는 특징을 보여준다. 요컨대, 믿음에 대한 이해와 해석은 각각의 기본적인 철학사상의 배경 위에서 자신의 철학적 색채를 고스란히 반영하면서 논의될 뿐이다. 믿음의 주체도 믿음의 대상도 저마다 독자적인 고유성을 드러내고 있는 것이다.

앞서 언급했듯이, 이상의 열두 가지 내용은 믿음의 통시적 변천을 검토한 것이다. 다만 『시경』 『서경』 『주역』, 즉 삼경이라 불리는 경전에 대해서는 임의적인 단계론을 부여한 것일 뿐, 그 내용의 중복성은 배제해야만 했다. 또한 묵자와 노자, 장자를 순자 뒤에 위치시킨 것 역시 학파별 구분을 전제로 한 분류였다는 점에서 통시적 단계론의 예외에 해당된다. 그런데 결과론적으로 여기서 다룬 믿음의 열두 단계론은 향후 다음과 같은 세 분야의 믿음의 문제를 보완하지 않으면 안 되는 한계가 있다. 첫째, 청대 이후 현대에 이르는 시기의 믿음에 대한 이해와 해석이다. 둘째, 중국 불교사에 나타난 믿음의 내용이다. 셋째, 한국 철학사 전개에 나타난 믿음의 이해와 해석이다. 이러한 세 분야에 대한 보완은 앞으로 해결해야 할 과제로 남는다. 믿음의 해석사는 여전히 현재진행형이며, 미래에까지도 지속적으로 논의되어야 할 숙제임에 틀림없다.

우리는 지금까지 살펴본 전통적 믿음의 의의를 현재에 소환하여 삶에 동참시켜야 할 지점에 도달했다.

6.
믿음의 현재적 소환

인간관계에 있어서 믿음은 아무리 강조해도 지나치지 않다. 전통적으로 믿음을 강조하지 않은 시대는 없었고, 불신의 시대라고 평가되는 현대에도 믿음에 대한 갈망은 여전하다. 자신은 다른 사람을 믿을 수 없다 하더라도 다른 사람은 자기를 불신하지 말았으면 하는 욕심조차 없지는 않은 것이다. 베드로와 브루투스는 전형적인 배신의 아이콘이다. 현대인이라고 이들의 행위를 훌륭하다고 칭찬하지는 않는다. 단테처럼 이들을 지옥의 가장 밑바닥에 던져놓지는 못할지라도, 심정적으로나마 그들을 단죄하는 데는 이의가 없다. 특히, 다른 사람이 자신의 믿음을 배반하는 일에 대해서는 용납할 수 없는 것이 사람이다. 이러한 차원에서 믿음의 현재적 소환은 당위적인 것이라고 말할 수 있다.

그렇다면 이제 마지막으로 믿음이 현대사회에 어떤 의의를 지니고 있는지 살펴보자.

첫째, 진정한 믿음을 위해서는 일차적으로 '자기 믿음'이 필요하다. 이러한 점에서 믿음은 온전한 자아의 형성을 위해 이바지할 수 있다. 자기 믿음은 자기 행위에 거짓이 없는 것이다. 거짓말하는 행위는 자기 믿음을 거역하는 것이다. 거짓말은 자기 불신으로부터 출발하는 믿음 없는 말이라고 할 수 있다. 그리고 이러한 말은 불신의 행위와 연동된다. 자기 믿음이 없는 사람은 자기를 속일 뿐만 아니라 다른 사람을 속이고 배반한다. 자기 믿음이 없는 사람은 삶에 대한 희망을 잃은 자다. 맹자는 이러한 자를 자포자기한 사람이라고 보았다. 그런데 자기 믿음이라는 것이 아무런 기준 없이 잘못된 자아까지도 포용함을 의미하지는 않는다. 자기 믿음을 갖는다는 것은 세계와 인간에 대한 반성을 수행할 수 있다는 것을 전제하며, 인간의 도덕적 자아에 대한 믿음이나 생명적 자아의 고귀함을 믿음을 의미한다. 일종의 자기 양심을 믿는 것이 자기 믿음이라고 할 수 있다. 자기 믿음은 양심의 복권을 통해 인간성 회복을 위한 첩경으로 작용할 수 있을 것이라는 점에서 그 의의가 있다.

둘째, 믿음은 인간 사이의 '서로 믿음'을 의미한다는 점에서 사회적 관계의 연대성을 강화하는 역할을 할 수 있다. 현재 각계각층에서는 믿음에 대한 다양한 논의가 활발하게 이루어지고 있다. 즉 정치적, 사회적 경제적 측면에서뿐만 아니라, 철학을 비롯한 심리학, 인류학, 경영학 등의 분야에서도 믿음에 관한 고찰은 포괄적으로 이뤄진다. 이렇게 믿음에 대한 관심이 많다는 것은 그만큼 각 분야에서 믿음이 필요하다는 것을 방증한다. 믿음이 사회적 관계를 강화하는 연대의 끈으로 작용할 수 있다면, 가정과 직장, 국가뿐만 아니라 국제사회에서도 안정과 화합을 이룰 수 있을 것이다. 믿음은 전방위적인 사회적 관계에 요청되는 필요충분조건이다. 동양에서 오랫동안 이상세계로 상정했던 대동세계의 구현도 상호 간의 믿음을 통해서 이루어질 수 있다. 믿음이 없고 불신만 있는 세계는 지옥이다.

셋째, 믿음은 이분법적이고 도구주의적인 세계관에 대한 반성을 수행하는 방편으로도 중요한 역할을 수행한다. 믿음은 세계를 보는 관점과 밀접한 관련이 있기 때문이다. 믿음 자체가 고정적인 실체가 아니듯 세계도 고정된 것이 아니다. 그럼에도 세계를 고정된 실체로 파악하여 세계와 인간의 기본 관계를 주종관계로 내모는 경우가 있다. 그것이 현대의 위기를 자초했다. 세계가 지닌 현실성과 상황성을 고려하지 않았기 때문이다. 저러한 세계관을 통해서는 인간과 세계의 교류는 불가능하며, 양자의 소통은 차단된다. 이것이 인간과 세계 사이의 믿음의 부재라고 할 수 있으며, 더불어 양자의 위기라고 할 수 있다. 어느 한쪽의 일방적인 지배 구조는 타자의 생명에 위협을 가중시킨다. 믿음은 세계와 교류하는 방식이면서 소통하는 힘인데, 믿음이 사라진 세계는 생명의 원천이 고갈된 것이나 마찬가지다. 수많은 갈등과 혼란은 잘못된 세계관과 믿음으로부터 발생한다. 근대 이후 과학기술문명의 권능을 지나치게 믿었던 결과가 전적으로 긍정적이지만은 않았다는 점을 상기한다면, 이 점은 명확하다. 이분법적 세계관과 자본주의적 생산 방식에 대한 절대적인 믿음은 인간 소외 문제를 비롯하여 환경오염 문제 등을 낳았다. 이제는 서구가 낳은 근대적 세계관에 대한 믿음을 반성하고 전일적 세계관에 대한 통찰과 그에 대한 믿음으로 눈을 돌려야 할 때가 되었다.

믿음의 의의에 대해서는 다양한 내용을 생각해볼 수 있을 것이다. 그러나 이상에서 살펴본 세 가지 의의를 현재에 소환하여 확장시킬 수만 있다면 사회는 더 나은 방향으로 나아갈 수 있을 것이다. 믿음의 세상을 만드는 것은 전적으로 우리 몫이다. 그래서 믿음의 세상을 만들어나가기 위한 '마중물'이 필요하다. 마중물이란 아직 수도시설이 일반화되지 않아 펌프로 지하수를 끌어올려 생활용수로 사용할 때, 물을 끌어올리기 위해 먼저 부어주는 한 바가지 정도의 물을 말한다. 손님이 올 때 주인이 마중을 나가 맞이하던 것처럼 새로운 물을 맞이하기 위해 먼저 부어주는 물이 마중물이다. 모든 종류의 믿음도 마치 마중물처럼 먼저 자기 자신으로부터 시작되어야 하는 것이다.

信

원전과 함께 읽는 '믿음'

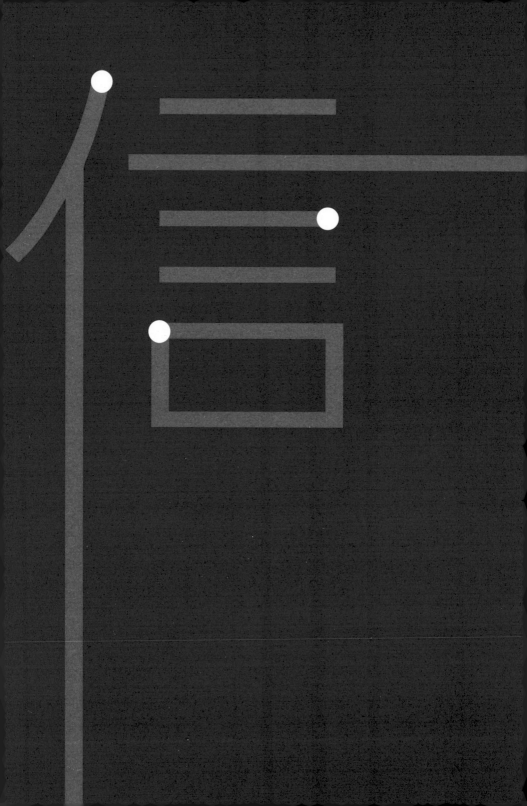

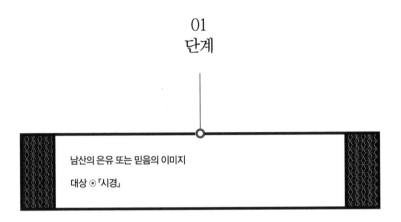

01
단계

남산의 은유 또는 믿음의 이미지
대상 ⊙ 『시경』

『시경』은 자신만의 특유한 비유와 상징을 통해 믿음의 이미지들을 형상화해낸다. 『시경』에 나타난 믿음의 이미지는 하나의 은유로서 등장한다. 시어가 갖는 해석의 다양성 때문에 『시경』에 나타난 믿음의 이미지들은 남녀 간의 사랑을 의미하는 것으로 해석되기도 하지만, 군주의 정치적 능력과 권위의 상징으로 읽히기도 한다. 특히, 『시경』에 두 차례 등장하는 남산의 비유는 군주의 믿음을 형상화한 특징이 있다. 대상의 외면적 이미지가 그의 내면적 품성을 대변하는 의미의 매개체로 역할한다는 점이 주목된다.

죽거나 살거나 같이하자고, 그대와 굳게 굳게 언약했었네.

그대의 손을 잡고, 그대와 백년해로하자고 했었네.

아! 멀리 떨어져 있음이여, 이제 우리 함께 살지 못하리라.

아! 약속함이여, 우리 '사랑의 언약' 펼치지 못하리라.

「패풍·격고」

우리는 이런저런 약속을 하면서 살아간다. 그런데 그 약속에는 경중이 있어 소소하게 느껴지는 것도 있지만, 막중하게 다가오는 것도 있다. 약속이 파기되었을 때 느끼는 고통과 상처는 약속의 무게가 클수록 정비례하여 다가올 수밖에 없다. 대개 약속의 무게가 크면 우리는 그 약속을 반드시 지킬 것이라고 맹세한다. 어린이들의 놀이에서도 약속은 중요하다. 손가락을 걸고 자기들이 약속한 것을 엄지손가락을 부비며 도장까지 찍으면서 확인해야 제대로 된, 반드시 지켜야 할 맹세로서 성립되기도 한다. 약속이 얼마나 지키기 어려운 것이기에 아이들 놀이에서까지 도장이 필요한 것일까?

약속이 죽음을 담보한 것이라면, 선뜻 그 약속을 지켜내기가 쉽지만은 않을 것이다. 널리 알려진 소설 『삼국지연의』에서 주인공 유비, 관우, 장비가 의형제를 맺으면서 같은 날 같은 시간에 함께 죽자고 약조하는 장면은 비장함마저 뿜어낸다. 그 약조는 하늘에 두고 맹세된다는 점에서 임의로

파기될 수 없다는 결연한 의지를 담아내기에 충분하다. 약속의 보증자로서 하늘만큼 강력한 대리자도 달리 없다. 그러나 우리는 이 약속의 이행이 그리 쉽지 않다는 것을 예견할 수 있다. 실제로 관우가 죽자 함께 따라 죽지 못한 유비와 장비는 매우 고통스러워한다. 그 뒤에 또다시 장비마저 죽자 홀로 남은 유비의 고통은 더 클 수밖에 없었다. 목숨을 담보한 약속이란 애초에 실행 가능성이 그만큼 떨어질 확률이 높다. 목숨만큼 중요한 것은 없기 때문이다.

백거이白居易(772~846)의 「장한가長恨歌」에 나타나는 당 현종과 양귀비의 사랑의 언약은 매우 유명하다. "두 사람만의 맹세의 말 있었으니, 칠월 칠석날 장생전에서 인적 없는 깊은 밤에 속삭이던 말, 하늘에선 비익조比翼鳥가 되고, 땅에선 연리지連理枝가 되리라." 이것은 시인이 읊은 당 현종의 사랑의 언약이었을 터인데, 하늘을 나는 새가 되거든 전설상의 비익조처럼 함께 붙어 다니며 살고, 지상의 나무가 되어선 연리지처럼 함께 붙어 평생을 같이 살자던 맹세였다. 비익조는 날개가 하나, 다리가 하나, 눈이 하나씩인 전설상의 새인데, 혼자서는 날지 못하다가 똑같은 짝을 만나 합해지면 비로소 하늘을 날게 된다. 마찬가지로 연리지는 각기 다른 뿌리를 가진 두 그루의 나무가 커가면서 서로 다른 가지와 가지가 만나 합해짐으로써 평생 떨어지지 않는 나무다. 평생을 함께 살겠다는 의지가 비익조와 연리지를 매개로 전달되고 있는 것이다.

류시화의 시 「외눈박이 물고기의 사랑」은 비익조, 연리지와 같은 사랑의 연장선상에서 노래된 것이다. 시인의 바람 역시 외눈박이 물고기 비목比目과 같은 사랑을 하는 것이다. 외눈박이 물고기 비목도 비익조처럼 반쪽밖에 없는 몸을 가지고는 물속을 자유롭게 돌아다닐 수 없는 숙명을 타고났다. 자신과 같은 처지의 나머지 반쪽 물고기를 만나 합체되어야만 비로소 온전한 삶을 영위할 수 있다. 비목의 온전한 삶은 사랑의 승화를 통해서만 가능하다. 사람들은 자신들의 사랑의 형태도 비익조, 연리지, 비목과 같기를 희구한다.

그런데 『시경』 「패풍·격고」의 시는 죽을 때까지 늘 함께하자던 사랑의 언약을 지키지 못할 것 같은 불안한 심정을 토로한다. 이 시는 부역에 종사한 어떤 사람이 집에 두고 온 아내를 그리워하며, 다시 만나기 어려운 자신의 상황을 한탄한 것이다. 처음에 아내를 맞이할 때는 죽든 살든 멀리 떨어져 있든, 서로가 잊거나 버리지 말 것을 약속했었고, 또한 서로 손을 잡고 백년해로하자고 약속했었다. 옛날의 약속이 이와 같았음에도 지금은 함께 살 수 없는 처지가 된 것이다. 비록 백년해로의 약속을 했다 한들 자신의 처지로서는 집으로 돌아가 아내를 만날 수 없다. 그래서 그 약속을 지키기 어렵게 된 것이다. 생각건대 자신은 부역 현장에서 노동을 하다가 죽을 수밖에 없기에, 아내의 손을 잡고 했던 옛날의 약속은 이룰 수 없을 것이라는 한탄이다.

인간의 삶에서 약속이란 매우 중요한 행위이며 사건이다. 하찮아 보이는 약속이라도 마찬가지다. 또한 세상에는 하찮은 약속 같은 것은 애초에 존재하지 않는지도 모른다. 다만, 거꾸로 약속의 담보물과 그것의 경중이 어떠하냐에 따라 약속의 무게감이 평가되는 면도 없지 않기에 오히려 약속과 담보물의 가치가 거꾸로 평가되기도 하는 점에 문제가 있을 것이다. 약속의 담보물보다 더 중요한 것은 약속 자체의 진실성이다. 이런 면에서

앞의 몇 가지 약속의 예시들은 모두 진실성을 벗어나 있지 않다는 점에서 아름다운 것들이다. 그것은 형제애로, 그리고 사랑으로 나타나는 언어들이기에 더욱 소중하다. 아직 처음부터 약속이 맺어지지 않는 자연스런 삶은 필부의 삶에서는 그리 쉽지 않다. 그래서 사람들은 많은 약속을 하면서 살아간다. 특히 사랑의 언약은 약속의 아름다운 대명사다. 사랑의 언약에는 현재의 아름다운 인연이 존속되기를 희구하는 마음이 깊이 삼투되어 있다. 이런 측면에서 사랑의 언약은 진실성의 반영이며 아름다움의 존속을 위한 강렬한 희망의 표현이다.

약속은 사람들 사이에 말로 이루어진다는 점에서 하나의 '언약'이다. 그것은 사람의 말로 합의되거나 구속되는 '언약'이다. 「패풍·격고」에서는 집에 두고 온 아내와 백년해로하자고 한 언약이 등장한다. 이런 점에서 분명 '사랑의 언약'이다. 내용으로 볼 때 주인공은 사랑의 언약을 배반할 사람이 아니다. 오히려 사랑하는 이와 만나지 못하고 멀리 떨어져 있는 현실을 안타까워한 사람이다. 이러한 점에서 주인공이 사랑의 언약을 지키지 못하는 현실은 타율적으로 주어진 강제성에 의거한다. 여기에 주인공의 심리적 갈등은 증폭된다. 그 갈등은 자의적으로 선택된 현실이 아니기 때문이다. 주인공의 의식에는 약속을 지켜야 한다는 내면적 정직성과 현실에 강제된 외면적 불합리성 사이에 나타나는 갈등과 안타까움이 공존한다.

한 가지 짚고 넘어갈 것은 시의 배경이다. 시 속의 주인공이 사랑의 언약을 지키지 못하게끔 가로막은 실제적인 장벽이 있었다는 점이다. 이 시의 배경은 춘추 시대 위衛나라다. 당시 위나라에서는 주우州吁라는 인물이 역모를 일으켜 이복형인 환공桓公을 시해하고 스스로 왕이 되었다. 시의 내용으로 보아 그가 학정을 일삼으며 사람들을 부역 현장으로 끌어내 가혹한 노동을 시켰던 모양이다. 이 시는 사랑의 언약을 지키지 못하게 가로막은 주우를 원망한 것이라고 한다. 요컨대, 사랑의 언약이 자기 의지와는 무관하게 타자의 의지나 예기치 못한 상황에 가로막혀 지켜지지 못할 수도 있음을 알려준다.

【시경 2】 원문 2

그대와 백년해로하려 했더니
늙어서 나로 하여금 원망케 하네.
기수에는 벼랑이 있고
습지에는 물가가 있거늘
총각 시절 그대와 즐거워함에
웃고 말하는 것이 부드러웠으며
'사랑의 언약'과 맹서를 분명하게 했기에
그 뒤집어질 줄을 생각지 못했노라.
뒤집어질 줄을 생각지 못했으니
또한 어쩔 수 없네.

「위풍·맹」

이 시의 전체적인 해의에 대하여 「모시소서毛詩小序」는 다음과 같이 말한다. "「맹氓」은 세속을 풍자한 시다. 선공宣公 때 예의가 사라져 음란한 풍습이 크게 유행하니, 남녀가 분별이 없어 마침내 서로 달려가고 유혹했으며, 그러다가 아름다운 용색이 시들어버리면 다시 서로를 버리고 배반했다. 혹은 곤궁해지면 그 배우를 잃은 것을 스스로 후회했다. 그러므로 그 일을 서술하여 풍자했으니, 올바른 도리를 회복함을 찬미하고 음탕함을 풍자한 것이다."

이 시에서도 '신'은 '사랑의 언약'을 의미한다. 짐작건대, 두 남녀는 젊은 시절에 결혼하지 않은 상태에서 불타는 사랑에 빠졌나보다. 앞에서 살펴본 풀이에 근거한다면, 이들의 사랑은 일종의 불장난처럼 느껴진다. 그들은 서로의 사랑을 확인하고자 '사랑의 서약'과 함께 백년해로하자는 맹서도 했음을 짐작할 수 있다. 아니, 맹서라기보다는 일종의 정표를 주고받는 서약 정도의 의식을 행했을 것이다.

'맹'과 '서'는 본래 다른 의미다. '맹'은 주로 제후들 간에 맺는 혈맹의식과 관련된다. 동물의 피를 나누어 서로가 입에 바른 후 믿음을 배반하지 않을 것임을 하늘에 두고 약속하는 것이 '맹'이다. '맹'이 피를 두고 하는 약속이었던 만큼 그것은 목숨을 담보로 한 성격을 띤다. 국가 간의 혈맹관계는 그렇게 탄생했다. 그러나 '서'란 '맹'보다는 강압성이 덜한 의식이다. 서로가 정표를 주고받으며 말로써 약속하는 것을 '서'라고 한다. TV 드라마 같은 데서 신표를 나누어 가지며 약속하는 장면은 '맹'하는 것이 아니라, '서'를 맺는 의식이다. 그렇다고 모든 '서'에 신표가 오가는 것은 아니다.

시 속에서 두 남녀의 '사랑의 언약'은 '서'의 일종이다. 그리고 결과적으로 그들의 사랑의 언약은 지켜지지 못했다. 돌이켜보면, 인간 세상의 약속이란 때로 얼마나 허망한 것인가? 혈맹관계에 있는 국가 간의 약속도 이해관계가 변하면서 '서로의 입에 바른 피가 마르기도 전에' 깨지는 것이 다반사였던 게 춘추 시대의 정국이었다. 목숨을 담보로 한 약속조차 쉽게 배반하는 것이 인간 존재인 것이다. 그런데 강제성이 덜한 사랑의 언약이 영원할 것이라는 믿음은 그에 비해 얼마나 연약한가? 좀 과장해서 말한다면, '입에 침이 마르기도 전에' 배반하는 약조들은 얼마나 많은가 말이다. 그래서 언약과 서약과 맹서가 지켜지지 않는 현실이 존재하기 때문에 오히려 더 많은 이로부터 그것이 희구되고 행해지는지 모를 일이다. 그만큼 인간은 흔들리며 불안한 존재인 것이다.

예수는 아예 '맹서하지 말라'고까지 한다(「마태복음」 5:33-37). 모든 종류의 맹서는 반드시 지켜야 한다는 당위성이 전제되지만, 헛된 맹서는 그 전제를 배제하고 발화된다는 점에 문제가 있다. 그러나 그 맹서의 대상이 무엇이 되었든 간에, 즉 그것이 사랑하는 사람이든, 다른 사회적 단체이든, 다른 나라이든, 종교적 권능을 가진 신이든, 한번 맺은 약속이 지켜지지 않는다면 그것은 큰 죄를 범하게 되는 것이다.

【시경 3】 원문 3

감초를 캘거나 감초를 캘거나, 왜 수양산 꼭대기에선가?
남의 말은 거짓말, 진실로 또한 믿을 것이 없다네.

버려두고 버려두어 다만 옳게 여기지 않는다면
남의 거짓말이 어찌 그 뜻을 이룰 수 있으리오?

씀바귀를 뜯고 씀바귀를 뜯으려니, 왜 수양산 아래에선가?
남의 말은 거짓말, 진실로 또한 받아주면 안 되네.
흘려듣고 흘려들어 다만 옳게 여기지 않는다면
남의 거짓말이 어찌 그 뜻을 이룰 수 있으리오?

순무를 캘거나 순무를 캘거나, 왜 수양산 동쪽에선가?
남의 말은 거짓말, 진실로 따라서는 안 되네.
흘려듣고 흘려들어 다만 옳게 여기지 않는다면
남의 거짓말이 어찌 그 뜻을 이룰 수 있으리오?

「당풍·채령」

이 시에 등장하는 수양산은 우리 귀에 매우 익숙한 공간이다. 그것은
조선조 사육신의 한 명인 성삼문成三問(1418~1456)이 지은 시조 「수양산
바라보며」 때문일 것이다. 성삼문은 다음과 같이 노래했다.

수양산 바라보며 이제夷齊를 한하노라.
주려 주글진들 채미도 하난 것가
비록애 푸새엣거신들 그 뉘 따헤 낫다니.

성삼문은 어린 조카 단종을 밀어내고 왕위에 오른 세조로부터 정국공신에 봉해졌으나, 이를 의롭지 않게 여겨 세조의 녹을 먹지 않았다. 이런 자신의 심정을 백이와 숙제에 비유하여 읊은 것이다. 성삼문은 백이와 숙제를 자신에 비유했을 뿐 아니라, 수양산을 수양대군에 빗대어 노래했다. 본래 수양산은 중국 허난河南 성 뤄양洛陽 동쪽 30킬로미터 지점에 있다. 수양산은 수산首山, 뇌수산雷首山, 중조산中條山, 포산蒲山, 역산曆山 등 여러 이명이 있다. 엄밀하게 말하자면, 수양은 수산의 양지바른 남쪽을 의미한다. 그러나 언젠가부터 수양은 수산의 이름을 대체하기에 이르렀고, 우리는 수산보다는 수양산이란 이름에 더 익숙해졌다. 성삼문의 시조에 등장하는 백이와 숙제가 굶어 죽었다는 공간이 바로 수양산 아래다. 백이와 숙제는 주나라 무왕이 은나라를 치는 것은 정의롭지 못한 일이라 여겨 반대했지만, 이것이 받아들여지지 않자 주나라의 곡식을 먹지 않겠다고 수양산에 들어가 고사리를 캐어 먹다 죽어간 사람들이다. 백이와 숙제는 전통적으로 충절을 대표하는 의로운 사람들로 알려져왔다.

그런데 『시경』 「채령」에는 다른 사람들의 여러 거짓말이 표현되어 있다. 감초를 캐러 가는 사람에게는 수양산 꼭대기로 가라고 하고, 씀바귀를 뜯으러 가는 사람에게는 수양산 아래쪽으로 가라고 하며, 순무를 캐러 가는 사람에게는 수양산 동쪽으로 가라고 한다. 그러나 이 모두는 거짓말이다. 감초와 씀바귀와 순무를 캐러 굳이 먼 곳에 있는 깊은 산중으로 들어간다든가, 높은 산꼭대기까지 올라갈 필요는 없다. 모두 없는 말을 지어서 하는 것이기 때문에, 슬기로운 사람은 그 지어낸 거짓말을 믿어서는 안 된다. 주변에서 제아무리 많은 거짓말이 생겨난다 하더라도 그 거짓말로부터 초연할 수 있다면, 불순한 의도로 거짓말을 하는 사람도 더 이상 자신의 뜻을 펼치기 어려울 것이다.

이 시는 진나라 헌공獻公을 풍자한 것이다. 그가 참언讒言을 좋아하고 잘 믿었기 때문에 이런 유의 시가 지어진 것이다. 참언이란 남을 헐뜯어서 죄가 없는 사람을 죄가 있는 양 꾸며 윗사람에게 고하는 말을 가리킨다. 이런 점에서 참언이란 윗사람(군주)에게 거짓을 고하여 다른 사람을 해치고자 하는 아랫사람(신하)의 불순한 언어 양태다. 진 헌공은 춘추오패의 한 명인 진 문공의 아버지다. 그는 전쟁을 좋아했고, 영토 확장에 대한 야욕 또한 강했던 인물이다. 그런 그가 여융驪戎을 공격했을 때 여융의 군주로부터 여희驪姬와 소희少姬라는 자매를 진상받은 일이 있다. 그중 여희는 미모가 대단히 뛰어나 헌공의 총애를 한 몸에 받았다. 여희는 헌공과의 사이에서 해제奚齊라는 아들을 낳았는데, 자신이 낳은 해제를 태자로 세워 장차 군위에 올리고자 헌공에게 참언하기 시작했다. 그것은 먼저 태자인 신생申生을 대상으로 이루어졌으며, 신생의 죽음 이후에는 중이重耳와 이오夷吾에게까지 이어져 그들은 망명길에 오를 수밖에 없는 처지가 되었다. 헌공은 여희의 참언을 모두 믿은 것이다. 시의 소재였던 감초, 씀바귀, 순무가 헌공의 세 아들을 지칭하는 은유라면, 바로 신생, 중이, 이오 삼형제를 뜻하는 것일 수 있다. 참언은 결백한 사람을 위기에 몰아넣을 뿐 아니라 극단적으로는 죽음으로까지 몰고 가는 매우 위험한 언어다.

『시경』은 윗사람이 아랫사람의 참언을 믿어서는 안 된다는 점을 누차 강조한다. 특히, 한 나라의 임금은 신하의 참언을 곧이듣고 섣불리 결단을 내려서는 안 된다는 것을 노래한다. 임금이 아랫사람의 참언을 믿게 되면 나라에 큰 혼란이 생겨난다. 그런데 유사 이래로 참언을 일삼는 무리들은 어느 시대에나 있었다. 『시경』은 참언을 일삼는 이들이 마치 앵앵거리는 '쉬파리靑蠅'와 같다고 비유한다. 「소아·청승」은 다음과 같다.

앵앵거리는 쉬파리여, 울타리에 앉았도다.
점잖으신 군자님 참언을 믿지 마소서.

앵앵거리는 쉬파리여, 가시나무에 앉았도다.
참소하는 자들 끝없어서 온 나라를 어지럽히도다.

앵앵거리는 쉬파리여, 개암나무에 앉았도다.
참소하는 자들 끝없어서 우리 두 사람을 교란하도다.

사전적 정의를 통해 볼 때, 쉬파리는 상한 고기를 비롯한 인분이나 동물의 분에서 발생하는 곤충이다. 어떤 종은 암컷이 나방이나 나비류의 유충의 등에 쉬를 슬어(알을 갉겨) 그 유충을 파먹고 들어가 그 속에서 발생하는 것도 있다. 주로 가축 및 야생동물의 털뿌리에 쉬를 슬어 유충이 피부를 뚫고 들어가 자라다가 번데기가 되기 직전에 나오므로 피부에 구멍을 낸다. 또, 소나 말의 입안에 쉬를 슬어 유충이 위 속에서 자라기도 한다. 위생상 중요군이며 구더기증(일명 승저증蠅疽症)을 일으키는 종류도 있다고 한다.

쉬파리의 더러움은 타자에까지 미쳐 대상의 구분을 혼란시킨다. 그로부터 백색과 흑색의 구분조차 애매모호하게 변질되어버린다. 특히, 쉬파리가 날 때는 매우 시끄러운 소리를 내는데, 『시경』은 이를 앵앵거린다고 표현했다. 사람의 청각을 혼란시키는 소리를 비유한 것이다. 『시경』에서 쉬파리는 간신배들을, 쉬파리의 앵앵거리는 소리는 그들의 참언을 빗댄 것이다. 군자는 왕을 가리킨다. 군자(왕) 주변에는 끊이지 않고 쉬파리들이 날아다니고 있다는 것이다. 이런 이유로 시인은 왕이 간신배들의 참언을 믿어서는 안 된다는 점을 경계한 것이다.

『시경』이 쉬파리靑蠅(또는 蒼蠅)를 노래한 이후 훗날 두보杜甫(712~770)와 구양수歐陽脩(1007~1072)도 쉬파리蒼蠅를 소재로 시를 적어 노래한 것이 전해진다. 두보는 「협주 유백화에게 준다寄劉峽州伯華使君」에서 "강호에는 백조가 많고, 천지에는 쉬파리가 있느니라"라고 읊었으며, 구양수는 「쉬파리를 미워하는 부憎蒼蠅賦」에서 "쉬파리야 쉬파리야, 나는 너의 삶을 슬퍼하노라"라고 읊은 것이 그것이다. 특히, 구양수는 「붕당론朋黨論」을 지어 군자는 군자와 더불어 모이며, 소인배는 소인배와 더불어 모이는 법이라고 역설했다. 「붕당론」은 구양수가 간신배들에게 공격을 받고 있던 범중엄范仲淹(989~1052), 두연杜衍(978~1057), 한기韓琦(1008~1075) 등을 옹호하기 위하여 인종에게 올린 유명한 정론이다. 그는 이 글에서 군자들의 붕당은 나라와 군왕에게 유익하지만, 소인배들의 붕당은 나라와 군왕을 망하게 한다고 역설했다. 그는 소인배들이 좋아하는 것은 오직 봉록일 뿐이요, 탐하는 것은 재물과 돈이라고 보았다. 그리고 소인배들은 이익을 함께할 때는 상대방을 잠시 한 무리로 끌어들여 한시적 붕당을 형성하고는 벗이라 칭하지만, 이는 위선에 지나지 않는다고 한다. 그들은 이익을 얻고자 앞을 다투기도 하고, 얻을 이익이 없어지면 교류가 끊겨 서로를 해치는 무리라고 한다. 구양수의 눈에 비친 소인배들이 쉬파리에 비유될 수밖에 없는 이유가 있었던 것이다. 쉬파리가 소인배 내지 간신배들을 비유한 대표적인 시어로 통용되었음을 알 수 있고, 그 연원이 『시경』에 있었음이 확인된다.

【시경 4】 원문 4

기러기가 날아감에 모래톱을 따르니
공이 돌아가심에 갈 곳이 없으랴.
너에게만 이틀 밤을 묵어가신 것이니라.

기러기가 날아감에 육지를 따르니
공이 돌아가시면 다시 오지 못하리
너에게만 이틀 밤을 묵어가신 것이니라.

「빈풍·구역」

손님이 묵으시고 묵으시며
손님이 이틀 밤을 묵고 묵으니
끈을 주어 그 말을 동여매리라.

「주송·신공지십·유객」

이상은 『시경』에서 '신信'이 '이틀 밤을 머무는 것再宿'의 의미로 쓰인 시두 수다. 옛날에는 하룻밤을 유숙하는 것을 가리켜 '숙宿'이라 하고 이틀 밤을 유숙하는 것을 '신'이라고 했다. 상대방에 대한 믿음이 전제되지 않는다면 낯선 지역 낯선 공간에서의 하룻밤은 아주 불편한 시간들로 이어질 것이다. 그런 곳에서 하룻밤도 아니고 이틀 밤을 유숙한다는 것은 쉽지 않다. 정국이 불안한 시대라면 더 그럴 수밖에 없다. 낯선 공간에서 묵는다는 행위는 모든 잠재적 위험을 인정하지 않는다는 묵시적 의지의 표현이 된다. 그것은 믿음의 다른 표현이다. 하룻밤을 묵고, 또 하룻밤을 더 묵는다는 행위는 그만큼 그 지역 사람들을 믿는다는 의미다.

첫 번째 시 「구역九罭」(아홉 주머니의 그물)은 주공周公을 찬미한 것이다. 이 시는 주공이 동쪽 지방에 들러 이틀 밤을 유숙했음을 말하고 있다. 동쪽 지방 사람들은 서로가 너라고 말하면서, 주공이 '너에게만 이틀 밤을 묵어가신 것이니라'라고 노래한 것이다. 시의 내용은 주나라 성왕이 주공을 맞이하려고 한 것 때문에 주공이 장차 동쪽 지방을 떠나게 된 상황을 아쉬워하는 심경을 담고 있다. 그래서 '공이 돌아가시면 다시 오지 못하리니'라고 안타까워한 것이다. 주공이 주나라 왕실로 돌아가면 다시는 동쪽 지방으로 돌아오지 못할 것이라는 안타까움이 그것이다. 주공이 이방의 땅인 동쪽 지방에서 이틀 밤을 머물렀다는 것은, 그가 그 지역 사람들을 적대시하지 않았다는 뜻이다. 동쪽 지방 사람들에 대한 믿음이 있었다고 할 수 있다. 이런 점을 통해 볼 때, 이틀 밤을 머문다는 '신'의 의미에는 이미 '신'의 일반적 의미인 믿음이 전제되어 있다고 할 수 있다.

「유객」은 은말삼인殷末三仁의 한 사람인 미자微子를 주인공으로 내세운다. 주나라 무왕은 은나라를 멸망시키고, 미자를 송나라에 봉하여 그 선왕들을 제사지낼 수 있게 배려했다. 은나라가 멸망한 이후에도 무왕은 결코 미자를 신하로 생각하지 않았다고 한다. 무왕은 미자를 손님의 예로 깍듯하게 대우했다. 손님인 미자가 찾아간 곳은 주나라의 조묘祖廟였다. 그럼에도 미자는 그곳에서 이틀 밤을 묵었던 것이다. 이제 장차 이틀 밤을 묵은 미자가 그곳을 떠나려 함에 사람들은 그를 떠나보내지 않으려고 미자가 타고 온 백마를 끈으로 동여맨다. 그렇게라도 더 오랫동안 손님과 함께하고픈 심정을 표현하지 않으면 안 될 것 같은 아쉬움이 있었던 것이다. 손님으로 간 미자는 백마를 타고 갔다. 백마는 미자의 고국인 은나라의 상징 색을 반영한다. 은나라는 건국 초부터 자기 나라의 정통성을 백색으로 표상했다. 미자는 은나라의 풍습에 따라 백마를 타고 주나라에 들어간 것이다. 그런데 미자가 손님으로 가서 이틀 밤을 묵은 주나라의 조묘에 있던 모든 사람은 미자에게 믿음을 보여주었다. 미자 역시 이러한 믿음을 알았기에 주나라 조묘에서 이틀 밤을 묵을 수 있었던 것이다.

낯선 곳 낯선 공간에서의 머묾에는 항상 믿음이 전제되어야 한다. 이틀 밤을 머문다는 것은 그만큼 그 공간에 대한 높은 신뢰도를 반영한다. 『춘추좌전』에서는 "무릇 군대가 하룻밤 묵는 것을 '사舍'라 하고, 이틀 밤 묵는 것을 '신'이라 하고, 이틀 밤 이상 묵는 것을 '차次'라고 한다"고 했다. 생사가 오가는 전쟁터에서 하룻밤을 주둔할 수 있다는 것은 평시보다 더 그 장소에 대한 높은 신뢰도를 요청한다. 군대가 이틀 밤을 주둔할 수 있다면, 그만큼 더 안정적인 상황임을 의미한다. 더욱이 이틀 밤 이상 특정한 장소에 군대를 주둔할 수 있다는 것은, 전쟁에의 승기를 잡을 수 있다는 믿음과 연동된다는 점에서, '차'는 확고한 믿음을 반영한다. 이와 같이 볼 때, 이틀 밤을 묵는다는 의미의 '신'은 믿음의 가변성을 전제한다고 이해할 수 있다. 그것은 믿음의 완성태는 아니다. 이틀 밤을 묵는다는 것에서 확고한 믿음의 절대성을 확인한다는 것은 시기상조다. 이런 점에서 사람들은 미더운 존재에 대한 변함없는 질서를 요청하게 된다.

우뚝 솟은 저 남산이여
우임금이 다스리시던 곳이어라.

「소아·곡풍지십·신남산」

시라카와 시즈카白川靜는『공자전』에서『시경』에 두 차례 등장하는 '인仁'의 의미를 분석하여, '인'이 사냥꾼 복장을 한 늠름한 젊은이의 듬직함을 일컫는 말이었다고 풀이한다. 그리고 '인'의 본래 의미가『시경』「패풍邶風·제비燕燕」편의 한 구절 중 "중씨仲氏가 미더우니任, 그 마음 진실하고 깊도다"라고, 사람을 칭찬하는 말과 관련이 있다고 주장한다. 이 구절에서 '임任'이란 마음의 관대함을 가리키므로, '인'의 본래 뜻도 이와 같았으리라는 것이다. 그런데『시경』의 주석은 '임'의 의미가 '은혜로써 서로 믿는 것以恩相信曰任'이라고 풀이하고 있다. 그렇다면 적어도『시경』의 시대에는 '인'과 '신'의 의미가 통용되는 측면이 있었을 것임을 부정할 수 없다.

‘인’이 사나이의 듬직함을 뜻하는 것이었듯이 ‘신’의 의미 역시 이를 크게 벗어나지 않았다. 특히 그것은 『시경』 안에서 남산을 형용하는 말과 관련될 때 더욱 그러하다. 남산은 중국 시안 지역에 있는 중난 산終南山을 가리키며, 현재 중국 현지에서는 추이화산翠華山이라고도 불린다. 이곳을 성군이었던 우임금이 다스리면서 언덕과 습지를 개간하여 농사지을 수 있도록 함으로써 대대로 무궁한 발전을 이루었다고 한다. 따라서 시에 등장하는 남산은 우임금이 다스리던 공간적 배경이면서도, 우임금의 미더움을 비유한 말이기도 하다. 남산의 기개가 우뚝하게 솟아 있는 것처럼 우임금이 지닌 군주로서의 미더움 또한 우뚝하게 솟아 있다는 말이다. 그래서 시에서는 남산을 형용하여 ‘신’이라고 했다.

국내의 『시경』 번역서들은 이곳의 ‘신’을 다만 ‘진실로’라는 뜻의 부사적 용례로 풀이하는 경우가 있지만, 여기서는 이를 달리 해석하여 남산이 기세 있게 펼쳐진伸 형태를 의미하는 것으로 이해했다. 이처럼 ‘신’의 의미를 남산의 위풍당당한 모습으로 이해할 수 있는 근거는 『시경』에서 남산을 노래한 다른 한 편의 시 가운데 유사한 문구가 발견되기 때문이다. 바로 ‘절피남산節彼南山’이라는 구절인데, 이는 ‘높이 솟은 저 남산이여’라고 풀이된다. ‘절피남산’은 여기에 표현된 ‘신피남산信彼南山’과 동일한 문장의 형식을 띠고 있는 것이다. ‘신’과 ‘절節’은 같은 의미로 쓰인 것이다. 따라서 『시경』은 남산의 높이 솟은 늠름한 모습을 빌려 우임금을 비롯한 임금 자리에 있는 사람들의 미더움을 대신 표현하고자 한 것이다.

믿음이란 무엇인가

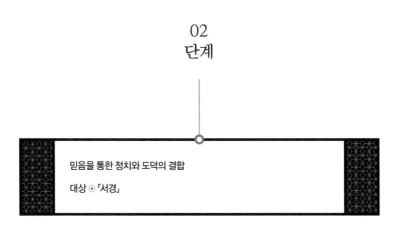

02
단계

믿음을 통한 정치와 도덕의 결합

대상 ⊙ 『서경』

『서경』은 주로 중국 상고 시대 정치에 관한 기록을 담고 있다. 『서경』은 믿음에 관한 정치적 권능과 도덕주의적 성향이 결합되는 접점을 보여준다. 그것은 정치적 천명사상과 도덕적 천명사상이라는 두 형태와 맞물려 자신의 고유한 특성으로 드러난다. 외재적이었던 하늘의 정치·도덕적 기원이 점차 내면화되는 모습이 드러나는 것이다. 이제 『서경』에 나타나 두 가지 형태의 믿음 양태를 좀 더 구체적으로 살펴보자.

【서경 1】 원문 6

너희는 불신하지 말라. 내 결코 식언하지 않으리라. 너희가 맹서
한 말을 따르지 않는다면 나는 너희를 처자식까지 죽여서 용서

하지 않겠다.

「상서·탕서」

『서경』의 「탕서」편은 은나라의 탕왕이 하나라의 폭군이었던 걸왕桀王을 정벌하고자 군대를 일으키면서 맹세한 내용을 기록한 것이다. 걸왕은 은나라 주왕紂王과 함께 폭군의 전형이다. 그는 웅장한 궁전을 축조하여 온갖 금은보화를 비롯하여 미녀들을 모아들였다. 뿐만 아니라 궁전 뒤뜰에는 술로 된 연못을 만들어 배를 띄워 즐겼고, 장야궁長夜宮이라는 궁전을 짓고 애첩 말희妹喜와 함께 엽기적인 성 행각을 일삼았다고 전해진다. 사마천司馬遷의 『사기』에는 "걸왕이 덕행에 힘쓰지 않고 무력으로 백성을 해치자 백성이 견딜 수 없었기에 탕왕이 이를 정벌했다"고 했다. '탕'이란 폭정을 제거한 자에게 부여한 시호다.

그런데 탕왕이 하나라를 정벌할 당시 박읍毫邑의 일부 사람이 그의 정벌을 꺼렸다. 이에 탕왕이 자신의 정벌 의지를 확고한 맹세를 통해 천명하니, 그 내용이 「탕서」편이다. 백성을 위무하고 죄가 있는 자를 징벌한다는 취지가 탕왕의 맹세였다. 탕왕은 자신이 하늘의 뜻을 대행하여 걸왕을 정벌하리라는 강력한 의지를 피력했다. 그는 자신의 정벌 의지를 결코 꺾지 않을 것임을 다짐한다. 식언하지 않겠다는 탕왕의 말이 이를 잘 반영하고 있다. 이미 한 말을 도로 삼키는 것이 식언이다. 식언하지 않겠다는 말은 자신의 말을 꼭 지킨다는 맹세다. 그래서 탕왕은 박읍의 사람들에게 자신을 불신하지 말라고 강조한다. 만일 불신한다면 당사자를 비롯해 처자식

까지 모두 죽일 것이며, 또한 용서하지 않겠다는 결연한 의지를 나타내고
있다.

탕왕의 맹서에는 믿음의 맥락과 관련하여 불신이라는 말이 표현되고
있다. 이때의 불신은 일상적으로 이야기되는 의미와는 많은 차이가 있다.
이 말은 군주가 백성을 대상으로 했다는 점에서 군주의 강한 권능을 담고
있다. 군주를 불신한다는 것은 군주를 믿지 않는다는 것보다는 군주의 말
에 복종하지 않는다는 의미가 더 강하다. '신'이 '따르다' '복종하다'의 의미
로 쓰였다고 볼 수 있다. 탕왕의 맹서 중 '불신'은 다음 구절의 '따르지 않
는다'와 동일한 맥락으로 사용된 것이다.

【서경 2】 원문 7

무왕이 말했다. "오호라, 우리 서쪽 땅의 군사들이여! 하늘에는
밝은 도가 있으며 그 종류가 분명하다. 오늘날 상나라의 왕 수는
오륜을 모멸하고 소홀히 여기며 공경하지 않아, 스스로 하늘의
명령을 끊고 백성과 원한을 맺고 있다. 아침에 내를 건너는 사람
의 정강이를 자르고, 어진 사람의 심장을 도려내며, 포학한 짓
과 살육으로 온 세상에 해독을 끼쳐 괴롭혔다. 간사한 자를 높
이고 믿으며, 스승이 되고 보호자가 되는 분들을 내쫓을 뿐 아
니라 법과 형벌을 버리고 올바른 선비를 가두어 노예로 삼았다.
천지에 제사를 올리지 않았으며, 종묘에도 제사를 모시지 않았
고, 기묘한 재주와 지나친 기교로 부인의 환심을 샀다. 상제께서

는 불손하게 여기시고 명을 끊어 그를 망하게 하셨다. 그대들은
힘써서 이 한 몸을 받들어 삼가 천벌을 행하도록 하라.”

「주서·태서 하」

무왕이 말했다. “옛사람이 이르되 '암탉은 아침에 울지 않는다.
암탉이 아침에 울면 집안이 망한다'고 했다. 그런데 지금 상나라
의 왕 수는 여인의 말만 듣고, 조상의 제사를 전혀 돌보지 않으
며 한 조상을 모신 백숙, 형제들도 전혀 돌보지 않으며 도리로써
대우하지 않는다. 다만 사방에서 많은 죄를 짓고 도망쳐온 자들
을 높이고 그들을 우두머리로 삼으며 믿고 임용했다. 이 자들을
대부와 경사로 삼아 백성에게 포악한 일을 저지르게 하여 상나
라 읍을 범죄로 문란케 했다. 이제 나 발은 삼가 하늘의 벌을 대
행코자 한다.”

「주서·목서」

무왕은 은나라를 정벌한 이후에 관작을 다섯 가지로 나누고 땅
을 나누어주는 것을 세 가지로 하며, 벼슬을 세우되 현자로 하고
일을 맡기되 능력이 있는 자로 하며, 백성의 다섯 가지 가르침을
소중히 하되 음식과 상례와 제례에 특히 유념하며, 믿음을 돈독
히 하고 의리를 밝히며, 덕을 높이고 공로에 대해 보답하니, 의
상을 드리우고 손을 꽂고서도 천하가 저절로 다스려졌다.

「주서·무성」

믿음이란 무엇인가

수受는 은나라 마지막 왕인 주왕의 이름이다. 그는 나라의 정사를 돌보는 것을 외면하고 온갖 패악무도한 행위를 일삼았다. 이에 민심이 크게 이반되어 무왕은 그를 정벌하기에 이른다. 『서경』의 「태서」 편은 무왕이 은나라 주왕을 정벌하러 가면서 맹서한 말을 기록한 것이다. 「태서」는 상·중·하 세 편으로 구성되어 있는데, 상편은 황하를 건너기 전의 상황을 기록한 것이고, 중편과 하편은 황하를 건넌 이후의 일을 기록했다. 또한 「목서」 편은 무왕이 목牧이라는 지역에 주둔하면서, 군사들에게 자신의 정벌 의지를 재천명하고 맹서한 말을 기록했다.

무왕은 주왕의 부덕함과 패악무도한 만행을 열거하면서 자신이 은나라를 정벌하는 명분이 잘못되지 않았음을 강조했다. 『열녀전』은 일말의 미더움도 없으며 인간다움을 포기한 주왕의 패악무도한 행위를 상세하게 기록하고 있어서 참고할 만하다.

"주왕은 천하의 그 어떤 사람도 자기보다 못하다고 여겼다. 술을 좋아하며 음란하게 여색을 즐겼고, 총애하는 달기에게서 떠나지 않았다. 달기가 칭찬하는 사람은 중용하고 달기가 미워하는 사람은 죄를 씌워 죽였다. 새로운 음란한 노래와 북쪽 변방의 유치한 춤, 그리고 미미靡靡의 음악을 만들게 했으며, 진기한 물건들을 거두어 후궁에 쌓아놓았다. 그래서 간신들과 많은 여자가 원하는 것을 가질 수 있게 했다. 술 찌꺼기가 쌓여 언덕을 이루었고, 술은 흘러 못을 이루었으며, 고기는 쌓여 숲을 이루었다. 벌거벗은 사람들이 그 사이를 서로 쫓고 쫓기는 놀이를 하며 긴긴 밤을 낮으로 삼아 술을 마셨다. 달기가 그런 것을 좋아했기 때문이다. 주왕의 이러한 행위를 보고 백성은 원망했다. 또 반기를 드는 제후도 있었다. 그래서 주왕은 포락炮烙의 법을 만들었다. 그리하여 구리 기둥에 기름을 바르고 불로 달구어 죄를 지은 사람에게 그 기둥을 타고 올라가게 했다. 사람이 타고 올라가다가 미끄러져 불기둥에서 떨어지면 달기는 좋아라 하며 깔깔거리고 웃었다. 참다못한 주왕의 숙부 비간이 '선왕의 모범적인 법을 좇지 않고, 여자의 말만 따르시면 재앙이 닥칠 날이 멀지 않습니다'라고 말했다. 그러나 주왕은 화를 내며 요망한 말로 치부해버렸다. 곁에 있던 달기가 '성인의 심장에는 구멍이 일곱 개 있다고 들었습니다'라고 말했다. 어리석은 주왕은 이 말에 시험 삼아 비간의 배를 갈라서 심장을 도려냈다. 또 기자를 잡아 가두고, 미자를 멀리 추방했다."

주왕은 달기를 곁에 두면서 온갖 더럽고 무례하며 방자한 행실에 전념하여 하늘의 도리를 거역했다. 무왕은 이것을 '암탉이 울면 나라가 망한다'는 속담에 비유하여 비판했다. 오늘날 관점에서 보면 '암탉이 울면 나라가 망한다'는 말은 젠더gender 차별적 말로 인식된다. 그러나 이것은 주왕과 무왕이 살던 시대 상황에서는 당연시되던 말이었다. 그렇다면 문제의 핵심은 다른 곳에 있다. 이 말은 일차적으로 사회적인 성차에 대한 의미를 갖는 것이 아닌 일종의 생물학적 자연성에 대한 언급이었음을 잊어서는 안 된다. 그것은 자연의 이상 현상이 인간의 사회구조를 해체할 수도 있다는 전조적 두려움을 노정하는 재이설災異說의 일종이다. 암탉은 새벽에 울지 않는 것이 정상적인 이법이다. 아침을 알리는 것은 양의 기운을 가진 수탉이어야 하며, 음의 기운을 간직한 암탉의 활동은 양적 질서의 수면 아래로 내려가 있어야 한다. 그럼에도 만일 암탉이 새벽에 운다면, 이는 음양의 질서를 교란하는 것이며 자연의 법칙을 어기는 것이다. 그것은 하늘의 명령을 거역하는 행위에 다름 아니다.

그럼에도 주왕은 새벽에 우는 암탉과 같은 존재인 달기를 곁에 두고 그
녀와 동질화되어가면서 온갖 종류의 방탕한 행위와 악행을 일삼았다. 결
단코 주왕의 모든 행위는 미덥지 못하다. 그런데 아이러니하게도 그런 주
왕에게도 믿음은 있다. 바로 자신이 총애한 달기에 대한 믿음이고, 그녀
가 추천하는 사람들에 대한 믿음이며, 간사한 자들에 대한 믿음이다. 그
러나 이러한 믿음의 대상은 전적으로 달기에게로 귀일된다. 그래서 주왕
은 달기의 말이라면 충신의 심장도 도려낼 수 있었고, 사방에서 죄를 짓
고 온 범법자일지라도 전과를 개의치 않고 전폭적으로 믿으며 등용했던
것이다. 이것이 주왕의 믿음이다. 그러나 이러한 믿음은 온전한 믿음이 아
니다. 차라리 없는 것이 더 낫다. 거기엔 믿음의 보편성이 결여되어 있기
때문이다.

『서경』은 믿음의 보편성을 하늘로부터 찾는다. 그것은 역수歷數로 표현
되는 종류의 것이다. 「우서·대우모」 편에는 순임금이 우임금에게 말한 내
용이 기록되어 있다. 거기서 순임금은 우임금에게 다음과 같이 말한다.
"하늘의 역수가 너의 몸에 있으니, 네가 마침내 원후의 자리에 오를 것이
다. 인심은 위태롭고 도심은 은미하니, 정심하게 하고 한결같이 해야 진실
로 그 중도中道를 잡을 것이다." 즉, 군위를 점할 자격은 하늘의 역수를 자
신의 몸에 지니고 있느냐, 그렇지 못하느냐에 달려 있다는 말이다. 하늘의
역수라는 보편성을 담지하면서, 진실로 그 중도를 잡은 사람에게 왕의 자
격이 있다는 말이다. 다시 말하면, 말하고 행위함에 저절로 과·불급의 잘
못이 없어서 진실로 그 중도를 잡고 있는 사람이 왕의 자격을 갖춘 사람이

다. 이러한 사람이야말로 진실로 미더운 자다.

　주왕과 달리 무왕에게는 하늘의 역수와 명령에 대한 믿음이 있다. 목
야牧野의 전투에서 주왕을 물리친 무왕은 믿음을 돈독히 하고 의리를 밝
힐 뿐 아니라 덕을 높이 받들었다. 그 덕이란 중도의 내용을 승계한 것이
라고 말해질 만했다. 따라서 무왕은 한쪽으로 치우침이 없는 진실성으로
정치에 임할 수 있었다. 그러다보니 무왕이 비록 팔짱을 끼고 있다 해도
천하는 저절로 잘 다스려지게 되었다는 것이다. 일종의 무위정치의 결과
가 덕의 정치적 소환을 통해 이루어진 것이다. 주왕의 패악함을 바로잡으
면서 무왕은 도덕주의적 성격을 띠는 하늘의 명령을 정치 현실에 반영하
고자 한 것이다. 이런 무왕의 믿음은 주왕의 믿음과는 그 성격이 전혀 다
르다. 믿음의 대상이 새삼 중요하다는 것을 알 수 있다. 드디어 정치의 도
덕화를 구현하고자 하는 열망이 새로운 시대적 사명으로 부상하게 된 것
이다.

【서경 3】 원문 8

　　주공이 말했다. "……그 혹시라도 어떤 사람이 고하기를 '소인들
　이 당신을 원망하고 당신을 욕합니다' 하거든 크게 스스로 덕을
　공경하여 원망하는 잘못을 자신의 잘못이라고 하십시오. 진실
　로 이와 같이 한다면 백성이 감히 노여움을 풀지 않을 수 없을
　것입니다. 이러한 말씀을 듣지 않는다면 사람들이 혹 속이고 과
　장하여 허실을 바꾸어 말하기를 '소인들이 당신을 원망하고 당

신을 욕합니다'라고 말하면 임금은 그 말을 믿게 됩니다. 이와 같으면 그 법을 멀리까지 생각하지 않게 되고, 그 마음을 관대하고 부드럽게 하지 못합니다. 따라서 죄 없는 사람을 함부로 벌하게 되고 무고한 사람을 죽이게 됩니다. 이렇게 되면 원망이 합쳐 몸에 모이게 됩니다."

「주서·무일」

「무일無逸」편은 군주의 안일함을 경계한 곳이다. 군주는 안일함에 빠져서는 안 되고, 지나친 즐거움에 빠져서도 곤란하다. 성왕成王이 처음 정사에 임하자, 주공은 혹여 성왕이 안일함만 알고 반대로 안일해서 안 되는 것에 대하여는 알지 못할까 걱정하여 이 글을 지어 훈계했다.

현실 정치를 담당하는 사람들 주변에는 항상 남을 비방하고 무함하면서 훼방하는 무리가 있다. 온갖 종류의 밑도 끝도 없는 유언비어가 횡행하는 곳이 현실 정치의 현장이기도 하다. 상대를 죽여야만 자신이 산다는 그릇된 믿음이 이런 유의 말들을 양산해내는 것이다. 진실성을 갖추지 못한 이들의 말은 모두가 헛된 말임을 알아야 하는데도, 그 헛된 말에 진실이 있다고 믿는 사람들이 생겨나는 것이 현실이다. 자기 중심이 확고하게 잡혀 있지 않은 사람일수록 이러한 헛된 말의 문법에 취약성을 드러낸다. 귀가 얇다는 말은 마음의 동요가 심하다는 의미. 상대방의 말을 듣고 자신의 마음이 파도처럼 요동치는 이들은 귀가 얇은 것이다.

그래서 주공은 성왕에게 마음의 중심을 잡으라고 부탁하는 것이다. 진실로 마음의 중심을 잡아야만 외부의 이러저러한 평가들로부터 자유로울 수 있다. 그것은 주체를 확립하라는 말과도 통한다. 주체적이란 말은 항상 외부 대상과의 관계성을 전제한다. 그리고 대상의 상태와 상황을 있는 그대로 인정하면서 그와의 공통 코드를 발견하고자 노력한다는 것을 의미한다. 그래서 주체적인 사람은 늘 대상과의 소통을 꿈꾼다. 그는 자기 일방적인 의식을 상대에게 행사하려는 주관적 성격의 사람과는 질적으로 차원을 달리한다.

주관적인 사람은 자기 합리화에 강하다. 그는 자신의 문제든 타인의 문제든 모두 타인의 탓으로 돌려버린다. 늘 남이 문제다. 반면 자신은 문제가 없다. 이런 사람에게서 자기반성은 찾아보기 어렵다. 왜냐하면 나에게는 문제가 없으니까, 문제없는 나를 반성한다는 것 자체가 어불성설이기 때문이다. 주체적인 사람은 그렇지 않다. 그는 타자와의 관계에서 늘 소통을 염두에 두고 행위하는 사람이기 때문에, 내 문제에 대해 대단히 예민하다. 설혹 상대방이 일으킨 어떠한 문제가 있다 하더라도 그게 자신과의 관련성 때문에 야기된 것은 아닌지 되돌아본다. 주체적인 사람은 반성할 줄 아는 자다.

주체적인 사람과 반성할 줄 아는 사람은 미덥다. 사람은 믿음이 가는 이와 친하게 되어 있고, 백성은 믿음이 가는 지도자에게 모이는 법이다. 이런 미더운 사람은 누군가가 자신을 원망하고 손가락질하면서 욕한다 할지라도 그 말을 믿기보다는 도리어 자신을 돌이켜보고 반성한다. 따라서 미더운 이는 남을 원망하는 법이 없다. 타인의 원망과 손가락질이 모두 자기 잘못이라고 인정하기 때문이다. 고 김수환金壽煥(1922~2009) 추기경이 말한

"내 탓이오!"와 같은 맥락의 미덕이 반성할 줄 아는 주체적 존재에게서 확인되는 것이다.

주공이 말했다. "군석이여, 불행하게도 하늘은 은나라에 멸망의 화를 내려 은나라는 이미 하늘의 명을 상실하고 우리 주나라가 그 명을 이어받았소. 나는 감히 안다고 하지 못하겠소. 우리 기업이 영원히 길함에 부합하는지를. 하늘은 믿을 수 없으니, 나 또한 안다고 말하지 못하겠소. 우리가 끝내 상서롭지 못한 길을 가게 되려는지를. 아아, 군석이여! 하늘은 이미 우리를 착하다고 했소. 나 역시 감히 편안하게 상제의 명을 누리고 있을 수 없으며, 하늘의 위엄과 우리 백성을 영원히 생각하지 않을 수 없으니 이리하면 백성 간에 원망하는 사람이 없을 것이오. 우리 후대의 자손들이 크게 하늘과 백성을 공경하지 못하고, 우리 나라를 빛낸 선조들의 빛을 단절시키고 잃어버린다면 이는 하늘의 명령이 쉽지 않음과 하늘을 믿기 어려움을 모르기 때문이오. 그리하면 그 명령을 상실할 것이며 선조의 공손하고 밝은 덕을 장구히 이어가지 못할 것이오. 오늘 이 작은 사람 단이 훌륭하다는 것이 아니라 다만 선조들의 빛을 우리의 젊은 인근에게 베풀자는 것이오." 주공은 다시 말했다. "하늘은 믿을 수 없으나, 우리는 다만 무왕의 덕을 이어나가면 하늘은 문왕이 이어받은 명령을 버리지 않을 것입니다."

「주서·군석」

「군석君奭」 편은 주공이 소공召公에게 준 글이다. 군석은 주나라의 소공을 가리킨다. '군'은 존칭이고, '석'은 소공의 이름이다. 그는 주나라 왕실의 일족으로서, 지금의 산시陝西 성 치산岐山 지역인 소召를 식읍으로 했기 때문에 소공이라 불린다. 소공은 문왕부터 강왕에 이르는 4대에 걸쳐 정사를 돌보았는데, 특히 무왕이 죽고 성왕이 어린 나이로 군위에 오르자 주공과 함께 그를 훌륭하게 보필함으로써 주나라의 기반을 확실하게 다져놓았다. 주공과 소공은 천하를 둘로 나누어 다스렸다. 주공은 동쪽 지역을 관장했고, 소공은 서쪽 지역을 다스렸다.

소공의 정치는 대단히 모범적인 것으로 평가된다. 그가 다스린 지역에서는 모든 사람이 할 일이 생겼으며, 실직자가 사라졌다고 한다. 청년실업 문제가 팽배한 현재 우리의 상황을 고려한다면 소공의 정치가 얼마나 성공적이었는가를 짐작할 수 있다. 그는 곳곳을 순시하며 백성의 어려움을 보살폈는데, 늘 감당甘棠나무 아래에서 송사를 듣고 이를 공정하게 처결해주었다고 전한다. 이에 사람들은 후대에도 감당나무를 보면 마치 소공을 대하듯 공경했는데, 모두가 소공의 선정을 기리기 위함이었다. 지금도 인구에 회자하는 '감당지애甘棠之愛' '감당유애甘棠遺愛'라는 성어는 소공으로부터 연유하며, 어진 정치를 펼친 사람을 그리워하는 마음을 표현한 것이다.

그런데 주공과 소공이 활동하던 시대에는 군주의 정통성과 정치적 권능을 부여하는 근원적 존재로서의 하늘이 상제의 자리를 상속하게 된다. 이때의 하늘은 인격적 의지를 가진 존재다. 따라서 하늘은 인간의 도덕적 의지를 실천하는 근거가 된다. 이전 은나라 때까지만 하더라도 상제에 대한 종교적 믿음이 인간세계의 통일과 질서를 부여한다고 생각했다. 그러나 주나라 시기에는 믿음의 대상이 상제로부터 천제로 전환된다. 인격적 신성을 가졌다고 믿어진 상제에 대한 회의가 일어남과 동시에 좀 더 명확하고 합리적인 근거를 하늘이란 존재로부터 확보하고자 한 것이다. 이 시대에는 '하늘의 명령', 즉 '천명'을 도덕적 이법의 명령이라고 환치하여 생각했다. 그리고 하늘의 명령에 준거하여 인간 세상의 도덕적 완성을 마련해 나아가고자 노력했다.

『서경』은 탕왕이 하늘의 명령을 돌아보아 하늘을 공경하고 엄숙하지 않음이 없었다고 한다. 이에 하늘은 탕왕의 덕을 살펴보고 큰 명령을 내려 만방을 어루만지고 편안하게 했다고 한다. 이러한 『서경』의 내용을 통해 볼 때, 군주의 정통성은 하늘의 명령에 근거를 둬야 함을 알 수 있다. 하늘의 명령은 도덕적 이법을 내용으로 삼는다. '명령'이라는 개념 자체가 하늘의 세계와 인간의 세계를 하나로 매개하는 장치적인 개념임을 전제한다면, 하늘과 인간은 하나의 존재성에 기반을 둔다. 따라서 인간은 하늘의 덕성을 계승하고 어기지 말아야 한다. 특히 군주라면, 그는 더더욱 '덕'을 갖추고 실행하면서 살아야 하는 존재인 것이다. 그 덕은 효도와 공경, 의리와 성실, 충성을 비롯한 하늘의 명령을 두려워하는 것 등을 포함한다. 군주가 갖추어야 할 덕의 항목들은 개인의 혈연적 측면에서부터 사회적인 측면에 이르기까지 다양하다. 뿐만 아니라 덕은 하늘의 명령과 직접적으로 연계되어 있다.

그렇다고 하늘이 무조건 믿을 수 있는 존재는 아니다. 『서경』은 하늘의 명령은 보존하기가 쉽지 않아 하늘을 믿기 어렵다고 했다. 그러나 이 말의 의미가 하늘을 불신의 대상으로 삼는다는 것은 아니다. 그것은 하늘을 인간의 성명과 동떨어진 초월적인 존재로 받들어, 그 영력에 대한 믿음만을 신봉하는 태도에 대한 경계라고 봐야 한다. 한편, 인간은 하늘의 명령을 부여받았으나, 그 명령을 어기기도 한다는 현실성 때문에 하늘의 믿음은 가변적인 결과로 나타난다. 일상의 현실에는 늘 하늘의 명령을 어기며 사는 삶이 있을 수밖에 없다. 그것은 인간의 개인적 욕망의 확장력이 하늘의 명령을 거역하게 하기 때문이다. 개인적 욕망의 확장력은 결과적으로 덕의 상실과 결여를 초래한다. 인간 세상에는 이러한 현실적 문제가 상존하기 때문에 하늘의 명령은 자신의 명령에 절대적 영속성을 부여하지는 않는다. 그것은 군주의 통치가 덕행을 수행하느냐, 아니면 악행을 저지르느냐의 여부에 따라 다른 결과로 나타난다고 한다. 군주의 정치적 행위에 대한 하늘의 믿음과 불신의 갈림길이 여기에 있다.

하늘에 대한 믿음은 길한 결과로 나타나지만, 하늘에 대한 불신은 흉한 결과로 나타난다. 『서경』의 믿음이 그러하다는 말이다. 전자의 경우 하늘의 명령은 영속적으로 계승되지만, 후자의 경우 하늘의 명령은 방향을 선회하여 자신의 고유한 영속성을 차단해버린다. 하늘의 명령이 바뀌는 것이다. 그리고 하늘의 명령이 바뀐다는 것은 하늘이 도덕적 실정을 행하고 악행을 저지른 군주로부터 믿음을 철회할 뿐 아니라, 그를 징벌함으로써 망하게 하는 것으로 현실화한다는 의미다. 하늘의 명령을 도덕적 행위의 유무에 따라 길흉 결과로 평가하는 이러한 사고는 재이설의 원형이 된다. 훗날 동중서董仲舒는 이러한 재이설을 통해 군주권의 일방적 전제 행위에 제동을 걸고자 했다.

묘민은 법령에 의거치 않고 형벌을 만들어, 오직 다섯 가지 형벌을 제정하고는 이를 법이라 했다. 그는 이것으로 무고한 사람들을 살육하고 코 베고, 귀 베고, 생식기를 상하게 하고, 얼굴에 글씨를 새겨 넣는 등 형벌을 함부로 행사했다. 이리하여 죄 없는 사람들도 제재하고 항고의 이유도 무시했다. 백성도 일어나 점차 서로가 물들어 무리를 지어 악행을 하니, 어둡고 어지러워 마음속에 믿음이 사라지고, 저주와 맹약을 자주 번복하기에 이르렀다.

「주서 · 여형」

'묘민'이란 삼묘三苗의 군주를 말한다. 그의 완악함이 매우 심하여 군주라 하지 않고 백성과 같은 자라는 의미의 '묘민'이라 칭했다고 한다. 그의 무단적인 행위는 지나치게 가혹한 형벌의 제정으로 나타난다. 그는 법령으로 형벌을 제정하지 않고 사나운 형벌을 만들어 이로써 법령을 대신했

다. 뿐만 아니라 그는 죄가 없는 사람도 불문곡직하고 자신이 제정한 형벌에 의거하여 무참하게 살육했으며, 신체에 극단적 위해를 가하는 다섯 가지 형벌을 제정하여 백성을 두려움에 떨게 했다. 상황이 이와 같다보니, 사람들의 마음속에서는 믿음이 사라져버렸고, 저주와 맹약의 잦은 번복만이 생길 뿐이었다.

여기서는 법령과 믿음의 관계가 노정되어 있다. 연구자에 따라서는 이「여형」편이 현존하는 중국 최초의 법률적 문제를 다룬 문헌이라고 주장하기도 한다. 법률사상사적 측면에서 볼 때, 중국의 법령은 '믿음의 원칙'을 가지고 제정된다는 의의가 있다. 요컨대, 삼묘의 군주 때문에 법령의 질서가 와해되고, 이로 인하여 믿음의 원칙이 깨짐과 동시에 저주와 맹약을 번복하는 무질서가 초래되었다는 말의 이면을 다시 살펴보면, 법령의 질서는 믿음의 원칙에 기반을 두어야 한다는 점을 확인할 수 있다. 도덕적 기준이 없는 엄법혹형嚴法酷刑은 백성으로부터 믿음의 덕을 상실케 하는 중요한 원인이 된다. 따라서 형벌 제정 이전에 법령의 권능이 행사되었고, 법령 제정 이전에는 예의 분별을 통한 조화로운 질서가 유지되었음을 알 수 있다.

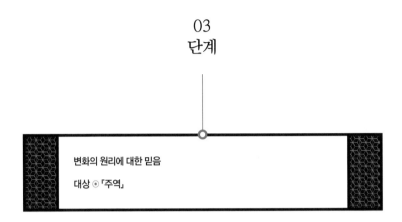

03
단계

변화의 원리에 대한 믿음
대상 ⊙『주역』

　『주역』은『시경』『서경』과 더불어 후대에 삼경이라 불린다. 세 가지 경전
이 비슷한 시대적 배경을 담고 있기 때문에, 믿음에 관한 내용도 중첩되는
것이 많다. 그러나 각각의 특징에 주목한다면,『주역』은 주로 변화의 원리
에 대한 믿음을 논의한다.『주역』은 이 세상에 존재하는 사물은 모두 변화
한다는 것에 대한 믿음을 종용한다. 우리가 만일 이러한 유의 믿음을 갖
는다면, 우리 믿음은 현실의 어떠한 난관도 충분히 변화시킬 수 있을 것이
라는 희망과 연대할 수 있을 것이다.

> 육오六五: 믿음으로 서로 사귀며 위엄이 있으니 길하다.
>
> 「대유」

『주역』은 변화의 원리를 담고 있다. 세상의 모든 존재가 변화의 도정에 있다는 것을 통해 그 근본적인 원리를 모색한 것이 바로『주역』이다. '역易'이란 글자 자체가 도마뱀과 같은 파충류의 모습을 상형한 것이다. 도마뱀은 자기 몸을 주변 환경에 따라 변화시키기 때문에 이로부터 변화의 의미로 채용되었다고 한다. 도마뱀의 일종인 카멜레온은 주변 환경에 따라 자기 몸 색깔을 바꾸는 대표적인 경우다. '역'의 원리는 도마뱀의 특징을 형상화하는 것으로부터 제일원리로서 변역變易을 상정한다.

물론 '역'이 변역의 특징만 갖는 것은 아니다. 이외에도 '역'은 불역不易·이간易簡이라는 뜻을 내포한다. 그것은 변화하는 것에 대한 관심인 동시에 변화하지 않는 것에 대한 관심이고, 또한 어려운 것이 아니라 알기 쉬운 천하의 이치라는 세 가지 뜻을 지닌다.『주역』은 이러한 원리를 보편적으로 수렴한 것이다.『주역』은 한나라 때에 이르러 오경의 하나로 존중받게 된다.『한서』「유림전」은 "하늘의 도리를 밝히고 인류를 바로잡아 지극한 정치를 가져오는" 경전이 바로『주역』이라고 평가했다.

『주역』은 64괘로 구성되어 있다. 그리고 괘마다 고유한 자신의 괘명이 있다. '대유大有'[䷍]괘는 64괘 중 14번째 괘다. 주석가들은 이 괘의 의미를

'대풍년'이라 풀이하기도 하고, '큰 것의 보유'라고 풀이하기도 한다. 또는 물질적 측면의 큰 소유와 정치적 측면의 큰 소유로 의미를 나누어 설명하기도 한다. 어떻게 해석하든 간에 길한 괘임에 틀림없다. 여기서는 편의상 정치적 측면의 큰 소유의 의미로 살펴보기로 한다.

정치적 측면에서 볼 때, 육오의 자리는 군위에 있는 지도자를 의미한다. 그런데 '대유'괘에서 유일한 음효 하나가 육오의 자리를 차지하고 있다. 육오는 올바른 자리이지만, 그것이 자신의 진정한 가치를 드러내기 위해서는 온 천하가 그를 진실한 마음으로 믿고 따라야만 한다. '대유'괘의 육오는 여성적인 부드러움을 가지고 있다. 그래서 부드러움의 덕목으로써 아랫사람들을 믿고 자신의 믿음을 나누어준다. 이때 아랫사람들도 그를 거역하지 말아야 한다. 이것이 바로 효사에서 말한 것과 같은 의미의 믿음으로 서로 사귀는 것이다. 위아래가 믿음으로 서로 사귀지 못한다면 윗사람으로서의 군주의 권위는 위태로워진다. 따라서 군주의 권위에 대한 믿음도 필요한 것이다. 이에 '대유'괘는 군주의 위엄이 갖추어져 있어야 한다고 말했다. 그래야만 길하다는 것이다.

만일 군주가 자신의 권력을 제멋대로 휘두른다면 사람들은 그를 믿지 못하고 두려워하며 경계할 것이다. 정치적인 권력이 주어져 있는 군주의 자리이기에 도리어 진실하고 겸허하게 처신할 수 있다면 사람들은 그를 미덥게 여길 것이다. 권력이라는 말이 본디 '힘力'의 '균형 잡힌 저울의 형평성權力'을 의미한다는 점을 감안한다면, 윗사람으로서의 군주의 권력은 힘의 팽창력에 의의가 있기보다 강건함 가운데 유순함을 지님에 의의가 있다고 할 수 있다. 『주역』에서 믿음은 지도자가 지녀야 할 필수 요건으로 제시된 것이다. 대동세계의 구현은 위아래 사람들이 서로를 믿는 기본적인 것에서 출발하는데, 무엇보다 지도자의 솔선수범이 중요함을 역설한 것이다.

【주역 2】 원문 12

'곤困'괘는 곧고 바르면 대인은 길하고 허물이 없을 것이다. [곤궁한 시기에는] 어떤 말을 하더라도 다른 사람들이 믿지 않을 것이다.

「곤」

『주역』의 47번째 괘는 '곤困'[䷮]괘다. 더할 수 없이 곤궁한 처지에 처한 곤란한 상황을 상징한다. 상괘인 '태兌'[☱]는 연못을 의미하고, 하괘인 '감坎'[☵]은 물을 뜻한다. 연못 아래에 물이 있는 형상이다. 지극히 당연할 것 같은 모습인데도, 다시 생각해보면 아주 잘못된 형국임을 알 수 있다. 그 의미가 물이 연못에 담겨 있지 못하고 연못 아래로 빠져나가 이탈되어 있다는 의미이기 때문이다. 즉, '곤'괘는 연못의 물이 메말라 있는 상황이다. 그래서 곤궁하다는 뜻을 취했다. 그런데도 『주역』은 이러한 상황이 형통하게 된다고 말한다.

곤궁에 처한 현재의 상황이 마치 연못의 물조차 바짝 말라버린 것같이 되었는데, 그런데도 형통하다고 하는 역설이 웬 말인가? 그것은 '역'이 변화의 원리를 담고 있기 때문이다. '역'의 원리에 따르면 이 세상에 존재하는 사물치고 영원하게 변하지 않는 것은 아무것도 없다. 모든 것은 변한다. 서양 고대 자연철학자의 한 명인 헤라클레이토스가 말했듯 "만물은 유전한다panta rhei"고 할 수 있고, 또한 "만물은 동일한 상태로 존재하지 않는다"고도 할 수 있다. '역'의 사유도 헤라클레이토스의 사유와 유사하게 변화에 초점이 맞추어져 있다. 따라서 곤궁한 상태가 변화하여 형통한 상태가 될 개연성이 있는가 하면, 도리어 형통한 상태가 바뀌어 곤궁한 상태로 변화할 개연성도 있다.

인생의 변화가 자연의 권능이나 하늘의 명령에 의해서만 이루어지지는 않는다. 인간의 후천적인 노력이 인생을 변화시킬 수 있다는 믿음이 『주역』에 들어 있다. 그래서 곤궁에 처하더라도 이를 극복하고자 하는 대인들에게는 이 '곤'괘가 도리어 길한 것이 된다. 그러나 같은 곤궁함이라도 이에 대한 극복 의지가 전무한 소인들에게는 '곤'괘의 상황이 대단히 흉할 수밖에 없다. 당나라 때의 학자 공영달孔穎達(574~648)은 『주역정의周易正義』라는 책에서, "소인은 곤궁해지면 있는 대로 법도를 어기고, 군자는 곤궁해지더라도 자신의 지조를 바꾸지 않는다. 군자는 곤경에 처하더라도 스스로 형통할 수 있는 올바른 도리를 잃지 않는다"고 했다. 사람을 제대로 알려면 어려움을 함께 겪어보아야 한다는 말은 괜히 생겨난 게 아니다.

인간의 삶에서는 결국 어떤 목표를 설정하고 어떤 길을 갈 것인가가 중요하다. 군자와 소인의 갈림길이 거기에 있다. 때로 곤궁과 역경은 사람을 단련시키는데, 군자는 반드시 올바른 도리를 간직하고 그것을 지키면서 현재의 난관을 돌파하고자 노력한다. 역사상 많은 인물이 자신의 역경을 이겨내고 인생을 성공으로 이끌었다. 예수는 40일 동안 광야를 헤매면서 고난을 겪었고, 부처도 보리수 아래에서 6년 동안의 고행을 이겨내야 했으며, 공자도 천하를 떠돌아다니면서 온갖 고초를 이겨내지 않으면 안 되었다. 공자는 진나라와 채나라의 국경 근처에서 생사가 걸린 커다란 곤경에 빠진 적이 있었다. 이 곤경으로부터 벗어난 뒤 공자는 다음과 같이 말했다.

"곤경에 처했을 때의 도는 찬 것이 따뜻한 것을 낳고, 따뜻한 것이 찬 것을 낳게 하는 이치와 같다. 오직 지혜로운 사람만이 이를 알 뿐이며, 쉽사리 말로 표현하기에는 어려움이 많다. 『주역』에서는 '곤경은 형통할 수 있다. 곧은 신념과 올바름을 지키고, 대인이라면 길하고 허물이 없다. 그러나 쓸데없이 불평불만과 변명을 늘어놓는다면 믿음이 떨어질 뿐이다'라고 했다. 성인이 말로써 다른 사람에게 해주고 싶어도 말해주기가 어려운 삶의 이치이니, 정말 맞는 말이다."

이것은 『설원說苑』에 기록된 것이다. 역경과 난관에 봉착했을 때 공자가 말한 것과 같은 '곤'괘의 정신은 더없이 절실한 믿음을 준다. '궁하면 통한다'는 유명한 말이 있다. 이른바 '궁즉통窮則通'이다. 『주역』「계사 하」편에서 "궁하면 변하고 변하면 통한다"고 한 말이 훗날 '궁즉통'으로 축약되어 전해진 듯하다. 그런데 「계사 하」편에서는 이 '곤'괘의 의의가 '궁하면 통한다'는 데 있다고 보았다. 뿐만 아니라 위진 시대의 왕필王弼(226~249) 역시 '곤'괘를 풀이할 때 이 말을 원용한다. 그는 곤궁에 처하여 스스로 통할 수 없는 자는 다만 소인에 지나지 않을 뿐이라고 강조하기도 한다.

그런데 곤궁한 상황에 처하면 어떤 말을 하더라도 다른 사람들이 믿지 않는 현상이 발생한다. 진실한 믿음을 가지고 말을 하더라도 사람들이 이를 의심하는 것이다. 한편, '곤'괘는 여기서 언어와 믿음의 관계에 대해 주목한다.『주역』은 언어와 믿음의 관계가 반드시 정합성을 이루는 것은 아니라는 입장이다. 그래서 "글은 말을 대신하지 못하고 말은 뜻을 대신하지 못한다"는 말이 나왔을 것이다. "말이 많으면 자주 궁색해진다"는 노자의 말처럼, 곤궁에 처해 있을 때는 상대방에게 믿음을 전할 수 없으며, 그에 대해 궁색한 변명을 더할 경우 도리어 더 궁색해지는 결과만을 초래할 것이다. 그래서 왕필은 '곤'괘에 처했을 때는 곧고 바른 삶의 자세와 대인의 인격을 간직하고 있으면 될 일이지, 입으로 하는 말이 할 수 있는 것이 무엇이겠느냐고 반문하는 것이다. 믿음은 언어를 초월한다.

'중부中孚'는 새끼 돼지나 물고기도 길하며 큰 내를 건너는 것이 이롭다. 그럼에도 올바른 도리를 지켜야 이롭다.

단象에서 말했다. "중부는 부드러운 것이 속에 있고 굳센 것이 중심을 얻은 것이니, 기뻐하면서 겸손하여 믿음이 나라를 감화시킨다. 새끼 돼지나 물고기도 길한 것은 믿음이 새끼 돼지나 물고기에까지 미침이요, 큰 내를 건너는 것이 이로운 것은 나무를 타고 있는데 배가 비어 있기 때문이다. 마음속의 진실한 믿음으로써 바른 덕을 지켜 이로우니, 이에 하늘에 감응하는 것이다."

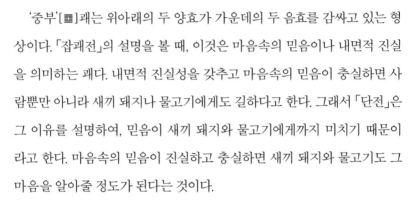

상象에서 말했다. "연못 위에 바람이 부는 것이 중부이니 군자는 이 괘의 이치를 살펴 송사를 논의하면 사형을 늦춘다."

「중부」

'중부'[☲]괘는 위아래의 두 양효가 가운데의 두 음효를 감싸고 있는 형상이다. 「잡괘전」의 설명을 볼 때, 이것은 마음속의 믿음이나 내면적 진실을 의미하는 괘다. 내면적 진실성을 갖추고 마음속의 믿음이 충실하면 사람뿐만 아니라 새끼 돼지나 물고기에게도 길하다고 한다. 그래서 「단전」은 그 이유를 설명하여, 믿음이 새끼 돼지와 물고기에게까지 미치기 때문이라고 한다. 마음속의 믿음이 진실하고 충실하면 새끼 돼지와 물고기도 그 마음을 알아줄 정도가 된다는 것이다.

마음속 믿음의 진실성은 동물에게만 미치는 게 아니다. 생명이 존재하는 모든 것에 믿음의 영향력은 자신의 의미를 행사한다. 특히, 「상전」에서는 죽음에 임박한 죄인의 죽음까지도 완화시키는 믿음의 종류가 바로 '중부'라고 했다. 즉, "연못 위에 바람이 있는 것이 중부이니, 군자는 옥사를 논의하고 사형을 완화한다"고 한 말이 그것이다. 연못 위 바람의 비유는 군자의 믿음을 의미한다. 바람이 물을 움직일 수 있듯이 믿음은 사람의 마음을 움직이는 힘이다. 마음속에 진실한 믿음을 가진 군자는 옥사를 심의할 때도 진실한 덕으로 함으로써 사형까지도 가능한 한 늦출 수 있게 한다. 따라서 마음속의 진실한 믿음은 신중하고 관대한 보살핌의 미덕이라고 할 수 있다.

믿음이란 무엇인가

'중부'괘 아래에 위치한 '태允'[≡]는 연못을 상징하고, 위에 자리 잡은 '손巽'[≡]은 바람을 뜻한다. 따라서 「상전」에서 "연못 위에 바람이 분다"고 표현한 것이다. 연못은 가만히 고여 있는 물이지만, 연못 위로 바람이 불어오면 연못의 물은 조용한 가운데 바람과 감응하게 된다. 연못은 텅 빈 틈새의 공간이 있기 때문에 바람을 맞이하게 되는 것이다. 이러한 연못과 바람의 관계는 상호 소통적인 것이라서 매우 이상적이다. 인간 세상의 군자는 이러한 믿음의 덕을 본받아 진실한 덕을 타자들에게 베풀어야 한다. 여기서는 그 대상이 새끼 돼지와 물고기라는 미물에까지 이르고 있다. 이러한 '중부'괘의 덕은 은혜로운 것이다. 또한 은혜로운 것이라는 점에서 어진 것이고, 그렇기 때문에 또한 미더운 것이다. 군자가 이러한 믿음을 정치에 반영한다면 죽음에 임박한 사람도 죽음으로부터 벗어날 기회가 생겨난다. 군자가 옥사의 심리를 매우 공정하고 객관적으로 믿음직하게 처결하기 때문이다.

또한 '중부'괘는 군자가 진실한 믿음으로 정치에 임하면 큰 내를 건너는 데 이롭다고 한다. 이 자리는 상하가 믿음으로 결속되었기 때문이다. '중부'괘의 자리에 있는 군자는 자신의 진실한 믿음을 자기 가정과 나라뿐만 아니라 온 천하에 베풀어 새끼 돼지나 물고기 같은 미물들까지 감화시킨다고 한다. 이런 나라는 국가 경쟁력이 높을 수밖에 없다. 구성원들의 결속력이 강하기 때문이다. 오늘날 지도자들이 리더십의 요건으로 반드시 갖추어야 할 것 중 믿음의 덕목이 요청되는 이유가 여기에 있다. 지도자가 미덥지 않으면 국론은 분열되고 민심은 이반된다. 거기서 국민의 단결을 찾기란 어렵다. 그러나 군자의 진실한 믿음이 모든 타자와 감응하면, 제아무리

어려운 난관이 눈앞에 닥칠지라도 사람들은 합심하여 이를 슬기롭게 헤쳐 나간다. 진정 진실한 믿음이 위대한 힘을 발휘하는 것이다.

『주역』64괘 중 61번째가 '중부'괘다. 그런데 우연하게도 한국인 최초의 메이저리거였던 박찬호의 등번호가 61번이다. 박찬호가 태평양을 건너가 활동했던 전성기는 1990년대 후반이었는데, 이때 한국은 IMF 경제위기를 맞아 곳곳에서 파산과 실업이 속출하면서 국민이 실의와 절망에 빠져 있었다. 국가가 총체적 위기에 처해 있던 이 어려운 시절에 메이저리그에서 거둬들이는 박찬호의 승리는 개인 박찬호의 승리 이상이었다. 그의 존재 자체는 당시 한국 사람들의 마음에 희망을 던져주었고, 마음을 한곳으로 결집시키는 역할을 했다. 한마음 한뜻으로 이른 새벽에도 일어나 그를 응원하던 때가 그의 전성기였다. 61번이라는 번호는 당시 한국인에게 믿음의 대상이었다. 그리고 그 믿음은 부메랑처럼 자신에게로 돌아와 모든 사람이 합심하여 IMF 경제위기를 벗어날 수 있다는, 회생의 노력을 발산하는 힘을 낳았다. IMF 경제위기라는 큰 내가 나타났지만, 박찬호가 서구의 거구들을 삼진 아웃시키며 승리를 이끌어낸 것처럼, 우리는 모두 한배를 타고 위기의 시대를 슬기롭게 건널 수 있었던 것이다. 61번은 어려움을 이겨내고 큰 내를 건널 수 있다는 데 대한 진실한 마음인 것이다.

그런데 마음속 진실한 믿음의 덕이 그 중도를 상실하면 공허한 행위를 일삼게 되어 흉한 결과를 초래한다. 그래서 '중부'괘는 상구上九에서 이를 경계한다. "공중을 나는 새의 울음소리가 하늘 높이 울려 퍼지는데, 공허한 소리는 멀리까지 들리지만 독실함이 부족하니 반드시 올바른 도리를 지켜 흉함을 방비해야 한다." 여기에 표현된 '공중을 나는 새의 울음소리'

를 둘러싸고는 여러 가지 해석이 있지만, 왕필의 해석을 좇아 하늘을 나는 새의 소리만 있을 뿐 그 실질이 따르지 않는 상황을 의미하는 것으로 보았다. 새가 하늘을 나는 소리는 내면적인 진실성과는 대립되는 과장과 허풍의 소리를 유비한 것이다. 또한 그 말은 도적의 마음에서 우러나는 사기를 치는 말과도 같다. 그래서 중국 남송 시대의 시인이었던 양만리楊萬里(1127~1206)는 '중부'괘를 풀이하면서 다음과 같이 말했다. "마음속 진실한 믿음의 덕이 알차지 않으면서 자신의 믿음만을 고집하는 요란한 소리를 낸다면, 이는 망령된 것으로 참됨을 훔치는 것이니 사기를 쳐서 진실을 훔치는 것이다." 상구의 위치는 과장과 허풍, 위선에 의한 자기 과신의 그릇된 충동적 허위의식을 보여준다. 그리고 그 결과는 수포로 돌아가고 마는 흉한 것이다. 따라서 흉한 결과를 방비하기 위해서는 마음속의 진실한 믿음을 회복하여 올바른 덕을 독실하게 지켜나가는 실천적 노력 외의 다른 방편이 필요치 않게 된다.

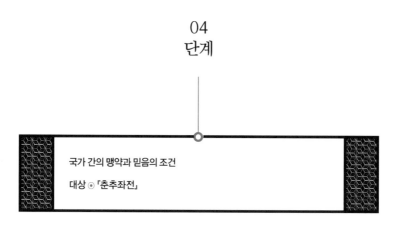

04
단계

국가 간의 맹약과 믿음의 조건

대상 ⊙ 『춘추좌전』

여기서는 국가 간의 맹약과 믿음의 조건에 대해 설명하고 있는 『춘추좌전』을 살펴본다. 『춘추좌전』은 기존의 전통적 질서들이 무너지면서 곳곳에 군웅이 할거하기 시작한 춘추 시대의 혼란한 상황을 기록하고 있는 역사 기록물인데, 여기서는 믿음의 의미가 어떤 방식으로 국가 간의 맹약과 믿음의 조건을 전유하고자 했는지 알아볼 것이다.

【춘추좌전 1】 원문 14

이른바 도란 백성에게 충실하고 신에게 진실한 것입니다. 윗사람이 백성을 이롭게 하기를 생각하는 것이 충실이요, 축사가 바른말로 신에게 고하는 것이 믿음입니다. 지금 백성은 굶주리고 있는데 임금은 사욕을 만족하게 채우고, 축사는 거짓말을 들어 제사 지내니, 신은 이런 상태로 대국을 대적할 수 있을까 모르겠습니다.

노 환공 6년조

『춘추』는 공자가 찬술한 것으로 알려진 역사서로 노나라 은공 원년(기원전 722)부터 애공 14년(기원전 481)까지의 역사를 기록하고 있다. 일반적으로 '춘추필법春秋筆法'이라는 말이 전해질 정도로 『춘추』는 충신효자를 높이고 난신적자를 비판하는 '포폄의 서'로 유명하다. 『춘추』의 포폄정신은 공자의 정명론이 역사의식에 반영된 구체적 사례라고 할 수 있다.

명말 청초의 유학자 왕부지王夫之(1619~1692)는 특히 춘추 시대 난신적자의 발생과 관련하여 『독통감론讀通鑑論』 권20에서, "춘추 시대에 이르러서는 임금을 시해한 자가 33인이요, 아버지를 살해한 자가 3인이었으며, 경대부의 부자끼리 서로를 죽이고, 형제들이 서로를 살육하는" 패란의 상태에 이르렀음을 지적했다. 하극상의 구체적인 실례를 제시한 것이다. 공자가 『춘추』를 산삭刪削한 것은 이러한 무도한 투쟁의 시대를 바로잡고자 하는 우환의식과 관련이 깊었다.

맹자는 "공자가 『춘추』를 일으키니 나라를 어지럽히는 신하와 아버지를 해치는 자식들이 두려워하게 되었다"고 하면서, 『춘추』의 의의가 난신적자의 발생을 막고자 한 것과 직접적인 관련성이 있음을 지적했다. 난신적자의 이름과 그 폐해에 대한 기록을 역사에 남겨 교훈으로 삼고자 한 것이 바로 『춘추』였다. 가족의 질서를 무너뜨리고 나라의 질서를 혼란시킨 사람들의 부끄러운 행위가 역사에 기록되어 후세까지 전해지게 된 것이다. 이런 면에서 『춘추』는 난신적자에 대한 일종의 '역사적 처단' 내지 '역사적 사형선고'인 셈이다.

그것은 마치 영국의 '역적문The Traitor's Gate'의 상징성과 유사한 역할을 수행했다. 역사 기록을 통해 난신적자를 처단한 붓의 힘이 『춘추』에 실려 있었던 것이다. 중세 영국에서는 국사범들을 런던 탑에 감금하고, 이 탑의 템스 강 방향에 있는 역적문으로 끌고 가 처단했다고 한다. 역적문이 저승의 문턱이었듯이 『춘추』에 기록된 난신적자라는 오명의 기록 역시 일종의 사형선고였다. 일제강점기 때 친일활동을 했던 4776명에 대한 기록을 『친일파인명사전』에 남긴 사례 역시 춘추필법의 정신과 무관하지 않다.

『춘추』는 경經과 삼전三傳이 전해진다. 삼전이란 『좌전左傳』『공양전公羊傳』『곡량전穀梁傳』을 말한다. 이 가운데 『좌전』이 춘추 시대의 역사적 사실을 비교적 자세히 기록하여 그 당시의 사건이나 인물들의 행적에 대한 평가가 세밀하다. 『춘추좌전』(이하 『좌전』)은 예를 기준으로 당시의 역사적 사건과 인물의 행위에 대한 도덕적인 평가를 준열하게 시도함으로써 이를 역사적 귀감으로 삼고자 했다.

만일 백성은 굶주리고 있는데 위정자가 자기 사욕만 채우느라 정신이 없다면 이는 마땅히 비판받을 일이다. 반면 위정자가 백성을 이롭게 할 것을 진실하게 소망하고 실천한다면 이는 마땅히 칭찬받을 일이다. 그러나 잘 알려진 것처럼 『좌전』의 시대 배경인 춘추 시대 당시의 상황은 매우 불안정하고 혼란스러웠다. 위정자들의 백성에 대한 충실성이 사라졌기 때문이다. 그 결과 백성의 이로움이 자생할 수 있는 터전은 증발되어버렸고, 백성은 너나없는 고통의 나락에서 허덕일 수밖에 없었다.

위정자의 백성에 대한 충실성 결여는 개인의 사적 욕망과 무관하지 않다. 그리고 그들의 사적 욕망이 증발시켜버린 것은 믿음의 진정성에까지 영향을 미친다. 정치 현실에서 위정자의 충실성이 담보되지 못하다보니, 하늘이나 신에게 제사를 지내는 축사祝史까지 위선적인 제례를 행하게 된다. 하늘과 신에 대한 위선은 믿음에 대한 배반이다. 왜냐하면 여기서는 믿음의 의미가 '신에게 진실한 것'이라고 규정하는 동시에 '축사가 바른말로 신에게 고하는 것'이라고 설명하고 있기 때문이다.

여기서 믿음의 대상이 인간 영역을 넘어 신의 범주에까지 확장된다는 것은, 믿음의 절대성에 대한 요청이 절실했다는 증거가 되기도 한다. 그런데 그 절대적 믿음이 깨졌다. 신에게 진실을 고하여 제사 지내야 하는 축사가 진실을 왜곡하고 거짓말을 들어 제사를 지내는 상황이 발생했던 것이다. 신에게 거짓을 고하는 사람치고 인간에게 진실하게 대할 수 있는 이가 과연 얼마나 되겠는가?

사회 지도층의 마음이 허위위식으로 가득 찼다면, 그 사회는 이미 불신 사회일 수밖에 없다. 신의 존재 유무를 차치하고라도, 신과의 관계 설정이 진실하지 못한 데서 오는 파급 효과는 생각보다 클 수밖에 없다. 신과의 관계 설정이 진실하지 못하다보니 인간과 인간 사이의 관계 설정과 나라와 나라 사이의 관계 설정에서 진실을 보장받을 수 없음은 자명하다. 거짓을 토대로 설정된 나라 사이의 외교관계나 협력관계가 지속적일 수 없는 것이다. 그래서 『춘추』는 믿음이 배제된 상태에서는 다른 나라와의 국제

관계가 원활할 리 없다고 본다. 특히, 작은 나라와 큰 나라가 대치 정국에 있을 때 작은 나라가 큰 나라를 대적하기엔 어려움이 많다고 본다. 여기서 명확한 상황 판단이 요구되는 것이다.

이상은 초나라 무왕武王이 수隨를 침공하여 화평을 요구하는 동시에 수의 소사少師를 통해 내정을 동요시키고자 할 때 계량季粱이라는 현신이 수후에게 경계할 것을 고한 내용이다. 수의 소사는 마음이 본래 스스로 잘난 체를 하여 교만하고 방자했다고 한다. 이에 투백비鬪伯比는 초나라 왕에게 청하여 소사를 초나라로 영접하여 그에게 초나라의 파리하고 약한 군사들의 모습만 보여줌으로써 그가 경계심을 늦추고 더욱 오만하게 되어 초나라 군대를 깔보게끔 했다. 소사는 수나라로 돌아와 수후에게 자신이 본 초나라 군대의 허약함을 고하면서 그들을 추격할 것을 요구했다. 수후는 소사의 말을 믿고 이를 허락하려고 했다. 이때 계량이 이를 만류했던 것이다. 충실성과 믿음이 없는 상태에서 큰 나라를 대적하고자 할 때엔 반드시 패할 수밖에 없다는 명분을 내세운 것이다. 이에 수후는 초나라를 추격할 뜻을 포기하고 정치에 전념하여 화란을 면했다. 이것이 노나라 환공 6년의 일이다.

【춘추좌전 2】 원문 15

경정이 말했다. "신의를 버리고 이웃 나라를 배반한다면, 우리에게 어려움이 닥치면 그 누가 도와줄 것입니까? 신의가 없으면 화가 일어나고, 도움을 상실하면 반드시 망하는데, 이번의 우리

믿음이란 무엇인가

처사는 곧 그것과 같습니다. (…) 은혜를 배반하고 남의 재앙을
요행스러운 일이라고 좋아하는 것은 백성이 군주를 버릴 일입니
다. 가까이 지낸 처지도 원수로 여길 것인데, 하물며 원수의 적
이야 다시 말할 것이 있겠습니까?"

희공 14년조

『좌전』은 국가 간의 믿음과 신뢰를 저버린 대표적인 예로 진晉 혜공惠公
을 들고 있다. 일찍이 진 혜공은 진秦 목공穆公에게 크게 신세를 진 적이 있
다. 혜공은 목공의 결정적인 도움으로 권좌에 올랐던 인물이다. 이때 혜공
은 하서의 다섯 성을 진나라에 양도한다는 조건을 내걸었다. 그러나 권좌
에 오른 뒤에도 혜공은 목공에게 성을 양도하는 약속을 차일피일 미루고
결국 넘겨주지 않았다. 또 어떤 해에는 나라에 흉년이 심하게 들어 목공에
게 요청하여 식량 원조를 받고 살아나기도 했다.

그런데 진 혜공 5년에는 거꾸로 진秦나라에 큰 기근이 발생했다. 이에
목공은 혜공에게 식량 원조를 요청했다. 그러나 혜공은 이를 냉정하게 거
절했다. 『좌전』은 이 일을 기록하면서, 다음과 같은 경정慶鄭의 말을 통해
혜공의 신의 없음에 대해 비판하고 있다. "이전의 은혜를 배반하는 것은 친
분을 없애는 것이고, 남의 재앙을 보고 요행스럽다고 좋아하는 것은 어질
지 못한 일이며, 남의 은혜만을 탐내는 것은 상서롭지 못하고, 이웃 나라
를 성내게 하는 것은 의롭지 못한 일입니다. 이 네 가지 덕을 다 잃고서야,
어떻게 나라를 지탱하겠습니까?" 즉, 진나라는 상대국과의 관계에서 친분

이 없고, 어질지 못하며, 상서롭지 못하고, 의롭지 못하다는 말이다. 위정자가 덕을 잃는다면 나라를 지탱하기 어렵다는 것이 경정의 생각이었다.

그러나 경정의 비판을 들은 괵석虢射은 "껍질이 없는데, 어떻게 털이 나붙겠습니까?"라고 하는 야릇한 논리를 펼치면서 경정의 비판을 묵살하고자 했다. 괵석의 말은 전에 진나라에 하서의 다섯 성을 준다고 약속했지만 이를 주지 않았기 때문에, 진秦나라가 진晉나라를 원망하고 있는 처지라서, 비록 식량 원조를 한다 해도 진나라가 좋아하지 않을 것이라는 뜻이다. 껍질은 약속한 다섯 성을 비유하며, 털은 식량을 비유한다. 즉, 진나라의 원망은 사라지지 않을 것이므로 식량 원조를 할 수 없다는 말이다. 이에 경정은 "은혜를 배반하고 남의 재앙을 요행스러운 일이라고 좋아하는 것은 백성이 군주를 버릴 일입니다. 가까이 지낸 처지도 원수로 여길 것인데, 하물며 원수의 적이야 다시 말할 것이 있겠습니까?"라고 하면서 재차 진나라의 신의 없음에 대하여 비판했다. 그러나 혜공은 끝내 경정의 말을 듣지 않고 진나라에 식량 원조를 하지 않았다.

이에 대로한 목공은 진 혜공 6년 봄에 군대를 이끌고 진나라를 공격했다. 이 전투에서 목공은 혜공을 사로잡았을 뿐 아니라, 하서의 다섯 성을 할양받는 조건으로 그를 돌려보냈다. 그러나 진나라로 돌아온 혜공은 도리어 충신인 경정을 주살하고 말았다. 이런 점으로 볼 때 혜공은 정말로 도량이 좁고 믿음이 부족한 인물이었던 것이다.

노나라 희공 25년 겨울에, 진후 문공이 원 땅을 포위하여 공격
하면서, 군사들에게 사흘간의 양식만 가지고 가라고 명령했다.
그런데 원나라 사람들이 사흘이 되어도 항복하지 않으므로 진
나라 군주는 퇴거 명령을 내렸다. 그때 원나라에 들어가 있던 첩
보원이 달려 나와 말하기를, "원나라 사람들이 항복하려고 합니
다"라고 했다. 군사를 맡고 있는 관리가 말하기를, "더 기다리기
를 원합니다"라고 하니 군주가 말했다. "믿음은 나라를 다스리
는 데 있어서 보배이고, 믿음으로 백성의 생명도 지켜지는 것이
다. 원나라를 차지하는 대신 믿음을 잃는다면, 어떻게 백성의
생명을 지켜나가겠느냐? 손해를 보는 것이 아주 많을 것이다."
그리하여 진나라 군사가 30리를 물러났는데, 그때 원 사람들이
항복했다. 이에 원을 다스리던 백작 관을 기라는 땅으로 옮겨가
게 하고, 조최라는 사람으로 하여금 원을 지키는 대부로 삼았으
며, 호진으로 하여금 온의 대부로 삼았다.

희공 25년조

『좌전』은 위정자가 믿음을 배반한 부정적 사례 외에도 도리어 믿음을
지킴으로써 만세의 귀감이 된 경우를 전하기도 한다. 바로 진晉 문공文公의
경우다. 진 문공 당시에 원原이라는 작은 약소국이 진나라와 인접해 있었

다. 원나라는 정국이 불안정하며 혼란스러웠지만, 진나라는 문공의 통치 아래 국력이 날로 신장되어가던 때였다. 문공은 마침내 원을 치기로 결정하고, 단 사흘 안에 원의 항복을 받아 전쟁을 마무리할 계획을 세웠다. 그러고는 사흘 치 식량을 준비시켜 군사들을 원으로 출정시켰다. 문공은 만일 이 전쟁이 사흘 안에 마무리되지 못한다면 군대를 철수하겠다는 약속까지 했다. 이런 사실은 원나라에도 알려졌다. 전쟁은 문공의 계획대로 이루어져 원나라는 괴멸 직전의 위기에까지 몰렸다.

그러나 애초 문공이 약속한 것처럼 전쟁은 사흘 안에 마무리되지 못했다. 전쟁이 마무리되려면 적어도 하루 이틀의 시간이 더 필요한 상황이었다. 그럼에도 문공은 원나라를 더 이상 공격하지 않고 자신이 한 약속대로 원나라에서 전군을 철수시켰다. 이에 문공의 참모들은 "더 기다리기를 원합니다"라고 하면서 철군 명령을 강력하게 만류하고 나섰다. 그러나 문공은 "믿음은 나라를 다스리는 데 있어서 보배이고, 믿음으로 백성의 생명도 지켜지는 것이다. 원나라를 차지하는 대신 믿음을 잃는다면, 어떻게 백성의 생명을 지켜나가겠느냐? 손해를 보는 것이 아주 많을 것이다"라고 말한 뒤 그대로 30리를 물러났다. 문공은 영토 확장의 이익보다는 부하 장병들과의 약속 이행에 더 큰 가치를 둠으로써, 위정자가 갖추어야 할 여러 덕목 중에서 믿음을 직접 실천해 보였던 것이다. 이에 원나라의 군주와 백성은 모두 문공이 신뢰할 수 있는 군주라고 칭송하면서 자진 항복했다.

문공의 믿음을 보여주는 또 하나의 일화가 있다. 그는 군위에 오르기 전 무려 19년 동안 타국을 떠돌아다녔다. 그가 군위에 오른 것은 62세가 되어서였다. 그러다보니 진 문공은 망명생활을 하던 19년 동안 여러 나라

믿음이란 무엇인가

에 몸을 의탁할 수밖에 없었는데, 그중에는 남방의 강대국인 초나라도 있었다. 초나라에 몸을 의탁할 즈음 문공은 초 성왕에게 약조한 것이 있었다. 뒷날 자신이 만일 초나라와 중원을 놓고 전투하는 일이 일어난다면 자신이 초나라를 위해 삼사三舍(약 90리)의 거리를 물러서겠다고 한 약속이다. 자신의 고국에 돌아와 군위에 오른 문공은 뒷날 초나라와 실제로 대치하게 되었다. 이때 초나라는 송나라와 전쟁을 치른 직후였고, 곧바로 먼 거리를 이동하여 왔던 탓에 지칠 대로 지친 상태였다. 문공은 선제공격을 하면 쉽게 이길 수 있는 전쟁이었지만, 초 성왕과의 약속을 지키기 위해 삼사의 거리를 후퇴했다. 그럼에도 문공은 이 전쟁을 승리로 이끌었다. 사마천 『사기』의 기록에 따르면, 이것은 진 문공 5년 4월의 일이다.

이상 두 가지 사례를 통해 보더라도, 진 문공은 진정 '믿음의 지도자'였다. 문공이 제 환공의 뒤를 이어 천하의 패자가 될 수 있었던 데는 믿음의 지도력이 절대적인 영향력을 발휘했다. 그의 곁에는 무려 19년의 망명생활을 함께한 신하들이 있었고, 패자가 된 이후에는 그의 주변에 모여든 사람들이 인산인해를 이룰 정도였다. 이것은 모두 그의 믿음 때문이었다. 전쟁에서의 승리도 중요하지만 그보다 더 중요한 것은 백성의 마음을 얻는 데 있는 것임을 문공은 그 누구보다 더 잘 알고 있었던 것이다. 그것은 19년 동안의 망명생활에서 얻어진 다양한 경험과 직접적인 체험에서 우러난 산물이었음을 부정하기 어렵다. 이러한 문공의 사례는 정치적 술수나 눈앞의 이익보다 믿음의 덕이 더 중요하고 더 큰 영향력을 발휘한다는 것을 구체적으로 보여주었다는 점에서 의의가 있다.

목백이 제나라로 간 것은 노나라 문공이 즉위한 이후 처음으로 다른 나라를 방문한 일인데, 그것은 예에 맞는 일이었다. 무릇 군주가 즉위하면, 그 나라의 경이 외국으로 나가 두루 방문해서, 이전부터의 우호관계를 두텁게 하고, 서로 후원할 것을 약속하며, 이웃 나라와의 사이를 좋게 하여 사직을 편안하게 지키게 하는 것이다. 이것이 충실, 믿음, 비양의 도다. 충실은 덕의 올바름이고, 믿음은 덕의 확고함이며, 자신을 낮추어 겸양하는 비양은 덕의 기본이다.

문공 원년조

노나라 희공僖公이 죽고 그의 아들 흥興이 권좌에 오르니, 그가 바로 문공文公이다. 문공은 즉위 후 곧바로 목백穆伯 공손오公孫敖를 제나라로 파견했다. 『좌전』은 이것이 예에 맞는 일이었음을 밝히고 있다.

『좌전』은 충실이야말로 덕의 올바름이고, 믿음은 덕의 확고함이며, 자신을 낮추어 겸양하는 비양은 덕의 토대라고 본다. 그리고 나라와 나라 사이의 국제관계에서 무엇보다 중요한 것은 서로의 관계를 끈끈한 유대감으로 연결시켜주는 '덕'이라고 여긴다. 맹약과 믿음의 조건으로서 덕이 요청되었음을 알 수 있다. "덕은 얻음이다"라고 하는 사전적 의미를 고려치 않는다 하더라도, 여기에 표현된 덕은 여러 능력과 그 세부 명목들을 얻음으로써 자신을 이루어내는 일종의 가능태로서 존재한다. 즉, 나라와 나라 사이에 유지되어야 할 덕이란 여기서는 적어도 세 가지 특성을 지닌 것으로 표현되고 있다. 즉 올바름과 확고함, 그리고 그것의 기본인 예가 전제되어야 한다. 이것을 실현하여 나타나는 덕목이 바로 나라 사이의 충실이며, 또한 믿음이고, 자신을 낮추어 겸양하는 비양이다.

이 세 덕목은 긴밀한 유대관계를 지니고 있다. 만일 나라와 나라 사이에 충실함이 없다면, 이로부터 상호 간의 믿음은 배제될 수밖에 없을 것이며, 충실함과 믿음이 전제되지 않은 상태에서 자신을 낮추어 겸양하는 비양의 예는 갖추어지지 않을 것이다. 거꾸로 말한다면, 비양의 예를 갖추었다는 것은 덕의 기본에 충실했다는 증거이며, 예는 반드시 믿음을 수반할 뿐만 아니라 그것은 충실을 전제로 한 올바름의 가치 체계에 자신의 존재 의의를 놓아두었다는 의미가 된다. 국제관계의 기본은 상호 간의 예를 지키는 일이지만, 그것은 충실과 믿음이 전제되지 않는 한 의미가 없다. 이러한 이유로『좌전』은 노 문공이 즉위한 이후 곧바로 공손오를 제나라로 파견한 것이 국제적인 예에 맞는 일이었다고 평가했다.

예는 국제관계의 믿음과 신뢰를 확인하는 가장 구체적인 판단의 기준이다. 예는 일종의 구별이며, 개별적인 책무의 실행을 의미한다. 나라와 나라 사이에는 서로의 차이와 구별이 명확한데, 이를 제대로 인식하고 개별적인 책무에 최선을 다하여 실천하는 것이 예라고 할 수 있다. 그래서 힘의 질서가 비슷한 나라 사이의 회맹에서는 믿음을 최우선으로 중시하고, 그 균형의 강약이 분명한 경우라면 강자의 어짊과 약자의 믿음이 요청된다. 그리고 그에 따른 구체적인 행위는 모두 예로 나타난다.

『좌전』은 국가 간의 '맹약은 믿음의 예를 행하는 것'이라고 말한다. 그러나 만일 덕의 결여를 통한 맹약이 이루어졌거나, 또는 억지로 강제된 맹약이 있다면, 그것은 예를 어기고 행해졌다는 점에서 전연 가치가 없는 것임을 강조하기도 한다. 『좌전』의 시대에는 제후국 상호 간에 침략전쟁이 빈번했기 때문에 서로 간의 침략을 방지하고 평화를 도모하기 위한 방편으로 회맹의 의식을 거행하는 일이 다반사였다. 국가 간의 '상호 불가침의 원칙'이 절실하게 요청되던 시대였던 것이다. 그리고 그 원칙은 믿음을 전제로 한 예의 형식으로 요청되었고, 회맹의 의식은 예에 맞을 때 의미가 있는 것이었다.

【춘추좌전 5】 원문 18

우리가 진나라와 맹서한 것은 실로 다만 강한 편에게 복종하겠다고 말한 것이오. 이제 초나라 군사가 쳐들어왔는데, 진나라가 우리 구원자가 되지 못하고 있으니, 당장은 초나라가 강자요. 우리가 어찌 감히 맹서한 말을 배반하는 게 된단 말이오? 그리고 억지로 맹서한 것은 진실성이 없으며, 그 맹서 맺은 곳은 신이 들여다보지 않는 것이오. 신이 임하는 바는 오직 믿음이 있는 곳일 뿐이오. 믿음이라는 것은 한 말을 실행한다는 표시이고, 선의 기본인 것이오. 그러므로 믿음이 있는 곳에 신은 임하는 것이오. 밝은 신은 억지로 맺는 맹서를 결백하다고 여기지 않으니 그런 맹서야 배반해도 좋은 것이오.

　여기서는 강요된 맹서와 믿음의 관계가 나타난다. 초나라 군주가 정나라를 치려고 할 때, 정나라의 자사子駟와 자전子殿이 초나라와 화평을 맺고자 청했다. 이때가 노나라로 치면 양공 9년이었다. 그런데 초나라에서는 정나라가 이미 진나라와 맹서를 했음에도 이를 파기하고 자신들과 새롭게 맹서를 한다면, 이것은 나라 간의 신뢰를 저버리는 것이 아니냐고 반문했다. 이에 정나라의 자사와 자전은 자신들이 맺은 진나라와의 맹서는 진나라에 의해 강제적으로 맺어진 것이므로 의미가 없다고 강변했다. 진실성이 보장되지 않은 맹서는 맹서로서의 가치가 없다는 것이 그 이유였다.

　요컨대, 강요된 맹서는 서로 간의 믿음이 전제되지 않는다는 점에서 쌍방 간의 믿음을 요청하는 믿음의 자체적 요건을 충족시키지 못한다. 이런 점에서 강요된 맹서는 온전한 맹서라고 할 수 없다. 그것은 자발적 맹서이거나 호혜적 평등의 맹서가 아닌 것이다. 강요된 맹서에는 마치 일제가 조선을 강점하면서 조선인을 신민화하려고 한 것과 다를 바 없는 강제성이 내재되어 있다. 맹서와 믿음을 일방적으로 강요하는 것은 일종의 폭력과 같다. 따라서 강요된 맹서와 믿음은 지키지 않거나, 설혹 배반한다 하더라도 아무런 문제가 없다는 것이다.

　『좌전』은 이와 같은 주장이 잘못된 것이 아님을 강조하기 위한 하나의 초월적 방편을 모색한다. 그리고 그것은 맹서와 믿음의 범주 안에 신의 존재를 개입시키는 결과로 나타난다. 이제 맹서와 믿음은 신의 강림을 통해 단순한 인간과 인간의 관계 정립을 초월한 신들의 관계 정립의 형태를 띠게 된 것이다. 맹서와 믿음을 어긴다는 것은, 인간을 속이고 배신하는 일일 뿐만 아니라 신을 속이고 배반하는 결과를 초래하게 된 것이다. 이 시대는 과학의 권능에 의지하기보다는 아직 신의 권능에 크게 예속된 때였다. 그래서 신이 맹서 및 믿음에 개입하여 영향력을 발휘한다는 논리를 자연스럽게 전면에 내세울 수 있었다.

그런데 신은 강요된 맹서에 대해서는 외면할 뿐 들여다보지 않는다. 그리고 신은 오직 믿음이 존재하는 곳에만 강림할 뿐이다. 믿음이란 약속한 말을 실행한다는 표시이고, 선의 기본이다. 그러므로 선의지의 경향성이 배제된 불선한 믿음이거나 강요된 타율적 믿음에는 신이 강림하지 않는다. 신은 잘못된 믿음과 타율적 믿음을 외면한다. 그것은 비록 외형적으로는 믿음이라고 표현될지라도 진정한 믿음이라고 볼 수 없다는 점에서 그렇다. 신은 믿음이 있는 곳에 강림하고, 억지로 맺은 맹서를 결백하다고 여기지도 않는다. 강요된 맹서와 믿음은 그것을 배반한다 하더라도 배반이라고 말할 수조차 없는 비본질적인 것이기 때문이다.

【춘추좌전 6】 원문 19

작은 나라가 큰 나라를 섬긴다는 것은 신의로써 하는 것이요, 작은 나라에 신의가 없으면 병란이 날로 닥치고 나라가 언제 망할지 모르는 것이다. 우리는 다섯 차례 제후들과 회합하여 맹서를 맺은 신의를 이제 배반하려 하고 있다. 이후에 초나라가 비록 우리를 구원한다 하더라도 신의를 지키지 않는다면 무슨 소용이 있겠는가? (…) 사지가 듣기로는 의지하는 것에는 믿음보다 더한 것이 없다고 한다.

양공 8년조

가을에 난영이 초나라에서 제나라로 갔다. 제나라 안평중이 제나라 군주에게 말했다. "상임의 회합에서 진나라한테 명령을 받았는데 이제 난씨를 받아들여 명령을 받고 약속한 것을 어디에 쓰겠습니까? 작은 나라가 큰 나라를 섬기는 데 중요한 것은 믿음입니다. 신의를 잃으면 서 있을 수가 없으니, 군주께서는 헤아리시길 바랍니다." 그러나 군주는 듣지 않았다. 안평중은 군주 앞을 물러나와 진문자에게 고했다. "군주는 믿음을 지키고, 신하는 공손을 지키는 것입니다. 충성스럽고 미더우며 독실하고 공경스러움이 위아래 할 것 없이 다 한가지라는 것이 하늘의 도리입니다. 군주께서 천도를 버리시니, 오래갈 수 없을 것입니다."

양공 22년조

계강자가 주나라를 치려고, 대부들에게 향연을 베풀어, 그 일을 논했다. 그러자 자복경백이 다음과 같이 말했다. "작은 나라가 큰 나라를 섬기는 것은 신의이고, 큰 나라가 작은 나라를 보호하는 것은 어짊입니다. 그리고 큰 나라를 배반함은 불신이고, 작은 나라를 침은 불인입니다. 백성은 성에 의하여 보호되고,

성은 덕에 의하여 간직되는데, 이 두 가지 덕을 잃는 자는 위험한 것입니다. 그러면 장차 어떻게 백성과 성을 지키겠습니까?"

애공 상 7년조

여기에는 믿음의 문제와 관련하여 우리 귀에 익숙한 '사대事大'라는 말이 등장한다. 사대주의니 사대외교니 할 때 쓰이는 '사대'는 그리 낯선 말이 아니다. 그것은 '작은 나라가 큰 나라를 섬긴다'는 의미를 담고 있기 때문에 약소국 처지에서는 국가적 자존심에 상처를 입는 개념이기도 하다. 그러나 그것은 냉정한 국제 정세를 감안할 때 약소국이 선택할 수밖에 없는 일종의 생존 전략임을 부인할 수 없다. 또한 그것은 나라를 보존하고 평화를 유지하기 위한 실리적 외교 정책의 일환이기도 하다는 점에서, 전적으로 부정적인 것만은 아니다. 약소국은 눈앞의 강대국과 맞서기보다는 비양의 예를 통해 섬김으로써 주변의 강대국을 우방으로 만들 필요가 있다. 그로부터 강대국과의 관계에서 초래될 수 있는 여러 문제와 잠재적 위협들로부터 벗어날 수 있기 때문이다. 그렇기 때문에 사대는 고대 국가의 탄생 이후부터 지금까지도 사라지지 않는 것이 되었다.

『한국민족문화대백과사전』에 따르면, 사대란 원래 중국의 상고 왕조인 은나라와 주나라 때에 약소한 제후국이 강대한 제후국에 정치·군사적인 복속의 표시로 공물貢物을 헌상한 것에서 유래한다. 춘추전국 시대에는 국가 간에 빈발했던 전쟁을 종식시키는 방법으로 대소국 간에 예를 적용해, 회맹會盟과 조빙朝聘을 통해 상호 간의 우의 증진과 친선을 도모했는데, 그것이 바로 '사대事大·자소字小의 예'였다. 이것은 작은 나라가 큰 나라를 섬기고事大, 큰 나라는 작은 나라를 사랑해주는 것이다字小. 그리하여 작은 나라는 믿음信으로 큰 나라를 섬기며, 큰 나라는 어짊仁으로 작은 나라를 보호한다는 원리다. 따라서 이 사대·자소의 교린의 예에 의해 대소 열국 간에는 상호 결속과 공존·공영이 이뤄졌던 것이다.

『좌전』역시 작은 나라가 큰 나라를 대하는 데 필수적인 것이 믿음이라면, 큰 나라가 작은 나라를 배려하는 데 중요한 덕목은 어짊이라고 설명한다. 그런데 여기서 한 가지 주목할 점은 믿음과 어짊의 범주가 '사대자소의 예'에 적용되고 있다는 점이다. 『좌전』에 표현된 어짊은 일차적으로 자신의 가족주의적 혈통을 배반하지 않는 것이라는 의미가 있다. 『좌전』에서 "가업의 근본을 배반하지 않음은 어짊이고, 고국을 잊지 않는 것은 믿음이 있는 것이다"라고 한 말이 그것을 방증한다. 이 경우 어짊이 가족주의적 성향을 지닌 것이라면, 믿음은 국가주의적 성격을 띤다고 볼 수 있다.

그렇다고 『좌전』은 가족과 국가를 별개의 것으로 여기지도 않는다. 그래서 『좌전』은 가족주의적 성향을 띠는 특수한 어짊 외에 국가 내지는 세계주의적으로 확장된 보편적 어짊을 상정한다. 『좌전』은 그 보편적 어짊을 가리켜 믿음이라고 한다. 어짊과 믿음의 개별성이 내밀하게 연결되어 어짊과 믿음이 동등한 지위를 차지하는 것이다. 어짊의 가족적 토대가 믿음의 사회적 관계로 확대됨으로써 그 개별성을 희석하는 순간 어짊은 믿음의 영역으로, 믿음은 어짊을 내함하는 통일체로 승화한다. 오랫동안 중국은 사해'일가'주의 내지 사해'동포'주의를 표방했다. 그 배면에는 세계를 하나로 보는 가족주의적인 어짊의 질서가 자리 잡고 있을 뿐만 아니라, 모든 이가 나의 일가요 동포라는 믿음이 전제되어 있다.

중국의 고대 국가들은 가족을 단위로 형성되기 시작하면서, 가족 간의 어짊의 덕목을 보편적 국가의 덕목으로 점차 확장시켜나갔다. 『좌전』은 이 점에 주목하고 어짊과 믿음의 덕목을 보편적 원리로 발전시켜나갔던 것이다. 어짊이 보편적으로 통하는 곳에 믿음이 있다. 약소국은 그 믿음을 간직하는 것이다. 만일 사해'일가'주의와 사해'동포'주의의 가족주의가 파기되고, 사해'이족異族'주의가 팽창한다면, 어짊은 단지 강대국만의 어짊일 뿐 그 보편성을 보장받지 못하게 된다. 그래서 어짊이 전제되지 않은 믿음은 맹목적이며, 믿음이 수반되지 않은 어짊은 공허하다고 할 수 있다.

【 춘추좌전 7 】 원문 20

남괴가 장차 [계손씨를] 배반하려 했다. 그 마을에 사는 어떤 사람이 그의 속셈을 알고는 남괴의 집 앞을 지나며 탄식하면서 그를 두고 말했다. "안되었구나, 안되었구나, 안되었구나. 마음먹은 것은 깊을지라도 천박한 도모이고, 천한 몸이면서 원대한 뜻을 지니고 있으며, 한 개인의 가신이면서 군주가 하는 짓을 하는데, 이런 사람이 다시 있을까?" 남괴가 남몰래 자기가 하고자 하는 일을 두고 산가지점을 쳐보니, '곤'[☷]괘가 변화하여 '비'[☶]괘가 되는 점괘가 나왔다. 점 풀이 글이 '황색 치마가 으뜸으로 길하다黃裳元吉'고 나왔다. 그는 크게 길하다고 여겼다. 그래서 그것을 자복혜백에게 보이고는 물었다. "만일 어떤 일을 하려면 어떠할까요?" 그러자 혜백은 다음과 같이 대답했다. "내 일찍이 배웠거니와, 충성스럽고 믿음직한 일은 잘되는 법이지만, 그렇지 않다면 반드시 실패한다고 한다. 밖으로 강하고 안으로 온화한 것이 충심이고, 화평을 근본으로 삼아 곧은길로 나아가는 것이 믿음이다. 그러므로 『주역』의 점 풀이에 '황색 치마가 으뜸으로 길하다'고 한 것이다. '황색'은 중심 색이어서 충심을 나타내는 것이고, '치마'는 몸의 아래를 장식하는 것이어서 믿음을 표시하며, '으뜸'은 맨 위로서 선행의 으뜸을 말한다. 중심이 충성스럽지 못하면 그것은 점괘 풀이의 황색에는 해당되지 못하고, 아래에 있는 자가 공순하지 않다면 그것은 점괘 풀이의 치마에 해당되지 못하며, 하는 일이 선한 일이 아니면 선행의 으뜸이 못되는 것이다. 밖으로 안으로 화평해야 충실함이 되고, 믿음으로 일을 해야 공순함이 되며, 충실, 믿음, 공순함의 세 가지 덕이 갖추어져야 선이라 하는데, 이 세 가지 덕이 갖추어지지 않고서는 이 점괘가 말하는 길한 운수에 해당되지 않는다. 그리고 『주역』으로는 위험한 일에 대해서 점치지 못하는 것이다. 너는 대체 장차무슨 일을 하려는 것인가? 자신의 몸을 닦아야 할 것이다. 중심이 아름다워야 점괘 풀이의 황색에 해당되고, 선행이 으뜸으로 아름다워야 점괘 풀이의 으뜸에 해당되며, 아랫사람으로 하는 일이 아름다워야 점괘 풀이의 치마에 해당된다. 이 세 가지가 구비되면 산가지점을 칠 수 있지만, 만일 무언가가 결여되었을 때엔 산가지점을 쳐서 비록 길한 결과가 나왔다 할지라도 길한 운을 받지는 못할 것이다."

남괴가 반란을 일으키려고 비읍으로 가려고 하면서, 같은 마을 사람들에게 술대접을 했다. 이에 마을 사람들 중 어떤 이가 다음과 같이 노래를 부르며 말했다. "내 채소밭 있거늘, 그중에 구기나무 나 있네. 우리와 함께 있는 이는 좋은 사람이요, 우리를 버리고 떠나는 자는 천박한 사람이요, 이웃 사람들을 배반하는 것은 부끄러운 짓이어라. 아서, 아서라. 그대 우리 선비가 아니던가?"

소공 12년조

춘추 시대는 주나라의 봉건질서가 무너지면서 곳곳에서 하극상의 풍조가 만연했다. 자식은 어버이를 죽이고 신하는 임금을 시해하는 일이 비일비재하게 일어났던 것이다. 공자는 이른바 '난신적자'가 곳곳에서 나타나는 당대의 현실을 두려워하여 『춘추』를 지었다고 했는데, 남괴南蒯 역시 난신적자의 한 명이라고 볼 수 있다. 이 글에서는 주군에 대한 믿음을 저버리고 장차 배신하고자 하는 남괴의 행위에 대한 질책이 잘 나타나 있다.

남괴는 춘추 시대 노나라 사람으로 소공昭公 때 인물이다. 그는 계손씨의 가신이었는데, 비읍을 거점으로 반란을 일으켰지만 성공하지 못했다. 또한 여기서 말하는 계손씨는 계손의여季孫意如인데, 달리 계평자季平子라고도 불린다. 그는 일찍이 거莒를 정벌하고 박사亳社에 제사 지낼 때 산 사람을 제물로 썼을 만큼 잔인한 성품의 소유자였다. 그가 바로 숙손씨叔孫

믿음이란 무엇인가

氏, 맹손씨孟孫氏와 함께 노나라의 권력을 장악했던 그 유명한 삼환三桓의 한 사람이다. 삼환은 환공의 자손들이었는데, 계손씨가 그들의 수장이었다. 특히 계손씨는 백성에게 세금을 가혹하게 징수하고 재산을 강제로 빼앗는 등 온갖 부정한 방법을 동원하여 축재의 수단으로 활용했다. 『예기』 「단궁檀弓 하」 편에는 다음과 같은 고사가 있다.

공자가 제자들과 더불어 태산을 지나가고 있었다. 그때 한 부인이 슬프게 울고 있었다. 공자가 수레 앞의 가로대나무를 잡고 머리를 숙여 경의를 표하며, 우는 소리를 듣고는 자로를 시켜서 사연을 알아보라고 했다. "부인께서 곡하는 것이 몹시 중첩된 근심이 있는 것 같습니다." 부인이 말했다. "그렇습니다. 옛날 제 시아버님이 호랑이에게 물려 돌아가셨고, 다음에는 남편이 물려 죽었으며, 이번에는 아들이 또 호랑이에게 물려 죽었습니다." 이에 공자가 말했다. "그런데 어째서 다른 곳으로 옮겨가지 않으십니까?" 부인이 다음과 같이 대답했다. "그러나 이곳에는 가혹한 정치가 없습니다." 이 말을 듣고 공자가 제자들에게 다음과 같이 말했다. "제자들아, 명심하라. 가혹한 정치는 호랑이보다 더 무서운 것이다."

이로부터 '가정맹호苛政猛虎'라는 고사가 생겨났다. 이것은 공자 당시에 노나라에서 권력을 장악하고 있던 계손씨의 가렴주구가 지나치게 혹독했기 때문에 그것을 빗대어 생겨난 말이라고 한다.

또한 『논어』 「팔일」 편을 보면, 계손씨는 천자에게만 허용된 팔일무八佾舞를 추게 한 사람이라서 공자의 걱정을 한 몸에 받았다. '팔일무'의 '일'은 춤추는 열이며, '일무'는 가로와 세로에 같은 인원이 정방형으로 배치되어 추는 춤을 말한다. 그것은 각각 몇 명이 배치되느냐에 따라서 팔일무, 육일무, 사일무, 이일무로 구분된다. 팔일무는 가로와 세로에 각각 여덟 명씩 줄을 지어 모두 64명이 추는 춤이다. 그리고 위계에 따라 제후는 육일무, 대부는 사일무, 사는 이일무를 출 수 있었다. 이것은 당시의 예법이었다. 그럼에도 계손씨는 대부의 신분으로서 천자의 예악을 참람했다. 그는 자신의 지위에 아랑곳하지 않고 천자 한 사람에게만 허여된 팔일무를 추게 한 것이다. 전통적 예악정신을 부정한 이 같은 계손씨의 행위는 당시의 봉건 질서에 대한 심각한 도전 행위가 아닐 수 없었다. 공자는 이렇게 정명을 위배한 모든 행위가 사회와 국가의 질서를 혼란에 빠뜨리고 믿음을 어지럽히는 원인이라고 생각했다. 그래서 계손씨와 같은 행위를 보고도 참을 수 있다면 세상에 그 어떤 일도 참지 못할 것이 없을 거라고 비평했던 것이다.

그런데 남괴가 장차 계손씨를 배반하고자 하는 마음을 남몰래 품고 산가지점을 쳤을 때 나온 점괘가 바로 '곤'괘 육오의 "황색 치마가 으뜸으로 길하다"는 것이었다. 남괴는 이 점괘를 믿고 계손씨와의 전쟁을 수행하고자 했다. 그러나 결론적으로 남괴의 불순한 욕망으로 얻은 점괘의 의의는 결코 긍정적일 수 없다. 이에 대해 「상전象傳」에서는 "황색 치마를 입으니 으뜸으로 길한 이유는 내재된 아름다운 미덕이 있다는 말이다"라고 했고, 「문언전文言傳」에서는 "군자가 중앙에 있으면서 이치에 통달하여 자리를 바로잡고 몸통 부분에 거처하고 있으면, 아름다움이 그 가운에 있으면서 사지에까지 창달하여 사업에 발휘되니 아름다움의 지극함이다"라고 했다. 이것은 분명 좋은 징조임에 분명하다. 그러나 「문언전」에서 말하듯이 그것은 반드시 군자가 중앙의 위치에 있으면서 이치에 통달하여 자리를 바로잡고 몸통 부분에 거처하고 있어야만 한다는 전제 조건이 이루어진 이후에 가능한 일이다. 실제로 '곤'괘 육오의 내용은 사방이 음험한 사람들로 구성되어 있어서 다른 사람의 협조를 얻기 어려운 형국이다. 황색은 중앙을 상징하고, 믿음을 의미한다. 따라서 겸허한 마음으로 다른 사람의 의견을 경청하고 이를 받아들여 행동하지 않으면 안 된다. 그럼에도 남괴처럼 자기 주관대로 일을 처리하고 다른 사람의 희망을 저버리는 행동을 한다면 반드시 길한 운을 받지 못하게 된다. 믿음 없이 수행되는 산가지점은 의미가 없다. 믿음 없이 이루어지는 행동도 의미가 없다. 자기중심적 욕망은 우리의 판단을 흐리게 하고 행동을 불순한 방향으로 이끌며 다른 사람의 희망까지 깨뜨릴 뿐이다.

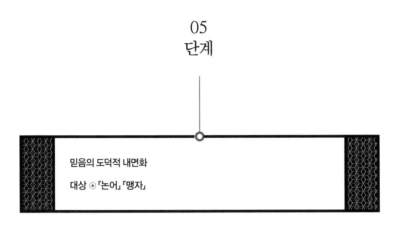

05
단계

믿음의 도덕적 내면화

대상 ⊙ 「논어」 「맹자」

공자와 맹자는 선진유가를 대표한 철학자들이다. 이들은 당대의 혼란한 상황을 자신들의 인본주의의적 사상을 통해 구제해보고자 노력했다. 이들의 인본주의는 인간을 근본으로 하는 도덕적 내면주의로 나타나는데, 믿음에 대한 독법 역시 도덕적 내면화의 특성을 강조하는 형태로 나타난다. 이제 『논어』와 『맹자』를 통해 믿음의 도덕적 내면화와 관련된 내용을 좀 더 구체적으로 살펴본다.

【 논어 1 】 원문 21

증자가 말했다. "나는 날마다 세 가지로 자신을 반성한다. 남을 위하여 일할 때 충실하지 못했는가? 벗들과 사귀는 데 있어서

신실하지 못했는가? 가르쳐준 학업을 익히지 않았는가?"

「학이」

공자가 말했다. "군자는 신중하지 않으면 위엄이 없으며 배운다고 해도 학문이 견고하지 못할 것이다. 마음의 중심을 잡고 믿음을 위주로 하며, 나보다 못한 사람을 사귀지 말며, 허물이 있으면 그것을 고치는 일에 거리낌이 없어야 한다."

「학이」

안연과 계로(자로)가 공자를 모시고 있을 때 공자가 말했다. "어찌 너희의 뜻을 각각 말해보지 않느냐?" 자로가 말했다. "수레와 말 그리고 의복을 벗들과 공동으로 사용하다가 망가져도 섭섭해하는 일이 없기를 바랍니다." 안연이 말했다. "나의 좋은 점을 자랑하지 않고 공로를 과장하는 일이 없게 되기를 바랍니다." 자로가 말했다. "선생님의 뜻을 듣고 싶습니다." 공자가 말했다. "노인들을 편안하게 해드리고 벗들을 믿게 해주고 젊은이들을 감싸주는 것이다."

「공야장」

증자는 공자의 제자로 효심이 두터웠고 내성궁행內省躬行에 힘썼던 인물이다. 특히, 공자가 제자들을 모아놓고 "나의 도는 하나로써 일관한다"고

했을 때 다른 제자들은 그 뜻을 몰라 어리둥절해했으나, 증자는 선뜻 "선생님의 도는 충서忠恕일 뿐이다"라고 했다는 이야기는 아주 유명하다. 여기서는 날마다 '세 가지 일'을 반성하는 증자의 모습이 나타난다. 즉, 남을 위하여 일할 때 충실하지 못했는가 하는 것이 그 하나요, 벗들과 사귀는 데 있어서 신실하지 못했는가 하는 것이 그 둘이며, 가르쳐준 학업을 익히지 않았는가 하는 것이 그 셋이다. 증자는 날마다 특별히 세 가지 일에 대해서 집중적으로 반성했음을 알 수 있다. 그것은 고정적으로 특정한 시간을 두고 하루에 세 번을 반성했다는 말이 아니다. 전자와 같은 해석은 주희朱熹(1130~1200)의 것이며, 후자와 같은 풀이는 형병邢昺(932~1010)에게서 온다. 이외에 '삼三'을 '자주' 내지는 '여러 번'의 의미로 풀이하는 경우가 있는데, 이는 '삼'이 시간적 의미가 아니라는 점을 잘 지적한 것이다.

『논어』에 나타난 믿음의 덕목은 친구 사이의 관계맺음에서 필수불가결한 것으로 요청된다. 그리고 그것은 '충忠' 개념과 함께 거론되어 '충신忠信'이라는 말로 병칭될 때가 많다. 주희는 "자기 마음을 다하는 것이 충이요, 성실하게 하는 것이 믿음이다"라고 말한다. '충'의 의미가 군주에 대한 충성이라거나 국가에 대한 충성과 같은 의미가 아님을 알 수 있다. 그것은 군주나 국가와 같은 대상에 대한 관계적 개념이 아니라 자기 자신에 대한 반성적 개념이라고 할 수 있다. 자기 마음을 다한다는 것은, 진실성을 가지고 자신에게 최선을 다한다는 의미. 참된 마음의 중심을 잡는 것, 그것이 바로 '충'이다. 이에 비하여 믿음이란 성실하게 행위함을 의미한다. 주희는 이 두 가지가 전습傳習하는 근본이라고 보았다. '전'이란 스승에게 가르침을 받은 것이며, '습'이란 그 가르침을 자기 몸에 익히는 것이다. 따라서 증자는 배우기만 하고 익히지 않는다면 그것은 진정한 공부가 아니라고 보았기에, 늘 전습이 하나로 완성되었는가를 반성한 것이다.

공자 역시 친구들과의 사귐에 있어서 제1덕목은 믿음이라고 보았다. 그런데 『논어』에서는 돌연 나보다 못한 사람을 사귀지 말라고 말하기도 한다. 그렇다면 공자는 사람을 차별하는 것인가? 만약 자기보다 못한 사람이 벗하기를 원한다면 어떻게 하라는 말인가? 주희의 시대에도 이에 대한 의문이 있었던지 어느 날 한 제자가 주희에게 비슷한 질문을 했다. 이에 주희는 "다만 나보다 못한 자에게 가서 벗하기를 구해서는 안 되는 것이다. 나보다 못한 자가 찾아온다면 또 어찌 그를 물리칠 수 있겠는가? 이를 미루어보면 나보다 나은 자와 벗하는 것도 저절로 알 수 있을 것이다"라고 대답했다. 학문하는 사람은 공부의 발전이 있기 위해서는 늘 나보다 나은 사람을 귀감으로 삼아 그와 벗할 수 있어야만 한다. 반대로 나보다 못한 사람을 사귀면, 혹여 자신이 그보다 낫다고 하는 스스로의 평가 때문에 자만심에 빠질 수도 있음을 경계한 것이다. 학문하는 사람의 자만심은 심각한 폐단이라서, 공자는 그것을 경계한 것이라 볼 수 있다.

분명 친구를 사귐에는 믿음보다 좋은 것이 없다. 그런데 또한 어떤 사람과 벗이 되어 사귀어야 하는지도 중요하다. 서양 고대의 철학자 아리스토텔레스의 『니코마코스 윤리학Nicomachean Ethics』에는 세 가지 분류의 벗이 소개되고 있다. 첫째는 즐기기 위한 벗, 둘째는 이용가치를 위한 벗, 셋째는 선과 덕을 위한 벗이다. 앞의 두 벗은 이해관계에 따라 맺어졌기 때문에 허망하고, 셋째는 변하지 않는 선함을 기반으로 맺어졌기 때문에 오래간다고 했다. 선과 덕을 바탕으로 맺어진 친구야말로 미더운 관계라고 할 수 있다. 인생에서 단 한 명이라도 미더운 벗을 가질 수 있는 사람은 행복한 자다.

공자에게 친구 사이의 믿음은 기본적으로 마음속에 존재하는 진실성의 속성을 가진 것으로 내면화되어 나타난다. 즉, 믿음이 자기반성의 대상으로 수렴된 것이다. 그래서 믿음은 자기 마음에 최선을 다하는 '충'과 연대하게 되고, 자기반성적 성찰의 주제로 부각되기에 이른다. 반면 믿음이 없는 행위는 진실성이 없어서 악행으로 빠질 경향이 높다. 내면적 믿음을 갖지 않은 사람의 행위의 결과가 선하기 어려운 것도 자명한 사실이다. 따라서 공자는 배움의 길에 들어선 사람들은 반드시 자기 마음에 최선을 다해야 하고, 성실한 믿음을 가져야만 한다고 말했다.

그런데 친구를 사귀는 데는 세 가지 단계가 있다. 이 점은 안연과 자로, 공자의 문답에서 확인된다. 세 사람이 어느 날 각자가 생각하고 있는 뜻을 말해본 적이 있다. 이때 자로는 자신이 사용하는 수레와 말, 가벼운 갖옷을 친구들과 함께 사용하여 망가지더라도 유감이 없고자 한다고 했다. 이 것은 친구를 사귀는 첫 번째 단계. 물질의 공유를 통한 친구관계의 형성이라는 점이 특징이다. 한편 안연은 자신의 좋은 점을 자랑하지 않고 공로에 과장이 없고자 한다고 했다. 이것은 친구를 사귀는 두 번째 단계. 겸손을 통해 친구를 사귀는 것이 장점이지만 베풂에 대한 적극성이 결여되었다는 점이 한계다. 이에 비해 공자는 붕우를 믿게 해주고자 한다고 했다. 이것은 친구를 사귀는 세 번째 단계. 친구를 자신의 내면적 덕성에 포용함으로써 인격적 동등성을 확보한다는 특징이 있다. 친구를 수단시하지 않아야만 이런 단계에 이를 수 있을 것이다.

요컨대, 인격의 완성도에 따라 친구를 사귀는 방법도 달라짐을 알 수 있다. 물질적 가치를 초월하여 친구를 대하는 자로의 단계가 있는가 하면, 겸손의 미덕을 통해 예를 벗어나지 않고자 노력하며 친구를 사귀는 안연의 단계가 있기도 하다. 그러나 인격이 이루어진 단계에 이르면, 모든 사람이 다함께 미더운 가치를 공유할 수 있도록 적극적으로 노력하는 모습을 보인다. 유학의 학문정신이 '수기'에 머물지 않고 '치인'에 이르러야 하듯 믿음도 '수기'로부터 '치인'의 믿음으로 확장되어야만 진정한 것이 된다. 이런 한에 있어서 참된 믿음은 참된 삶을 영위하게 하는 기본 요소가 된다.

그렇다면, 지금의 나 자신은 과연 몇 번째 단계의 믿음을 실천하고 있는가? 공자와 안연의 단계에는 미치지 못한다 하더라도 자로와 같은 첫 번째 믿음의 단계에는 도달해 있는지, 그것도 아니라면 첫 번째 단계의 믿음을 실천하는 일에도 미치지 못하고 있는 것은 아닌지, 스스로 반성해볼 일이다.

【논어 2】 원문 22

공자가 말했다. "천승의 나라를 다스리되, 일을 경건하게 처리하고 미덥게 하며, 재물을 쓰는 일을 절도 있게 하고 다른 사람을 사랑하며, 백성으로 하여금 때에 맞게 해야 한다."

「학이」

『논어』는 믿음의 덕목이 친구 사이의 관계성 정립에 필수 요건임을 밝힌 특징이 있다. 그런데 여기서는 믿음이 나라를 다스리는 정치적 요건으로서 매우 중요한 것임을 밝히고 있다. 나라를 다스리는 일은 다섯 가지로 요약되기도 하고, 세 가지로 압축되어 논의되기도 한다. 주희는 '경건·믿음·절도·사랑·때'라는 다섯 가지 일을 처결하는 것이 정치의 핵심이라고 보았다. 이에 비하여 정약용丁若鏞(1762~1836)은 일을 공경하여 백성의 믿음을 얻고, 재물을 절도 있게 사용하여 다른 사람의 사랑을 받고, 백성을 부려서 때에 맞게 한다는 세 가지 일을 처리하는 것이 정치가 할 일이라고 보았다. 그러나 두 가지 해석은 각각의 연관성을 상호 배제하지 않는다는 측면에서 큰 차이가 없다.

나라를 다스리는 일을 수행하는 데는 일차적으로 그 일을 대하는 마음가짐이 중요하다. 공자는 그 마음가짐이 경건해야 하고 미더움이 있어야 한다고 했다. 경건이란 공경하며 삼가고 엄숙한 행위를 하는 것을 말한다. 나랏일을 대하는 원칙이 그래야만 한다는 것이다. 거꾸로 경건의 반대말이 불경이란 점을 감안해본다면, 경건의 의미가 더 잘 파악될 수 있을 것이다. 이것은 플라톤의 대화록 중 「에우티프론Εὐθύφρων」의 방법이기도 하다. 나랏일을 불경하게 대한다는 것은 자기에게 유리한 대로 아무런 기준이 없이 제멋대로 처리함을 의미한다. 이렇게 되면 자연 나랏일에 대한 믿음은 사라지고 곳곳에서 불신이 생겨날 수밖에 없다. 그래서 정치를 하는 사람은 사사로운 마음을 배제해야 하고 공평하고 진실하게 일처리 해야 한다. 그래야만 백성의 믿음이 수반될 수 있다.

공자에게서 경건과 믿음은 도덕주의적인 성격을 갖는다. 일을 처리하는 방식이 경건하고 미더운 이는 자기 책무에 충실한 사람이다. 그러한 사람은 책임윤리에 충실하다고 볼 수 있다. 책임윤리란 베버Max Weber(1864~1920)가 사용한 개념이다. 그것은 행위의 선한 의지만을 문제 삼는 심정윤리에 반해, 행위가 가져온 결과에 대해서도 책임이 있다고 강조한다. 따라서 책임윤리는 예견할 수 있는 결과를 충분히 생각한 뒤 그것에 이르는 수단을 고려하여 행위하지 않으면 안 된다고 한다.

정치가에게는 특히 이러한 책임윤리가 요구된다. 남송의 여조겸呂祖謙(1137~1181)은 『동래좌씨박의東萊左氏博議』에서, "명예를 누리기 시작한다는 것은 곧 책임을 지기 시작한다는 말이다"라고 했다. 예나 지금이나 자신의 책임은 외면하면서 지위나 권력만을 남용하는 사람이 많기 때문에 이런 말이 나온 것이다. 정치가들의 책임윤리는 무엇보다도 공사의 분명한 구별로부터 비롯된다. 그래야 사리사욕을 벗어날 수 있기 때문이다. 그런데 정치가들의 책임은 도덕적인 데만 머물지 않는다. 그들에게는 나라의 경제 또한 윤택하게 할 책무가 있다. 그래서 공자는 재물을 사용하는 일에 절도가 있어야 한다고 했고, 백성으로 하여금 농사철에 맞게 일할 수 있도록 해야 한다고 했다.

한편, 여기에는 공자의 계급의식이 반영되어 있다고 보는 사람들도 있다. 공자에게서 사랑의 대상은 '상층의 사람人'이지만 노동의 대상은 '백성 또는 노예民'라는 관점이 그것이다. 백성은 부려질 수 있는 피동적 존재임에 비해 상층의 사람은 그들을 부릴 수 있는 능동적 존재라는 것이다. 자오지빈趙紀彬과 양보쥔楊伯峻 같은 이가 이러한 주장을 하는 대표적인 사람들이다. 그러나 공자는 강고한 계급의식에만 머물지 않았다. 공자는 상층의 사람이든 하층의 백성이든, 각자의 자리에서 절도에 맞는 행위로 역할에 최선을 다하는 삶을 살아갈 것을 요청했는데, 이것이 더 중요한 것으로 평가되어야 한다.

【논어 3】원문 23

공자가 말했다. "젊은이들은 집에 들어가면 부모에게 효도하고, 밖에 나가면 어른을 공경하며, 말을 삼가되 말하게 되면 믿음이 있어야 하고, 널리 사람들을 사랑하며, 어진 사람을 가까이해야 한다. 이와 같이 몸소 실천하고 여력이 있으면 글을 배워야 한다."

「학이」

여기서는 공자의 교육사상을 확인할 수 있다. 공자는 이론적인 배움과 행위적인 실천이 늘 함께해야 한다고 본다. 이론적인 배움만 있고 행위의 실천이 없다면 그것은 관념적인 유희에 지나지 않을 뿐이요, 행위의 실천만 있고 이론적인 배움이 무시된다면 그것은 맹목적인 실천에 지나지 않을 것이다. 공자의 교육은 일상적인 현실을 배반하지 않는다. 부모에게 효도하고, 어른을 공경하며, 자신의 말에 믿음이 있어야 하고, 널리 사람을 사랑하며, 어진 이를 가까이하는 것을 배움의 대상으로 삼아야 한다.

이러한 공부는 아무리 강조하더라도 지나치지 않다. 그럼에도 만일 오늘날 한국의 초중고교에서 이런 교육을 시행하는 선생님이 있다면, 아마도 학부모들의 지탄의 대상이 될 것이다. 여기에 제시된 종류의 것들을 제아무리 잘해본들, 이른바 좋은 대학에 진학할 수는 없다고 생각하기 때문이다. 한국의 교육은 지나칠 정도로 성적제일주의를 요구하고, 친구와의 경쟁에서 이기는 것에만 주력하는 파행의 길을 걷고 있다. 자연히 학생들은 친구들의 다양한 장점을 인정하는 방법을 배우기보다는 학과 성적의 높고 낮음만으로 개인을 평가하는 잘못된 가치관을 축적하는 방법에 길들여지게 되었다. 이런 교육 환경 속에서 자라나는 젊은이들에게 타인에 대한 배려를 찾아보기가 어려워지는 것은 지극히 당연한 일이다.

공자는 대인관계에서 말을 삼가라 한다. 그럼에도 말을 하면 반드시 믿음이 동반되어야 한다고 주장한다. 삼가지 않으면 안 될 잘못된 말의 양상으로는 꾸며서 하는 말, 거짓말, 상대방을 공격하거나 비난하는 말, 욕 등이 있다. 세상에는 아름답고 좋은 말도 많은데, 잘못된 말부터 배우면 말이 사람의 의식을 지배하고 잘못된 행동을 유발할 수밖에 없게 된다. 말과 행동이 상호 연동되어 있기 때문이다. 그런데 여기에서 믿음의 덕목은 언어에 배속되어 있고, 삼가는 것은 행위의 실천에 배속되어 있다. 이러한 언행의 관계에서는 삼가야 될 것과 믿음을 전달하는 매개체로 자기 역할을 충실히 수행해내야 하는 책무가 뒤따른다. 결과적으로 언행일치가 요청되는 것이다.

【 논어 4 】 원문 24

유자가 말했다. "약속이 의로움에 맞으면 그 말을 실천할 수 있다."

「학이」

주희는 여기서 유자가 말하는 '신信'의 의미가 '약속'이라고 한다. 약속은 말로 이루어진다는 점에서 일종의 언약이다. 말의 속성이 가변적이듯이 약속 역시 태생적으로 가변적일 수밖에 없는 숙명을 안고 태어난다. 유자의 말 속에서도 이 점은 확인된다. 그 말, 즉 약속은 경우에 따라서 실천할 수 있는 것이기도 하고, 또 경우에 따라서는 이행하지 않아도 되는 것임이 말해진다. 그 기준은 의로움에 있다. 만일 여기에 어떤 하나의 약속이 있다고 가정해보자. 그런데 그것이 의로움을 벗어난 상태에서 이루어진 것이라면 실천하지 않아도 된다는 것이 유자의 입장이다.

김유진 감독의 영화 「약속」(1998)은 건달 공상두(박신양)가 자신의 여인 채희주에게 한 약속을 지키는 과정을 그려나간다. 그런데 이 영화에서 여주인공 채희주(전도연)의 명대사 한 구절은 이 영화가 자신의 주제의식에 매우 충실하게 접근하고자 했음을 알려준다. 그녀는 다음과 같이 말한다. "다른 여자를 만나는 것만이 배신이 아냐. 네 맘속에서 날 제껴놓는 것도 배신이야." 약속을 지키는 것은 미더운 일이지만, 그것을 어기는 것은 불신이자 배신이다. 약속은 말로 이루어지는 동시에 우리 눈에 보이지 않는 마음속에 뿌리를 내린다. 물론 그것은 진실한 약속일 경우에 한정된다. 마음에 뿌리를 두지 못하는 약속도 얼마든지 있다. 그것은 가식적 약속이며, 여기서는 배신이 예견된다.

『논어』는 특히 친구관계의 믿음을 중시한다. 약속도 믿음의 한 형태라는 점에서 믿음의 범주를 벗어나지 않는다. 믿음만큼 긴밀하게 친구 사이를 맺어주는 매개물도 달리 없다. 그런데 믿음에는 곧은 것도 있지만, 가식적인 것도 있다. 곧은 믿음에는 친구 사이의 의리가 중요하게 작용하지만, 가식적인 믿음에는 자기중심적인 이해관계가 결정적인 역할을 수행한다. 그래서 곧은 믿음은 오랜 친구관계를 유지하게 하는 반면, 가식적인 믿음은 이해관계의 변화에 따라 친구관계를 유지하기 어렵게 만든다. 가식적인 믿음에는 상대방을 이용한다는 흉계가 개입한다. 그것은 상대방의 진실을 훔치는 도둑질과 다르지 않다. 세상에는 얼마나 많은 믿음의 사기꾼과 도둑들이 존재하는가? 그래서 믿음과 약속은 의로움이 전제되지 않으면 안 되는 것이다. 이 말은 달리 모든 약속이나 맹서를 반드시 지켜야만 한다는 완고한 약속이행주의를 거부한 것으로 볼 수 있다.

『공자가어孔子家語』에 「곤서困誓」 편이 있다. 곤액에 처했을 때 그 환난을 이겨내고자 격려하고 맹서한 글이다. 그런데 이곳에는 공자가 자신의 맹서를 지키지 않고 식언한 예가 발견된다. 그 예를 보자. 언젠가 공자는 제자들과 함께 포蒲 땅에 갔다가, 그곳의 공숙술公叔戌이라는 자가 이끄는 반란군에게 포위된 적이 있었다. 그런데 공자의 제자 중에 공량유公良儒라는 자가 있어 칼을 뽑아들고 여러 사람과 합세하여 전투를 벌일 태세를 갖추었다. 그러자 포 땅 사람들이 두려워하면서, 만일 공자 일행이 위衛나라로 들어가지 않는다면 포위를 풀어주겠다는 조건을 내걸었다. 공자는 주저함 없이 그렇게 하겠다고 맹서했다. 이에 포 땅 사람들이 포위망을 풀고 모두 돌아갔다. 그럼에도 공자는 자신의 약속을 어기고 위나라로 들어갔다. 이에 자공은 "선생님께서는 약속을 어겨도 되는 것입니까?"라고 여쭈어보았다. 이에 공자는 "나에게 요구된 맹서는 의로운 것이 아니었다"라고 대답하여, 강요된 맹서는 의롭지 않은 것이기 때문에 반드시 지킬 필요까지는 없다는 입장을 밝혔다.

【 논어 5 】 원문 25

> 공자가 말했다. "사람으로서 믿음이 없으면 그것이 괜찮을지 모르겠다. 소가 끄는 큰 수레에 수레채마구리가 없고, 말이 끄는 작은 수레에 멍에막이가 없으면, 어떻게 갈 수 있겠는가?"

「위정」

공자 철학의 핵심은 인간학이다. 공자는 귀신의 존재나 유한한 물질적 존재의 가치에 대한 언급을 가능한 한 회피한다. 대신 그 자리는 인간 존재에 대한 관심과 애정으로 대체된다. 그리고 그것은 어떻게 살 것인가, 라는 삶의 방법을 묻는 것으로 이행된다. 공자는 인간은 인간답게 살아야 함을 끊임없이 강조한다. 인간은 전능한 신과도 다르고 영명한 사유를 하지 못하는 여타의 동식물과도 차별된다. 인간이 인간답게 살아가는 것이 무엇인지는 영원한 철학적 숙제일 터이지만, 공자는 다른 사람을 사랑하는 것이라거나 자신을 이기고 예로 돌아가는 것 내지는 효도와 공경을 다하는 것 등이 모두 인간답게 살아가는 방법임을 시사한다.

그런데 여기서 공자는 인간에게 믿음이 존재하지 않는다면, 그 인간은 인간다움을 간직하지 못한다는 의미에서 인간이라고 일컫기 어려움을 이르고 있다. 공자가 볼 때, 인간이라고 하여 모두가 똑같지는 않다. 그런데 여기서 공자는 인간과 믿음의 관계를 밝히고 있다. 그것은 서로 떼려야 뗄 수 없는 밀접한 관계에 있다고 한다. 공자는 사람과 믿음의 관계는 마치 큰 수레와 수레채마구리(예輗)의 관계 내지는 작은 수레와 멍에막이(월軏)의 관계와 같다고 비유한다. 이들의 관계에서 어느 하나가 존재하지 않거나, 제대로 역할을 수행하지 못한다면 온전한 의미의 존재성을 인정받기 어렵다는 주장이다.

이러한 공자의 비유에 대하여 정약용은 다음과 같이 말한다. "수레와 소는 두 가지 물건이니 그 몸이 각각 별개여서 서로 붙어 있지 않다. 수레채마구리와 멍에막이로 단단히 묶어 연결시킨 뒤에야 수레와 우마가 일체가 되어 소가 가면 수레두 가니, 이 때문에 믿음을 비유한 것이다. 나와 남은 본래 두 사람이니, 믿음으로 단단히 맺지 않으면 또한 행할 수가 없는 것이다." 정약용의 설명을 통해 볼 때, 믿음이란 사람과 사람 사이를 연결하여 묶어주는 매개체임에 분명하다. 인간관계의 결속력은 믿음으로부터 탄생한다는 것이 정약용의 생각이다.

요컨대, 인간관계가 수레와 같다면, 믿음은 수레를 소나 말에 연결해주는 수레채마구리나 멍에막이 같은 것이다. 즉, 인간관계를 이끌어가는 가장 중요한 요소는 믿음이라고 할 수 있다. 피 한 방울 섞이지 않은 사람들이 사회에서 만나 서로 격의 없이 친해질 수 있는 이유는 바로 믿음 때문이다. 그럼에도 세상에는 믿음이 배반되는 사례가 비일비재하다. 그것은 인간관계의 매개적 고리에서 믿음이 제거되고, 그 자리에 이기적 욕망의 불순한 권능이 대체되어 들어가는 것과 연동되어 발생한다.

일반적으로 '피는 물보다 진하다'고 하지만, 그 혈연적 일체감이라는 것도 이기적 욕망 앞에서는 무력화될 때가 많다. 돈과 권력이라는 이해관계 때문에 일어났던 수많은 역사적 사례를 돌이켜보라. 그로부터 그 진하다고 느껴지던 피의 순수성조차 물보다 묽은 상태로 전락할 수 있음을 알게 된다. 왕조 시대에 군위를 차지하고자 빚어졌던 온갖 종류의 난들이 그 좋은 예일 것이다. 형제의 난을 비롯한 부자상잔父子相殘 내지는 숙질상잔叔姪相殘의 이른바 골육상잔의 비극이 그러하다. 오늘날도 언론매체에 끊임없이 등장하는 존속살인사건들 역시 이러한 불순한 이익 추구의 반동적 목적의식 때문에 발생하는 경우가 허다하다.

물보다 진하다는 동일한 혈연을 간직한 친족 사이에도 이해관계가 상충하면, 자신의 인간다움의 가치를 포기하는 경우가 많다. 하물며 피 한 방울 섞이지 않은 사람들에게서는 어떠하겠는가? 공자는 이 점을 걱정하는 것이다. 공자가 만일 법가의 철학자였다면 그는 인간관계의 매개 담론으로 '법'을 상정했을 터이지만, 그는 유학자답게 '예'를 요청했고 인간다움의 구현을 위한 도덕적 가치를 전면에 내세웠다. 믿음이란 인간다움을 실현하는 훌륭한 도덕적 메커니즘이며, 인간관계를 원만하게 유지시켜주는 삶의 윤활유와 같은 것이다.

공자가 칠조개에게 벼슬을 하라고 하자 칠조개가 "저는 이 일에
대하여 아직 자신이 없습니다"라고 대답했다. 이 말을 듣고 공자
가 기뻐했다.

「공야장」

어느 날 공자는 자신의 제자 칠조개에게 벼슬을 해보라고 권유했다. 그
러나 칠조개는 자신은 아직 벼슬살이에 적합하지 않다고 하며 스승의 권
유를 겸손하게 물리쳤다. 공자는 칠조개의 대답을 듣고 기뻐했다고 한다.
그런데 칠조개의 대답에 주목해볼 때, 거기에는 그가 생각했던 믿음의 한
유형이 있음이 발견된다. 정약용은 칠조개가 말한 믿음의 용례는 '자신'이
었다고 풀이한다. 그것은 자신의 능력이나 가치를 확신한다는 의미다. 이
렇게 본다면, 칠조개는 아직 벼슬살이에 자신이 없었기 때문에 공자의 권
유를 고사했다고 할 수 있다.

다른 한편, 칠조개의 믿음의 유형은 학문에 있는 것이지 벼슬살이를 대
상으로 하는 것이 아니기에 벼슬살이에 나아가지 않는다는 해석도 가능
하다. 진력陳櫟(1252~1334)의 경우가 그러하다. 진력의 해석은 주희의 설을
보충한 것이라고 할 수 있다. 주희는 칠조개의 믿음이 참으로 이치가 그러
함을 알아 털끝만큼의 의심도 없는 것이라고 풀이했다. 요컨대, 마음속에
털끝만큼의 의혹됨이 없는 것이 바로 믿음이다. 그래서 칠조개는 아직 믿

음의 상태가 거기에 이르지 못해 다른 사람을 다스리는 데 적합하지 못하다고 대답했던 것이다. 그래서 이러한 대답을 듣고 공자가 기뻐한 것이다.

우리는 칠조개의 답변에서 정치를 하기 이전에 정치 참여보다 더 중요한 것이 있음을 알게 된다. 정치 참여의 선결 조건은 인격의 연마를 위한 자기 수양이다. 자기 수양이 전제되지 않고는, 또는 칠조개의 말처럼 자기 수양에 대한 철저한 믿음이 전제되지 않고는 정치 일선에 함부로 나서면 안 된다. 전통 시대에 철인왕philosopher king이나 성인군주론이 요청된 이유가 다른 데 있지 않다. 인격 파탄자에게 정치를 맡긴다면 또는 자기 수양이 되지 않은 부도덕한 사람에게 정치를 맡긴다면 그 정치가 제대로 이루어질 리 만무하기 때문이다. 지금 현실 정치에 참여하고 있는 모든 사람은 혹여 자신의 도덕적 믿음이나 진리에 대한 믿음도 없이 대중을 혹세무민하고 있지는 않은지 반성해볼 일이다.

【논어7】 원문 27

재여가 낮잠을 잤다. 공자가 말했다. "썩은 나무는 조각할 수 없고 거름흙으로 쌓은 담장은 흙손질할 수가 없다. 재여에 대해서 무엇을 책망하겠는가?" 공자가 말했다. "처음에 나는 사람에 대하여 그의 말을 듣고 그의 행실을 믿었는데, 지금 나는 사람에 대하여 그의 말을 듣고 그의 행실까지도 본다. 재여를 보고서 이렇게 고쳤다."

「공야장」

우리가 다른 사람을 믿는 것은 일차적으로 상대방의 말을 통해서다. 그런데 말만 듣고 상대를 믿기에는 한계가 있다는 점을 공자는 인식한다. 믿음은 말과 더불어 행실까지 보고 이뤄져야 한다. 공자가 이러한 관점을 갖게 된 데는 재여宰予의 몫이 컸다. 형병의 주석을 참고하면, 재여는 스승 앞에서 '공부에 부지런히 힘쓰겠다'고 말했지만, 실제로는 낮잠을 잤으므로 공자가 자신의 관점을 바꾸게 된 것이라고 한다. 말이 행실에 미치지 못하는 점을 주목한 것이다. 오늘날도 별반 다르지 않다. 초중고교에 다니는 학생들이 집에서 부모와 '열심히 공부하겠다'고 약속해놓고도, 게임을 한다든가 잠을 잔다든가 하는 예를 얼마든지 찾아볼 수 있기 때문이다. 말만 앞서는 학생들을 믿기 어려움을 말한 것이다. 재여는 특히 말만 그럴듯하게 잘했던 모양이다. 보광輔廣의 다음과 같은 주석이 이를 알려준다.

　"재여는 언어 능력이 있는 것으로 알려졌다. 그러나 상례를 논하면 그 상의 기일을 단축하고자 했고, 인간다움의 덕을 논하면 그 어리석음을 병으로 여겼으며, 사직을 대답할 적에는 그 본의를 잃었고, 여기에 이르러서는 또한 낮잠을 잤으므로 공자가 깊이 책망하고, 또 '재여의 일에 이 잘못을 고치게 되었다'고 했으니 그렇다면 재여는 말을 잘하기는 했으나 행실이 그에 미치지 못했음을 알 수 있다."

　그런데 학생이 낮잠을 잔 것을 가지고 이를 썩은 나무나 거름흙으로 비유한 공자의 태도는 다소 박절하고 냉정해 보이는 면이 없지 않다. 그래서 재여는 낮잠을 잔 것 때문에 스승 공자의 걱정을 들은 것이 아니라, 다른 면 때문에 질책을 받게 된 것이라는 해석이 나왔다. 그 대표적인 경우가 이고李翶(772~841)의 해석이다. 그는 원문의 '주畫'를 '획畫'으로 봐야 한다고 주장하면서, 이를 침실을 꾸몄다는 의미로 해석해야 한다고 했다. 춘추 시대에는 사대부들이 자신의 침실을 화려하게 장식하는 풍조가 유행했는데, 재여가 이를 따랐으므로 공자가 꾸짖은 것이라고 한다.

아무튼 재여의 일화에는 지행합일과 언행일치를 강조하는 공자의 사상이 믿음의 문제에도 일관되게 관류하고 있다. 언행일치가 되어야만 미더워지는 것이다.

【 논어 8 】 원문 28

공자가 말했다. "열 가구 정도의 작은 마을에도 반드시 나처럼 충실하고 미더운 사람이 있으나, 나처럼 배우기를 좋아하지는 못할 것이다."

「공야장」

믿음을 좋아하되 배우기를 좋아하지 않으면 그 폐단은 자기를 해치는 것이다.

「양화」

믿음을 돈독하게 하고 배우기를 좋아하며, 죽을힘을 다하여 도를 지키고 잘 실천한다.

「태백」

공자는 부단히 배움에 힘쓴 사람이다. 『논어』 첫 편이 배움의 문제로부터 시작할 정도로 배움은 공자의 핵심적 주제어의 하나다. 모름지기 사람은 배워야만 사람다워질 수 있다. 그래서 공자는 성인이 되는 길도 배움에 있다고 본다. 이런 면에서 배움은 사람들이 가진 아름다운 자질들보다도 가치 있는 것이라고 한다. 공자는 『논어』 곳곳에서 행위의 기준을 충실하고 미더운 것에서 찾고 있다. 그것들은 아름다운 자질이라는 점에서 볼 때, 모두 아름다운 덕이지만 그 자체로는 아무런 의미가 없다. 배우고 닦아서 자기 것으로 몸에 체화시키지 않으면 허상에 불과하다. 『논어』 「위영공」 편에서 말하고 있는 "사람이 도를 넓히는 것이지, 도가 사람을 넓히는 것은 아니다"라는 공자의 정신은 배움의 문제에도 깊이 관여한다.

『논어』 「양화」 편에서는 '여섯 가지 아름다운 덕'(육언六言)과 '여섯 가지 폐단'(육폐六蔽)을 거론하고 있다. 이것은 공자가 자로에게 전해준 가르침으로서, 평소 선을 행하는 데는 용감했으나 배움을 좋아하지 않았던 제자를 배려하여 말해진 것이다. 공자의 말은 다음과 같다. "인간다움을 좋아해도 배우기를 좋아하지 않으면 그 폐단은 어리석게 되는 것이고, 지혜를 좋아해도 배우기를 좋아하지 않으면 그 폐단은 방탕하게 되는 것이고, 믿음을 좋아해도 배우기를 좋아하지 않으면 그 폐단은 해치게 되는 것이고, 정직한 것을 좋아해도 배우기를 좋아하지 않으면 그 폐단은 박절하게 되는 것이고, 용맹한 것을 좋아해도 배우기를 좋아하지 않으면 그 폐단은 난을 일으키게 되는 것이고, 강한 것을 좋아해도 배우기를 좋아하지 않으면 그 폐단은 경솔하게 되는 것이다." 이것은 아름다운 덕에 대한 믿음을 돈독하게 하고, 배움에 힘써야만 갖가지 폐단으로부터 벗어날 수 있음을 말한 것이다.

　한갓 아름다운 덕을 좋아하기만 하고, 그것을 배워서 이치를 밝히지 않으면 폐단이 생긴다. 특히 믿음의 문제에 한정하여 살펴보더라도, 배움이 전제되지 않은 믿음은 객관성을 상실하고 주관적인 것으로 흐르기 쉽다. 배움이 없는 믿음은 맹신이며, 또 지나치면 광신이 되기도 한다. 여러 믿음의 대상 중 종교적 믿음에서 이러한 현상이 가장 빈번하게 발생한다. 종교를 믿는 것도 중요하지만, 종교적 도그마dogma에 빠지지 않는 것은 더욱 중요하다. 이를 위해 요청되는 것이 바로 배움이다. 그래서 공자는 '믿음보다 배움'을 강조한 것이다.

【 논어 9 】 원문 29

　자공이 정치하는 방법을 물었다. 공자가 말했다. "먹을 것을 풍족하게 하고 군비를 충실히 하며, 백성으로 하여금 위정자를 믿게 하는 것이다." 자공이 말했다. "만약 부득이하여 버린다면, 이 세 가지 가운데 어느 것을 먼저 버리겠습니까?" "군비를 버릴 것이다." 자공이 말했다. "만약 부득이하여 버린다면, 이 두 가지 가운데 어느 것을 먼저 하겠습니까?" "먹을 것을 버릴 것이다. 예로부터 누구에게나 다 죽음은 있지만, 사람은 믿음이 없으면 설 수가 없다."

「안연」

믿음이란 무엇인가

공자의 제자 자공은 매우 현실적인 사람이었다. 그는 오늘날로 보면 기업의 경영자와 같은 마인드를 소유한 인물이었다. 그가 어느 날 공자에게 국가 경영에서 중요한 것이 무엇이냐고 물었다. 제자의 질문에 공자는 세 가지 중요한 요소를 제시한다. 그 첫째가 식량이요, 둘째가 군대이며, 셋째가 백성의 믿음이다. 국가를 경영하는 데 이 세 요소는 어느 것 하나 중요하지 않은 것이 없다. 첫 번째 요소로 제시된 식량은 물질적 풍요와 경제적 안정이라는 점에서 국가 경영의 토대다. 두 번째 요소인 군대는 국가의 자위권right of self-defense과 관련된다는 점에서 타국의 불법적 침략에 대한 방비를 위해 요청된다. 세 번째 요소인 믿음은 구성원 상호 간의 유대관계와 결속력을 가져다주는 내면적 힘이라는 점에서 중요하다.

공자의 대답을 들은 자공은, 그렇다면 이 세 가지 중에서 사세가 불리하여 부득이 하나를 버려야 한다면 그 첫째가 무엇일지를 물었다. 공자는 군대를 버려야 한다고 대답했다. 이에 자공은, 그렇다면 나머지 두 가지 중에서 또 사세가 불리하여 하나를 버려야 한다면 무엇을 꼽겠느냐고 물었다. 공자는 식량을 버려야 한다고 대답했다. 그리고 "예로부터 누구에게나 다 죽음은 있지만, 사람은 믿음이 없으면 설 수가 없다"라고 하여 믿음이 국가 경영의 가장 필수적인 상위 요소라고 말했다. 군대와 식량은 국가 경영의 물질적 토대를 형성한다. 그러나 믿음은 그 물질적 토대를 지탱시켜 주는 더 중요한 역할을 담당한다. 믿음이 없으면 제아무리 많은 군대와 식량이 있더라도 국가가 평화로울 수 없다.

만일 국가 경영에서 구성원 상호 간의 믿음이 전제되지 않는다면, 군대의 자위권은 타국의 불법적 침략에 대한 방어 목적 이외의 방편으로 사용될 가능성을 배제할 수 없다. 군대가 다른 수단으로 남용될 경우 국가 찬탈의 쿠데타로 이어질 소지가 있다는 것이다. 전두환과 노태우 전 대통령이 동원했던 군대의 목적은 국가의 자위권과는 전연 무관한 것이었음을 상기할 필요가 있다.

또한 사람은 식량이 없으면 생존할 수 없다. 역사적으로 인간에게는 늘 식량이 문제였다. 굶주림이 인간의 인간다움조차 포기하게 했던 역사도 있다. 그런데 만일 위정자의 수중에 들어간 불법적 식량의 축적 때문에 백성의 굶주림이 확산된다면, 이는 식량 독점을 통한 독재의 생산이라는 점에서 비판된다. 그래서 식량의 문제에 있어서도 믿음은 반드시 수반되어야만 한다. 한창 「이영돈 PD의 먹거리 X파일」이 화제였다. PD 한 명이 '착한 식당'을 찾아 나선 것이다. 음식을 먹으러 식당에 가면 기본적으로 건강하고 안전한 먹거리가 제공되어야 하는 것이 정한 이치임에도 '먹거리 X파일'과 같은 종류의 프로그램과 저서들이 주목받는 이유는 식량에 대한 불신이 만연하기 때문이다.

그래서 공자는 국가 경영의 가장 중요한 요소가 믿음이라고 했다. 모든 사람이 죽는다는 것은 필연적인 사실이지만, 공자는 믿음이 없으면 사람은 설 수 없다고 한다. 믿음이 없으면 사람이 비록 목숨을 유지한들 사람다운 삶을 살지 못한다는 논리다. 믿음은 사람다움의 가치를 지지하고 유지해주는 일종의 인간관계의 버팀목과 같다. 믿음을 잃은 기업이 정상적으로 유지되기 어렵듯 믿음을 상실한 국가도 지속되기 어렵다. 한번 무너진 국가의 신뢰도는 회복되기 어렵다. 설혹 국가가 망하지는 않는다 하더라도 예전의 믿음을 되찾는 데는 엄청난 시간과 노력이 요구된다. 위급하다고 함부로 믿음을 버릴 수 없는 이유가 여기에 있다.

자공이 물었다. "어떻게 해야 선비라고 일컬을 수 있습니까?" 공자가 말했다. "자신의 행동에 미흡함이 있으면 부끄러워할 줄 알며 사신으로 나가서 임무를 완수하여 군명을 욕되게 하지 않으면 선비라고 말할 수 있다." "감히 그 다음가는 것을 여쭙겠습니다." "일가친척이 효성스럽다고 칭찬하고 마을 사람들이 공손하다고 칭찬하는 사람이다." "감히 그 다음가는 것을 여쭙겠습니다." "말을 믿게 하려고 기필하거나 행동을 과단성 있게 하려고 기필한다면 융통성 없는 작은 사람이기는 하지만 그 다음은 될 만하다." "지금의 정치하는 사람은 어떻습니까?" 공자가 말했다. "아! 슬프다. 한 말들이쯤밖에 안 되는 사람들을 어찌 따질 필요가 있겠느냐?" 공자가 말했다. "'중행의 선비'를 얻어 함께할 수 없다면, 반드시 '광자'와 '견자'를 취할 것이다. '광자'는 진취적이고 '견자'는 하지 않는 바가 있다."

「자로」

자공은 선비의 자격 요건에 대해 공자에게 물었다. 이에 공자는 몸가짐을 경계하여 늘 부끄러워할 줄 아는 사람이 선비라고 대답했다. '부끄러워

해야 사람이다'라는 말처럼 염치가 있는 자가 그러한 사람임을 알 수 있다. 그러나 자공은 또다시 그 다음가는 선비는 어떤 사람이냐고, 집요하게 질문해 들어간다. 이에 공자는 '효제'의 덕목을 실천할 줄 아는 사람이 그에 해당된다고 대답한다. 자공은 이에 만족하지 않고, 그 다음가는 선비의 특징에 대해 묻는다. 다소 귀찮게 느껴질 법도 한데 공자는 제자의 질문을 물리치지 않고 자상하게 답해준다. 바로 "말을 믿게 하려고 기필하거나 행동을 과단성 있게 하려고 기필한다면 융통성 없는 작은 사람이기는 하지만 그다음은 될 만하다"는 대답이 그것이다.

공자는 이상과 같은 세 종류의 선비상을 요약하여, '중행中行의 선비' '광자狂者' '견자狷者'라고 규정한다. '중행의 선비'는 '중도를 지키는 선비'다. 주희는 '중행'이 '중도'와 같다고 풀고, 공자가 이러한 사람을 구하고자 했지만 얻기 어려웠다고 한다. 이에 비해 '광자'나 '견자'와 같은 선비는 꽤 많아서 공자는 그들을 가르쳤다고 한다. 『맹자』에도 '광자'와 '견자'에 대한 설명이 나온다. '광자'는 과감해서 오로지 옛 성인에게만 뜻을 두는 이상주의자다. 그들은 객관적으로 그 일상을 관찰해보면 언행이 일치하지 않기 때문에 비판을 면하기 어렵다. 이에 비해 '견자'는 깨끗하지 않은 것을 더럽게 여기는 사람을 가리킨다.

세 부류의 선비 중 믿음의 문제와 결부하여 공자는 '소인'을 제시한다. 소인은 학문에 뜻을 둔 사람이다. 그에게는 항상 자신의 목표가 있다. 그나마 그 목표는 일상의 돈벌이를 대상으로 하지는 않는다. 부정한 정치 현실의 지위를 목표로 삼지도 않는다. 그는 오히려 그러한 외물적 가치들을 부정하며 더럽게 여긴다는 점에서 매우 도덕적이기까지 하다. 그러나 그의 도덕의지는 지나치게 완고하며, 융통성이 없다. 이러한 점 때문에 그의 말은 늘 믿음을 기필하고, 그의 행동은 과단성을 기필한다. 믿음은 반드시 이루어내야만 하는 그의 목표다. 뿐만 아니라 그에게는 자신의 행동에 과단성이 있어야 한다는 강박관념이 깃들여 있다. 믿음을 자신의 울타리 안에 가두어두고 세상을 시비하는 자가 '소인'이며, '견자'에 해당되는 사람이다. 그는 자신의 도덕적 기준에 맞지 않으면 결단코 움직이지 않는 자기 믿음의 소유자다. 믿음이 사적 개인의 도덕의지에 결박된 것이다. 믿음이 예의 형식에 속박된 것이다. 그것은 일종의 도덕극단주의자의 믿음이라고 할 수 있다. 이러한 유의 믿음은 반드시 해방되어야 한다는 것이 공자의 입장이다.

그럼에도 '소인'이나 '견자'는 적어도 부도덕한 사람은 아니다. 자신의 말을 지키고 행동에 책임을 지려고 노력하는 사람들이기 때문이다. 이에 비하여 정치인들은 어떠한가? 공자는 그들에 대해서는 따져 말하는 것조차 무의미하다고 한다. 그들은 적어도 선비가 아닌 것이다. 그들의 마음은 이기적 욕망으로 가득 차 있고, 사람다운 가치를 일깨우는 도덕의식은 설 자리가 없다. 더군다나 그들은 현실 정치를 펼 능력조차 없다. 상황이 이와 같다보니, 그들을 논의 대상으로 상정한다는 것조차 의미 없다는 것이다.

이러한 현상이 어찌 공자 당시에만 일어났겠는가? 오늘날이라고 하여 별반 달라진 것은 없다. 공자의 표현대로라면 한 말들이쯤밖에 안 되는 사람들이 정치 일선에서 갖은 행태를 다 벌이고 있다. 한 말들이쯤밖에 안 된다는 말은 하찮다는 의미다. 지금도 그 하찮은 자들이 국정을 운운하고, 제도 개선을 외쳐대며, 전인교육이 어떻고 저떻고를 놓고 왈가왈부할 뿐 아니라 마치 이상세계라도 만들어줄 듯이 국민을 호도하고 있다. 이러한 점에서 볼 때, 공자의 비판은 여전히 유효하다. 우리가 기다려야 할 사람은 선비지 정치가가 아니다. 선비는 사라지고 정치가들만 난무하는 세상에서 선비를 기다리는 것은 어리석은 일일까?

【논어 11】 원문 31

공자가 말했다. "남이 자기를 속일 것이라고 미리 넘겨짚지 말고, 남이 자기를 믿지 않을 것이라고 추측하지 말라. 그렇지만 그래도 남보다 먼저 깨닫는 것이 현명한 것이다."

「헌문」

공자는 사람을 불신하지 말라고 한다. 또한 상대방이 자신을 불신할 것이라는 점도 의심하지 말라고 한다. 여기서 말하는 '불신'이란 상대방이 자신을 의심하는 것을 말한다. 그런데 대인관계에 있어서 불신의 벽보다 더 높은 장애는 달리 없다. 그래서 공자는 사람을 대할 때, 상대방이 사기꾼일 것이라는 의심이나 믿음이 결여된 사람일 것이라는 억측을 하지 말라고 강조한다. 선입견을 가지고 사람을 대해서는 안 된다. 남의 말만 믿고 사람을 대하다가 상대방이 자신이 알던 사람과는 전혀 다른 종류의 사람임을 뒤늦게 깨닫는 경우도 얼마든지 있다. 나의 판단에 영향을 미치는 다른 사람들의 평가는 뒷담화일 때가 의외로 많다. 이러한 뒷담화만 믿고 상대방을 대하다가는 원만한 대인관계를 유지하기가 어려워진다.

그렇다고 공자가 무턱대고 사람을 의심하지 말라고 하는 것은 아니다. 선입견 없이 상대방을 대하되 상대를 대해본 이후에는 그가 진실한 사람인지 거짓된 사람인지를 깨달아야 한다. 또는 상대방이 미더운 사람인지 미덥지 못한 사람인지를 알아차려야 한다. 이러한 구별을 해내지 못하는 사람은 현명하지 못한 자다. "진실의 반대는 거짓이 아니라 망각이다"라는 유명한 말이 있다. 이 말을 믿음에 적용해도 마찬가지다. "믿음의 반대는 불신이 아니라 역시 망각이다." 망각이란 상대방의 진실이나 거짓, 믿음이나 불신을 대상 자체에서 찾지 않는다는 의미를 지닌다. 망각의 문제는 그 자체로 문제임에 분명하고, 그것은 자기 내면의 반성적 시스템의 작동에 의해 극복되어야만 할 대상이다.

【논어 12】 원문 32

공자가 말했다. "군자는 의로움을 바탕으로 삼고, 예로써 그것을 행하며, 겸손함으로써 그것을 표현하고, 믿음으로써 그것을 완성한다. 이것이 군자다움일 것이라!"

「위영공」

여기서 공자는 의로움, 예, 겸손, 믿음의 상호 관계를 제시하고 있다. 물론 이 네 가지 덕목은 상호 불가불의 상태에 있어야 한다. 어느 것 하나라

도 배제되면 군자의 인격을 완성하는 일에 장애가 발생한다. 주석하는 입장에 따라서는 이 네 덕목을 동등한 지위로 보아 병렬시켜야 한다고 주장하기도 하지만, 정약용의 해석처럼 의로움은 군자의 덕목에서 가장 근본이 되는 바탕이고, 예는 행위를, 공손은 언어를, 믿음은 언행을 총괄하는 것으로 볼 수 있다. 주희 역시 의로움이 일을 제재하는 근본이라면, 예와 공손과 믿음은 그 의로움을 행하고, 표현하고, 완성하는 개별적인 절목a subdivision이라고 한다.

주희의 해석에 근거한다면, 의로움은 일을 제어하는 근본이기 때문에 그것으로 기본 줄기를 삼고, 행할 때에는 반드시 '개별적인 절목'을 두고, 일을 표현할 때에는 반드시 겸손함으로써 하고, 일을 이룸에는 반드시 성실함으로 해야만 한다. 주희는 여기에 표현된 믿음의 의미가 '성실함'이라고 보아, 내면적 도덕성의 일종으로 해석했다. 군자의 도는 의로움을 기본 줄기로 삼지만, 그 줄기의 성장과 열매 맺음은 거저 이루어지지 않는다. 그것을 이루어내는 데는 반드시 성실함이 있어야 한다. 즉, 믿음이 있어야 한다는 것이다. 이때의 믿음은 성실함이기도 하지만, 달리 보면 지속적인 노력이라고도 할 수 있다. 정약용이 『논어』를 풀이할 때, 곳곳에서 믿음의 의미를 지속적인 마음가짐이라고 한 예는 여기에도 그대로 적용된다. 지속적인 마음가짐이 없이 이루어지는 일은 아무것도 없다.

【 논어 13 】 원문 33

자장이 공자에게 어짊에 관해 질문했다. 공자가 말했다. "다섯

가지를 천하에 실행할 수 있다면 그는 어진 사람이다." "삼가 그
것을 여쭙습니다"라고 하니, 공자가 말했다. "공손함, 관대함,
믿음, 민첩함, 은혜로움이다. 공손하면 남들에게 업신여김을 당
하지 않고, 관대하면 많은 사람을 얻게 되고, 미더우면 다른 사
람들이 의지하고, 민첩하면 공이 있고, 은혜로우면 충분히 다른
사람을 따르게 할 수 있다."

「양화」

앞에서는 믿음이 의로움의 한 절목으로 논의되었는데, 여기서는 또다
시 어짊의 한 덕목으로 표현되고 있다. 공자는 믿음을 어짊과 의로움의 덕
목에 배속시켜 이해하고 있음을 알 수 있다. 공자는 어진 이가 실천해야
할 것이 다섯 가지 있는데, 그것은 바로 공손함, 관대함, 믿음, 민첩함, 은혜
로움이라고 한다. 어진 이는 가는 곳마다 이를 실천해야 한다. 비록 오랑캐
의 나라에 들어가더라도 이 다섯 가지를 버려서는 안 된다. 그런데 이 다
섯 가지는 자장이 평소에 부족했던 점을 보고 어짊을 실천하는 방법으로
제시한 것이다. 이상은 주희의 해석에 근거했다.

어짊은 다른 사람을 마치 자신처럼 여겨 아끼고 사랑하는 것이다. 그래
서 『논어』 「옹야」 편에서는 "대저 어진 사람은 내가 서고자 한다면 다른 사
람도 서게 하고, 내가 이루고자 한다면 다른 사람도 이루게 한다"고 말했
다. 자기 자신을 사랑하는 마음으로 다른 사람을 사랑하라는 말이다. 이
러한 적극적인 태도를 가지고 인생을 살아간다면, 다른 사람을 자신처럼

공경할 수 있고, 관대하게 대할 수 있으며, 또한 자신처럼 믿고, 돕는 일에 민첩할 수 있을 뿐 아니라 은혜를 베푸는 일에 소홀히 할 수 없게 된다. 그 결과 남에게 업신여김을 당하지 않고, 많은 사람에게 인정받을 뿐만 아니라 그들이 편안하게 여겨 의지한다. 공이 이루어질 수 있는 근거도, 남이 자신을 믿고 따를 수 있는 것도, 모두가 어짊의 실천에서 비롯된다.

가난한 자의 성녀로 추앙받는 테레사(1910~1997) 수녀의 사랑의 실천은 가톨릭적인 것이긴 하더라도, 유학의 어짊과 맞닿아 있는 면이 없지 않다. 그것은 다른 사람을 마치 자기 자신처럼 대하는 데서 비롯되는 실천이라는 점에서 그러하다. 그녀는 "한 번도 인류를 구하려는 생각을 해본 적이 없지만 내 앞에 서 있는 한 사람에게 도움을 주다보니 어느새 수만 명에 이르게 되었다"라고 말했다. 지금 내 앞에 서 있는 한 사람을 자기 자신처럼 생각하지 않는다면 공자의 제자들은 감히 어짊을 말해서는 안 된다. 지금도 얼마나 많은 공자의 제자가 대학 강단과 사회에서 어짊과 믿음을 외쳐대고 있는가?

【맹자 1】 원문 34

맹자가 대답했다. "땅이 사방 백 리만 되어도 왕 노릇을 할 수 있습니다. 왕께서 만일 어진 정치를 백성에게 베풀어, 형벌을 살펴 신중히 하고, 세금을 거두어들이는 것을 적게 한다면, 백성은 깊이 밭을 갈며 농사를 잘 지을 것이고, 장성한 자들은 여가를 이용하여 '효도와 공경, 충성과 믿음'을 닦아서, 들어가서는 부

형을 섬기며 나가서는 어른을 섬길 것이니, 이들로 하여금 몽둥이를 만들어 진나라와 초나라의 견고한 갑옷과 예리한 병기를 매질하게 할 수 있을 것입니다."

「양혜왕 상」

공손추가 말했다. "『시경』에 이르기를 '공밥을 먹지 않는다'고 했으니, 군자가 밭을 갈지 않고 먹는 것은 어째서입니까?" 맹자가 말했다. "군자가 이 나라에 거처함에 군주가 그를 등용하면 나라가 편안하고 부유해지며 높아지고 영화로울 것이며, 자제들이 따르면 자제들이 '효도와 공경, 충성과 믿음'을 실천할 것이니, 공밥을 먹지 않는 것이 어떻게 이보다 더 크겠는가?"

「진심 상」

맹자가 말했다. "하늘의 벼슬이 있으면 사람의 벼슬이 있다. '어짊과 의로움, 충성과 믿음'을 실천하고 선을 즐거워하며 그 실천을 게으리하지 않으면 하늘의 벼슬이요, 공경대부와 같은 벼슬은 사람의 벼슬이다."

「고자 상」

맹자는 도덕주의자의 전형을 보여주는 인물이다. 인간에 대한 맹자의 믿음은 전폭적이다 못해 일종의 종교처럼 느껴지기도 한다. 맹자는 기본적으로 '모든 인간의 본성은 선하다'고 본다. 그리고 인간은 이러한 본성을 가진 이유로 선을 지향하게끔 설계된 존재라고 이해한다. 인간은 누구나 자기 본성을 확충하여 인격의 완성을 마련해나가야 하듯 정치도 인간의 본성에 기반을 두고 이루어져야 한다는 것이 맹자의 입장이다. 특히, 정치를 논하는 데 있어 양혜왕과 대면해서 나누었던 맹자의 대화는 그의 지향처가 어디를 향하는지를 잘 보여준다. 맹자는 이익의 문제를 들고나오는 양혜왕을 도덕의 문법으로써 질타하고, 정치는 오로지 어짊과 의로움을 구현하는 것이 목적이어야 함을 역설했다. 인간 본성의 문제를 정치에 대입하여 이른바 왕도정치를 제창한 것이다.

맹자의 정치적 이상은 늘 왕도를 구현하여 대동세계를 구현하는 데 있다. 국가의 모든 구성원이 하나가 되어 함께 즐길 수 있는 세상이 왕도가 구현된 목적지에 나타난다. 그 목적지에 도달하기 위해서는 위정자의 사적 욕망과 그 욕망이 팽창시키는 힘의 확장력을 불식시키지 않으면 안 된다. 이를 위해서는 먼저 어짊을 가장한 어짊 뒤편의 힘의 지배 구조를 철저히 원점으로 되돌려놓아야 한다. 그 원점에 존재하는 것은 유학적 존재 방식으로서의 인간다움이라는 가치 그 이상도 이하도 아니다. 인간다움이란 일종의 도덕주의적인 가치다. 맹자는 사람이 힘만으로 살아가서는 안 되는 존재라고 본다. 힘만으로 살아가는 존재는 금수의 무리일 뿐, 그에게 사람으로서의 가치는 담보되지 않는다. 그래서 사람은 도덕의 훈기를 통해 살아가는 존재임을 확고히 하는 것이 정치보다 앞서야 한다.

그런데 인간의 도덕의식은 하늘과 무관하게 생성되지 않는다. 하늘은 그 자체적으로 도덕적 이법理法으로서 존재한다고 믿는 맹자에게서 하늘은 인간의 존재론적 근거가 되는 동시에 당위론적 근거가 된다. 또한 하늘과 인간은 이치상 별개의 존재 구조를 갖지 않는다는 점에서 하늘의 모든 것은 인간에게 관류된다. 그래서 하늘은 인간이 되어 자신의 의지를 관철하기도 하고 인간은 하늘이 되어 하늘의 뜻을 펼쳐나가기도 한다. 물론 이 것은 물질 현상에 대한 일원화를 말하는 것이 아니다. 본래의 이법세계가 그렇다는 말이다. 그래서 인간은 '효도와 공경, 충성과 믿음'과 같은 도덕적 행위를 펼쳐나가야만, 그때 비로소 하늘의 뜻을 지상에서 펼쳐 보이는 고유한 사명을 완수하게 된다.

맹자는 '효도와 공경, 충성과 믿음' 내지는 '어짊과 의로움, 충성과 믿음'이라는 표현을 즐겨 사용한다. '어짊과 의로움'이 '효도와 공경'으로 대체되는 경우는 있지만, 믿음의 덕목은 충성의 덕목과 병칭된다. 물론, 이 점은 공자를 계승한 것이다. 공자를 계승했으면서도 맹자는 이를 정치의 문제와 연결한다든가 도덕적 교화를 위한 덕목으로 강조함으로써 정치와 도덕이라는 두 개의 끈을 연결하는 것으로 좀 더 구체화한다. 그리고 그 연결의 끈을 항상 놓지 말 것을 강조한다. 그 연결의 끈을 유지한다면 그는 본마음을 갖고 하늘의 벼슬을 사는 사람이지만, 그 끈을 놓아버린다면 그는 하늘의 벼슬을 놓아버린 본마음의 상실자가 된다. 이러한 갈림길로부터 두 부류의 사람이 생겨난다. 충성스럽고 미덥거나 그 반대의 사람들이다. 그런데 본마음에 입각한 진실한 마음이 충성이고, 그 진실한 마음을 지속적으로 보존하는 일이 믿음이라는 점에서, 맹자의 충성과 믿음은 마음의 터전을 떠나서는 안 되는 것들이다. 충성이나 믿음은 본마음을 실천하는 구체적 행위의 덕목인 것이다. 따라서 미더운 존재라야만 인격을 완성할 수 있으며, 또한 훌륭한 정치를 구현할 수 있음을 맹자는 강조한다.

【맹자 2】 원문 35

『서경』에 이르기를, "탕왕이 첫 번째 정벌을 갈나라로부터 시작했다. 천하 사람들이 그를 믿어서 동쪽을 정벌하면 서쪽 오랑캐가 원망하고, 남쪽을 정벌하면 북쪽 오랑캐가 원망하면서 '어찌하여 우리를 뒤로하는가?'라고 말했으니, 백성이 탕왕이 정벌해주기를 바라는 것이 마치 큰 가뭄에 구름과 무지개를 바라듯이 했다. 시장으로 돌아가는 자가 멈추지 않으며 밭 가는 자가 변동하지 않거늘, 포악한 군주를 주벌하고 백성을 위문하니, 단비가 내린 듯이 백성이 크게 기뻐했다"라고 했습니다.

「양혜왕 하」

맹자는 왕도정치를 실현하기 위해서는 먼저 천하 사람들의 믿음을 얻지 않으면 안 된다고 보았다. 사람들의 믿음을 얻지 못하면 국가의 존립 자체가 어려워진다. 국가 존립에 심각한 위기를 초래할 수도 있는 것이 바로 국가 구성원의 위정자에 대한 존재 불신이다. 그 존재 불신은 곧 믿음의 결핍이기도 하다. 일찍이 "믿음이 없으면 설 수 없다"고 한 공자의 말이 맹자에게 그대로 전승된 것이다. 백성이 가진 믿음의 존재 유무가 국가를 발전시키기도 하고 멸망에 이르게도 한다는 점을 인식한 맹자는 여기에 주목하고 위정자들에게 천하 사람들의 믿음을 먼저 얻으라고 권고한다.

믿음은 마음으로부터 우러나오는 덕이다. 그 마음의 덕은 누구나 가지고 있고, 또 가질 수 있는 것이라서 특별하다고는 할 수 없다. 그러나 한 가지 특기할 만한 것이 있다면, 믿음의 존재에는 항상 대상에 대한 평가가 뒤따른다는 점이다. 그 대상은 가깝게는 자기 자신으로부터 다른 사람, 조직, 국가 등으로 범위가 다양하다. 믿음은 도덕적인 덕목이면서도 인지적 특성을 공유한다는 데 의의가 있다. 대상에 대한 호오나 선악 판단이 이뤄지지 않고 믿어지거나 불신되는 대상은 있을 수 없다. 그렇기 때문에 믿음의 대상은 늘 진실함이나 성실함의 상태에 머물러 있어야 한다.

믿어야 할 대상이 위정자라고 할 때, 위정자는 사람들에게 좋음이나 나쁨의 대상으로 평가되고, 이에 준하여 믿음의 대상이 되기도 하고 불신의 대상이 되기도 한다. 역사적으로 탕왕은 정벌자로 각인되면서도 믿음의 사람이라고 평가되었다. 맹자는 『서경』으로부터 탕왕을 원용하고, 그를 통해 위정자에 대한 백성의 믿음의 정도가 어떠해야 하는가를 설명한다. 탕왕의 예를 보건대, 그의 덕은 사해 안에만 미치는 것이 아니라, 사해 밖의 소굉게의 경역에까지 이르렀다. 탕왕은 갈 땅의 통치자가 무도하여, 그곳을 기점으로 정벌을 시작했다. 그랬더니 동서남북에서 사람들이 서로 들고일어나 왜 자기 나라를 먼저 정벌해주지 않느냐고 아우성이었다고 한다. 다소 과장스러운 이 같은 설명은 역으로 탕왕 당시에 얼마나 폭정이 난무했는가를 보여준다. 천하 사람들의 보편적인 정서가 탕왕에게 모일 수밖에 없었던 이유가 있는 것이다. 그것은 도덕주의적인 것에 대한 믿음이며, 전제주의적인 것에 대한 불신 때문이었을 것이다.

탕왕이 정벌지에 들어가는 모습은 시사하는 바가 크다. 정벌지에 이르는 곳마다 탕왕의 군대는 결코 소란스럽게 하지 않았다. 전쟁이 동반하는 방화와 약탈, 살인과 강간 등이 탕왕의 군대에는 전무했다. 그래서 백성은 안심할 수 있었고, 이전과 다름없이 자신의 생업에 종사할 수 있었다. 탕왕의 군대는 '정벌자의 군대'와 '약탈자의 군대'가 극명하게 다르다는 점을 확인시켜준 것이다. 사람들은 정벌자의 군대가 믿음의 군대라는 것을 믿게 되었다. 그래서 동서남북 각지에서 사람들은 자신의 나라부터 정벌해줄 것을 소망하기에 이르렀다. 이러한 점 때문에 당시 사람들은 탕왕의 정벌을 마치 때에 맞는 비가 내려 큰 가뭄을 해소시켜준 것과 다름없다고 비유한 것이다. 요컨대, 위정자에게 중요한 것은 백성의 믿음을 얻는 것이니, 이는 아무리 강조해도 지나치지 않다.

【맹자 3】 원문 36

인간에게는 도리가 있는데, 배불리 먹고 따뜻하게 옷을 입고서 편안히 거처하기만 하고 가르침이 없으면 금수에 가까워진다. 이 때문에 성인이 이를 근심하여, 설로 하여금 사도를 삼아 인륜을 가르치게 했으니, 부자간에는 친함이 있고, 군신 간에는 의리가 있으며, 부부간에는 분별이 있고, 장유 간에는 차례가 있으며, 붕우 간에는 믿음이 있는 것이다.

「등문공 상」

인간의 생존은 의식주에 달려 있다. 자연 상태에서 생존하기 위해서는 의식주 없이는 불가능하다. 그럼에도 인간이 인간일 수 있는 이유는 자연적 존재에 머물지 않고 사회적 존재로 거듭 태어났다는 점에서 찾아진다. 인간의 자연적 존재로서의 삶은 생물학적 측면에 의지한다. 배불리 먹고, 따뜻하게 입고, 비바람을 피할 수 있으면 된다. 여기에 머무는 삶이란 여느 금수들의 삶과 별반 다를 게 없다. 그러나 인간의 사회적 관계는 생물학적 존재의 특성을 넘어 인간의 인간다움과 연대하기를 요청한다. 거기서 예와 윤리가 요구될 수밖에 없다. 이것이 맹자를 비롯한 유학자들이 찾아낸 삶의 독법이다.

맹자는 다섯 가지 인간관계를 제시한다. 그것은 모두 윤리도덕적인 관계들이라는 데 의의가 있다. 이런 점에서 다섯 가지 인간관계는 다섯 가지 윤리적 덕목들로 구성된다. '부자유친' '군신유의' '부부유별' '장유유서' '붕우유신'이 그것이다. 여기에 나타난 부모와 자식의 관계, 임금과 신하의 관계, 남편과 아내의 관계, 어른과 젊은이의 관계, 친구와 친구의 관계는 생물학적인 본능에 충실해야 하는 관계가 아니라, 서로 간에 예로 맺어져야 할 상호 존중의 소중한 관계들이다. 이것은 전자의 후자에 대한 일방적 관계맺음의 방식을 거부하는 쌍무적인 도리의 실천적 관계맺음의 방식으로 존립한다. 특히, 믿음의 덕목은 맹자에게서 친구 사이의 우정을 돈독하게 해주는 오륜의 하나로 재탄생한다. 친구관계는 혈연적으로 맺어진 것이 아니기 때문에 상황에 따라 결속력이 강하게 유지될 수도 있지만 그 단결력이 해체되어 모르는 남보다도 못한 관계로 악화될 수도 있다. 이런 점에서 친구관계에는 믿음의 연대가 중요하다.

그렇다면 친구와 친구 사이에 믿음을 가질 수 있는 근거는 무엇일까? 친구 사이의 결속력을 유지시켜주는 것이 믿음이라면, 믿음의 오랜 유지력은 상대방의 진실함 내지는 성실함에서 그 근거를 찾을 수 있다. 그것은 존재의 진실함과 당위적인 성실함이다. 그것은 흔들리지 않는 마음의 중심이다. 믿음은 진실함과 성실함이라는 기준을 통해 자신의 결속력을 유지해나가는 생물과도 같다. 그러므로 믿음을 결속력 이전의 상태로 돌아가게 한다든가 불신의 늪으로 빠져들게 해서는 곤란하다. 믿음의 결속력을 위해서라도 인간은 끊임없이 예를 배우고 실천해야 한다. 도덕적 삶을 위해서 교육이 요청되는 이유이기도 하다.

한편, 믿음이 자체적인 생명력을 지속한다는 것은 친구 사이의 우정이 오랜 기간 유지될 수 있음을 암시한다. 그리고 이런 전제조건을 충족시키는 한, 친구는 변함없이 평생을 같이할 수 있는 가치의 전유자로서 자신 곁에 머물게 된다. 맹자는 이러한 친구관계의 믿음이 사회로 확산되기를 바란다. 그로부터 모든 인간과 인간이 서로 믿게 될 때, 사회는 건전하고 행복한 시스템을 갖추게 된다고 본다. 이른바 신뢰사회가 도래하는 것이다. 그것은 믿음의 확장력에 의하여 빛을 발하는 사회다. 유학의 세계가 꿈꾸는 대동사회의 이상 역시 이와 같은 믿음의 현재화로부터 비롯된다고 할 수 있다. 인간다움의 세계가 지속력을 갖고 유지되려면 구성원들의 상호 신뢰가 반드시 뒤따라야 하기 때문이다.

위에서는 도에 관한 헤아림이 없으며, 아래에서는 법을 지킴이
없어, 조정에서는 의리를 믿지 않고, 기술자들은 도량형을 믿지
않으며, 군자가 의로움을 범하고, 소인이 형법을 범한다면, 그러
고도 나라가 보존되는 것은 요행이다.

「이루 상」

　　여기에는 앞에서 보았던 신뢰사회와는 전혀 다른 종류의 불신사회의
특징이 잘 묘사되고 있어서 흥미롭다. 믿음의 반대 개념은 불신이다. 일반
적으로 불신은 사람들이 기피하는 개념임에 분명하다. 그럼에도 수천 년
동안의 인간의 역사에서 이 개념은 자취를 감추지 못하고, 버젓이 자신의
위력을 행사해왔다. 오늘날도 그렇다. 그런데 맹자 당시의 불신 풍조는 매
우 심각했던 것이 틀림없다. 그것은 지위가 높거나 낮거나 매한가지였고,
조정에서 구록을 먹는 자나 기술자들이라고 하여 다르지 않았으며, 군자
나 소인들도 예외가 아니었다. 그래서 지위가 높은 사람들은 도에 관하여
헤아림이 없었고, 지위가 낮은 사람들은 법도를 지키려 하지 않았으며, 조
정에서는 군신 상하의 의리관계를 불신했고, 기술자들은 도량형 자체를
믿지 않았다. 또한 군자라는 사람들은 의로움을 범하는 일이 비일비재했
고, 소인들은 형법을 범하고도 이것을 도리어 자랑스러워했다. 물론 맹자
는 이러한 말을 가정법의 문장으로 언급하면서, 만일 이와 같다면 나라가

보존되기 어려울 것이라는 결론을 도출하기 위한 조건문으로 활용했다.

그러나 맹자의 가정법은 전국 시대의 혼란을 지적하는 많은 역사가의 논증을 굳이 빌리지 않더라도 당시의 실제 정황이라고 여기는 데 큰 문제가 없어 보인다. 맹자의 언급을 볼 때, 중국의 불신 풍조는 그 뿌리가 매우 깊다. 오늘날 중국의 현실도 맹자가 활동하던 전국 시대와 크게 달라 보이지 않기 때문이다. 중국에서는 아직도 "속이는 자보다도 속는 자가 더 나쁘다"는 말이 유행할 정도로 불신 풍조가 팽배한 것이 현실이다. 엉터리 식품과 의약품을 비롯한 온갖 종류의 짝퉁 물품이 진품처럼 버젓이 유통되는 단면이라든가 거래관계의 불투명성 등은 이를 단적으로 말해준다.

맹자는 불신사회가 반드시 망하게 되어 있다고 생각했다. 그러나 망하지 않고 명맥이 유지된다면, 그것은 요행에 지나지 않는 일이라고 주장한다. 그렇다면 불신사회로부터 신뢰사회로 돌아갈 수는 없을까? 만일 그것이 가능하다면 그 방법은 무엇인가? 맹자는 나라의 구성원들이 도덕적 본심을 회복하기만 하면 언제든 불신사회의 모순들은 극복될 수 있다고 본다. 그리고 그 방법은 불신사회를 조장하는 여섯 부류의 사람들이 기존에 불신했던 여섯 가지 믿음의 대상을 잘 믿고 실천하는 것이다. 즉, 지위가 높은 사람은 도를 헤아려보고, 지위가 낮은 사람은 법을 지킬 줄 알며, 국록을 먹는 사람들은 의리를 믿고 행하며, 기술자들은 도량형을 믿고 정직하게 행위하며, 군자는 의로움을 행하고, 소인은 형법을 준수하는 일이 그것이다. 만일 이와 같다면 불신의 사회 풍조는 사라지고 신뢰사회가 도래할 것임에 의심의 여지가 없다. 믿음은 사람 상호 간의 결속력을 유지시켜줄 뿐만 아니라 건전한 사회의 생명력을 유지시켜주는 힘이다.

맹자가 말했다. "아랫자리에 있으면서 윗사람에게 신임을 얻지 못하면, 백성의 마음을 얻지 못하여 다스리지 못할 것이다. 윗사람에게 신임을 얻는 데 방법이 있으니, 벗에게 신용을 얻지 못하면 윗사람에게 신임을 얻지 못할 것이다. 벗에게 신용을 얻는 데 방법이 있으니, 어버이를 섬겨 기쁘게 하지 못하면 벗에게 신용을 얻지 못할 것이다. 어버이를 기쁘게 하는 데 방법이 있으니, 몸을 돌이켜보아 성실하지 못하면 어버이를 기쁘게 하지 못한다. 몸을 성실하게 하는 데 방법이 있으니, 선을 밝게 알지 못하면 그 몸을 성실하게 하지 못한다. 이 때문에 성실함은 하늘의 도요, 성실함을 생각하는 것은 사람의 도다. 지극히 성실하고서 남을 감동시키지 못하는 일은 없으니, 성실하지 못하면 능히 남을 감동시킬 수 없다."

「이루 상」

불신의 사회상을 걱정하던 맹자는 이제 본격적으로 믿음의 정치를 거론한다. 국가 경영의 중요한 요소로 믿음을 제시한 것이다. 위정자가 백성의 믿음을 얻지 못하면 온전한 정치를 행할 수 없다. 그래서 믿음의 리더십이 필요하다. 맹자가 볼 때, 국가와 국민이 서로를 불신하고, 친구와 친구가 서로를 배신하며, 형제간이나 친척들 간에 서로를 믿지 못하는 불신의 팽만감은 도덕적 마음의 결여가 양산해내는 마음의 적이다. 도덕주의적인 삶의 방식이 설 자리에 불신의 팽만감이 도적질하여 들어선 것이다.

불신은 사적 소유의 욕망과 연대하는 순간부터 자기 몸집을 키워나간다. 불신의 몸집이 비대해질수록 인간다운 삶의 질서들은 연약하게 무너져 내린다. 일상인이 가진 선한 마음의 본바탕은 아주 연약한 지반 위에 서 있다. 그것은 외부의 물질적 유혹에 쉽게 흔들리기도 하고 각종 다양한 대상의 권능 앞에 무기력하게 무너질 때가 많다. 그러나 외물의 힘이 아무리 크다 한들 그 힘에 무너지는 마음의 양태가 더 문제다. 자기 내면으로부터 우러나오는 사적 소유의 욕망을 포기할 수 있다면, 도덕적 마음은 본래의 자리에서 자신의 능력을 유감없이 발휘할 것이다. 그럼에도 사람들은 포기할 것과 포기해서는 안 될 것을 뒤바꾸어버린다. 자기 내면에서 도덕적 믿음을 포기하는 사람을 '자포자기자'라고 한다. 이러한 믿음의 포기자들이 포기한 도덕적 마음을 구해내는 일이 절실하다.

불신사회는 인간의 이기심이 만들어낸 바람직하지 못한 하나의 구조물이다. 그러나 불신사회도 얼마든지 믿음의 사회로 돌아갈 수 있다는 희망이 맹자에게는 있다. 유학의 사유 체계는 언제나 분명하고, 밖으로 드러난 진리의 요소들을 힘써 실천하면 되는 것으로 구조화되어 있다. 맹자 역시 마찬가지다. 불신사회를 청산하는 방법은 의외로 단순하면서 간단하다. 인간이 자기 독점적 소유의 욕망을 포기하는 것이다. 그것은 속성상 배타적이고 이기적이기 때문이다. 한 가지 문제는, 이것이 말은 쉽지만 실천하기가 어렵다는 점이다. 그러나 맹자는 인간이 인간다운 삶을 유지하고자 한다면, 반드시 욕망 너머의 도덕적 가치의 세계로 들어가야만 한다고 본다. 그 도덕적 가치의 세계는 자신과 가장 가까운 곳에 터전을 마련하고 있다. 불신은 일차적으로 자신으로부터 비롯되며, 특성상 다른 사람들과의 소통을 불가능하게 한다. 상호 신뢰와 소통을 위해서는 자기 자신의 불신의 벽을 소거하고, 그로 인해 가로막혔던 도덕적 마음을 살려내야만 한다.

다른 사람으로부터 신뢰를 얻어내는 방법은 의외로 간단하다. 윗사람에게 신뢰를 얻는 방법이나, 친구들에게 신용을 얻는 것, 또는 부모에게 믿음을 얻는 방법은 도덕적 성실성에 대한 믿음과 그것에의 실천에 다름 아니다. 유학은 정치적 단계론을 주장한다. 수신·제가·치국·평천하가 그것이다. 그것은 도덕적 단계론이기도 하다. 점차적으로 확장되는 정치와 도덕의 질서들이 세상을 안정시킨다. 그 근본은 항상 성실성이 기준이어야 한다. 개별적 인간은 이것을 실천함으로써 자아를 완성해나가는 존재다. 자기 자신의 도덕적 성실함을 확장시켜나가는 것이 믿음의 확장력이다. 부모를 성실하게 봉양함으로써 부모의 믿음을 얻을 수 있으며, 부모에게 미더움을 주는 사람은 형제나 친척에게 믿음을 얻을 수 있고, 나아가 이러한 사람은 사회의 다른 구성원들에게도 신뢰를 얻을 수 있다. 타자에 대한 무한한 신뢰는 자기 자신으로부터 시작되는 것이다. 맹자는 유가적 전통의 '친친親親'의 사유 방식을 믿음에 적용한 대표적인 사람이다. 그는 천하일가의 소통이 '친친'의 실천을 통하여 가능함을 역설한 것이다. 신뢰사회를 구현할 수 있다는 맹자의 믿음은 어떠한 경우에도 포기되지 않는다.

맹자가 말했다. "대인은 말을 믿게 하는 것을 기필하지 않으며, 행실을 과단성 있게 하기를 기필하지 않고, 오직 의로움이 있는 데로 하는 것이다."

「이루 하」

맹자가 말했다. "진중자는 불의로 제나라를 주더라도 받지 않을 것을 사람들이 모두 믿고 있거니와, 이것은 한 그릇의 밥과 한 그릇의 국을 버리는 의로움이다. 사람에게는 인륜보다 더 큰 것이 없거늘, 친척과 군신과 상하가 없으니, 그 작은 것을 큰 것이라 믿는 것이 어찌 가능하겠는가?"

「진심 상」

공자는 『논어』「자로」 편에서 "소인은 말을 믿게 하는 것을 기필하며, 행실을 과단성 있게 하기를 기필하는 자다"라고 했다. 이 말을 계승하여 맹자는 "대인은 말을 믿게 하는 것을 기필하지 않으며, 행실을 과단성 있게 하기를 기필하지 않는다"고 했다. 대인은 소인과는 인격적으로 차이가 있다. 자신의 말을 상대방이 반드시 믿어주기를 고집하느냐 아니냐의 여부에 따라 대인과 소인으로 나뉜다. 맹자는 말과 행동이 의로움에 준거한다면, 상대방의 믿음에 대한 평가의 문제는 부차적인 것이라고 한다. 결과론적으로 믿음에 대한 평가는 상대방의 주관에 달려 있기 때문이다.

행실을 과단성 있게 한다는 말은 일을 딱 잘라서 결정한다는 것이다. 행위의 과단성은 소인들의 행동 유형이다. 거기에는 일정한 한계가 있다. 소인들의 행동은 목적 지향적이고 융통성이 결여되었다는 점에서 그렇다. 그들의 믿음과 행위의 원칙은 주관적일 수밖에 없다. 맹자는 진중자陳仲子라는 사람을 예로 든다. 그는 설령 의로움이 아닌 것으로 제나라를 준다 하더라도 결코 받지 않을 것임을 제나라 사람이면 누구나 믿을 수 있는 그런 자다. 그래서 제나라 사람이면 누구나 진중자가 어진 이라고 믿었다. 그러나 진중자에 대한 평가는 잘못되었다는 것이 맹자의 입장이다. 그는 하찮은 믿음의 기준으로써 행동했고, 그 결과 인륜을 저버린 인물이었다고 평가한다. 진중자와 같은 유의 믿음은 진정한 것이 아니라는 게 맹자의 최종 평가다.

진중자는 제나라 사람으로서 형이 받는 녹이 의롭지 않다고 여겨 제나라를 떠나 초나라 오릉於陵에 가서 살았기 때문에 일명 오릉중자於陵仲子라고도 불렸다. 『맹자』「등문공 하」편에는 그에 대해 다음과 같은 설명이 나와 있다.

"그가 오릉에 있다가 훗날 집에 돌아가 보니 어떤 이가 그 형에게 살아 있는 거위를 갖다준 것이 있었다. 그는 이맛살을 찌푸리며 말했다. '이 꽥꽥거리는 것을 가지고 무엇을 하려는가?' 다른 날 그 어머니가 이 거위를 잡아 진중자와 함께 먹고 있었다. 그 형이 밖에서 돌아와 그것을 보고 다음과 같이 말했다. '이것은 꽥꽥거리는 것의 고기다.' 이 말을 듣자 진중자는 밖으로 나가 먹은 것을 모두 토해버렸다. 어머니가 만들었다고 생각하면 먹지 않고 아내가 만들었다고 생각하면 먹으며, 형의 집이라고 생각하면 거처하지 않고 오릉이라고 생각하면 거처하니, 이렇게 하고도 오히려 그 지조를 확충시킬 수 있는 것이 되겠는가? 진중자와 같은 자는 지렁이가 된 뒤에야 그 지조를 채울 수 있을 것이다."

진중자는 자기 믿음에 대한 강박관념을 가진 사람이다. 거위 고기를 먹고 토해낸 진중자의 행실을 보면, 그는 의롭지 않은 음식은 절대 먹지 않겠다고 다짐한 사람이다. 이 점이 진중자의 과단성 있는 행실이다. 그러나 그러한 진중자도 어머니가 만든 음식이라고 생각하면 먹지 않고, 아내가 만든 음식이라고 생각하면 먹었다고 한다. 이러한 행실은 자기 믿음의 기준이 광대하기는 하나, 세부적인 믿음의 대상들에 이르면 일관성을 유지하기가 쉽지 않다. 진중자가 세운 의로움의 기준이 광대하기는 하나, 그는 어머니와 제나라의 군주를 떠남으로써 인륜을 저버리고 더 큰 의리를 배반한 자라고 평가받을 수밖에 없었다. 사람의 말은 진실로 믿음이 중요하고, 행위에는 과단성이 중요하기도 하다. 다만, 의로움이 전제되지 않은 믿음과 과단성에 뜻을 두고 행동한다면, 그때 믿음은 진실한 믿음이 아니게 되고 과단성은 그 본질을 벗어나게 된다. 문제는 의로움이다.

【맹자 7】 원문 40

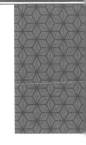

맹자가 말했다. "어진 사람과 현명한 사람을 믿지 않으면 나라가 텅 비고, 예의가 없으면 상하가 혼란하며, 훌륭한 정책이 없으면 재용이 넉넉하지 못하다."

유학은 인간다움의 덕목을 제일의 가치로 여긴다. 이런 점에서 유학은 인간학이며, 그 성격상 인문학의 중심 자리에 있는 학문이다. 맹자의 철학 사상 역시 예외가 아니다. 맹자는 정치의 중심 문제도 인간의 문제에 있다고 보았다. 그러나 그가 가치를 둔 인간의 유형은 결코 생물학적인 범주에 머물지 않는다. 맹자는 인간을 믿지만, 생물학적 본능이 발달한 사람을 믿는 것이 아니라 도덕적 감성이 뛰어난 자를 믿었다.

어진 사람과 현명한 사람은 인간다움의 중심에 서며, 타고난 본능을 도덕의 가치로 제어할 줄 안다. 이처럼 어진 사람의 개념에는 도덕주의적 정서가 깊이 개입되어 있다. 현명한 사람이라는 말에는 이성적인 능력이 뛰어나 사려분별思慮分別이 훌륭하다는 의미가 크게 반영되어 있기는 하지만, 그의 사려분별은 도덕적인 것에 미친다는 점에서 여전히 도덕주의적인 성향을 떠나지 않는다. 결국 사람다움의 가치를 수행하고 사는 어진 사람과 현명한 사람은 모두 도덕주의적임을 알 수 있다.

맹자의 믿음은 어진 사람과 현명한 사람에 초점을 맞춘다. 만일 나라에서 이들을 믿지 않으면, 나라는 텅텅 비게 될 것이라고 그는 말한다. 국가의 구성원이 모두 어진 사람과 현명한 사람은 아닐 것이며, 소수의 사람만이 그 범주에 들 텐데도 맹자는 어진 사람과 현명한 사람을 믿지 않으면 나라에 사람이 없게 될 것이라고 평가했다. 이 경우 사람의 범주는 매우 한정적이다. 사람이 없을 것이라는 말에는 가치론적으로 우수한 사람들이 사라진다는 의미가 내포되어 있다. 사람이 '있다' '없다'라는 말에는 존재적으로 가치가 있는 사람이 있기도 하고 없기도 하다는 뜻이 품어져 있는 것이다. 따라서 특정한 성격의 특정한 사람이 있기도 하고 없기도 한 것이다. 맹자에게서 그 특정한 사람은 도덕주의적 삶의 질서를 따르는 것으로 나타난다. 그리고 그들은 도덕주의적으로 우수한 인재들이다. 그들을 세상에서 믿고 호명하여 나오게 하지 않는다면 세상에는 인재가 있어도 없는 것과 다를 바 없다.

또한 도덕적으로 우수한 인재를 믿지 않으면 나라가 텅 비는 것처럼, 예의를 믿지 않으면 나라의 질서가 흔들리고, 훌륭한 정책을 시행하지 않고 우수한 인재를 믿지 않으면 재용이 부족하여 국고가 텅 비는 결과를 초래한다. 이런 연유로 나라에서는 도덕적 품성이 갖추어진 훌륭한 인재를 등용하여 온 천하에 그 인간다움의 가치를 구현하고, 재능이 훌륭한 사람을 등용하여 국가 경제를 발전시켜야 한다. 도덕과 경제의 문제는 정치의 문제에서 결코 배제될 수도 홀시될 수도 없는, 국가 경영의 두 날개와 같은 것이다.

【 맹자 8 】 원문 41

하고자 할 만한 것을 선이라 하고, 선을 자기 몸에 지속적으로 유지하는 것을 믿음이라고 한다.

「진심 하」

인간은 이성적인 존재라고 하지만, 또한 욕망하는 존재이기도 하다. 인간의 욕망은 오관五官에 반영된 외부 대상을 자신의 대상으로 삼기도 하지만, 오성五性에 투영된 내면적 대상을 자신의 대상으로 삼기도 한다. 그러나 그 모든 욕망의 대상은 인간의 마음에서 활발하게 재탄생한다. 거기서 욕망의 위계는 재편성되고, 마침내 욕망이 마음의 훈도를 따르는가 하면 거꾸로 마음이 욕망에 종속되는 현상도 나타난다.

맹자의 경우, 마음에는 이미 도덕의 선험적 근거가 마련되어 있다. 그에게서 욕망은 외부로부터 오는 것이다. 그래서 욕망에 충실한 사람이 있는가 하면 도덕에 충실한 사람이 있다. 이것은 오관에 충실한 사람과 마음에 충실한 사람이 갈라져 있다는 의미로 이해된다. 그런데 마음이 충실한 사람은 오관의 욕망을 잠재울 수 있지만, 오관의 욕망에 사로잡힌 사람은 도덕적인 삶을 살아가기가 어렵다. 그래서 맹자는 '그 큰 것'을 먼저 바로 세우지 않으면 안 된다고 한다. '그 큰 것'이란 마음을 지칭한다.

욕망은 인간이 그 무엇인가를 소유하고자 하는 바람이다. 그러나 욕망의 의미가 학자마다 달리 쓰이고 있음을 감안하면, 욕망은 소유하고자 하는 바람의 한 양상일 뿐 그 외에도 소유하고자 하는 바람은 여러 종류가 있다. 필요와 요구, 욕구, 욕망 등은 모두 소유하고자 하는 바람의 다른 양상이다. 이런 맥락에서 본다면, '소유하고자 하는 바람'의 개념은 '욕망'이라는 개념보다는 그 외연이 넓다. 여기서는 넓은 의미로 쓰인 소유하고자 하는 바람의 의미를 '도덕적 선'의 개념 규정과 연계하여 생각해보는 것이 좋겠다. 인간은 자신이 소유하고자 하는 바람을 모두 충족시키며 살 수는 없고, 소유하고자 하는 바람의 대상 중에도 불필요한 것이 있을 수 있다.

그래서 맹자는 특별히 '소유하고자 할 만한' 가치가 있는 것이라서, 사람이라면 반드시 소유해야만 하는 바람의 대상을 가리켜 '선'이라고 했다. '선'이라는 덕목은 가치론적으로 추구할 만한 대상이며, 실제로 소유해야만 하는 것이다.

그러나 선에 대한 소망만 가지고는 사람다움의 완성을 이루어낼 수 없다. 선의 자기화 내지는 선의 내면화가 반드시 수행되어야만 한다. 선을 자신의 몸 안에 체득하는 선 실현의 의지와 그에 대한 실천력이 요구되는 것이다. 내면화된 선은 지속적으로 잘 간직해야 한다. 맹자는 이것을 가리켜 '믿음'이라고 규정했다. 믿음이란 개념은 드디어 맹자에 이르러 단순한 일반명사의 성격을 벗어나 도덕의 한 덕목으로서 분명한 자기 위상을 갖추게 되었다. 믿음은 이제 도덕적 선을 유지하는 도덕주의적인 형식을 구비하게 된 것이다.

【 맹자 9 】 원문 42

맹자가 말했다. "비난하려 해도 들추어낼 것이 없고, 풍자하려 해도 풍자할 것이 없으며, 유속과 동화하며 더러운 세상에 영합하여, 거처함에 충성스럽고 미더운 것 같으며 행하는 것이 청렴결백한 것 같아서, 여러 사람이 다 좋아하며, 스스로 옳다고 여기지만 요순의 도리에는 들어갈 수 없다. 그러므로 '덕의 도적'이라고 한 것이다. 공자가 말하기를 '사이비를 미워하노니, 가라지를 미워함은 벼의 싹을 어지럽힐까 두려워해서요, 말재주가 있는 자를 미워함은 의로움을 어지럽힐까 두려워해서요, 말 잘하는 입을 가진 자를 미워함은 믿음을 어지럽힐까 두려워해서요, 정나라 음악을 미워함은 정악을 어지럽힐까 두려워해서요, 자주색을 미워함은 붉은색을 어지럽힐까 두려워해서요, 향원을 미워함은 덕을 어지럽힐까 두려워해서다'라고 했다. 군자는 떳떳한 도를 회복할 뿐이니, 떳떳한 도가 바로 세워지면 서민이 흥기하고, 서민이 흥기하면 사특함이 없어질 것이다."

「진심 하」

세상 곳곳에는 믿음의 전도사 '같아 보이는' 사람들이 살고 있다. 이들은 미더움으로 치장하고 있지만, 실제로는 '덕의 도적'과 같다. 공자는 일찍이 이들을 가리켜 '사이비', 즉 같아 보이지만 사실은 전연 그렇지 않은 사람들이라고 규정했다. 그리고 공자와 맹자는 다 같이 이들을 '향원鄕原'이라고 불렀다. 향원이란 일정 지역 안에 살고 있는 독실한 인물로 통하는 이런 자들이다. 그럼에도 이들이 '덕의 도적'이라고 평가받는 이유는 다른 데 있지 않다. 그들은 덕을 가장하고 덕에 해를 끼치는 결과를 초래하기 때문이다.

향원은 학문에는 뜻이 전혀 없으면서도, 자신의 사회적 지위를 확보하고 사람들의 인정을 받으려는 세속적 욕망을 성취하고자 학문을 이용하는 이들 가운데 많이 있다. 일종의 사이비 지식인에 다름 아니다. 향원은 자신이 익힌 충성스러움과 미더움, 염치와 고결함 등의 덕목들로 치장한

후 자신의 이미지 관리에 매우 충실한 열정을 보인다. 그래서 그들은 늘 점잖고 능력이 있을 뿐만 아니라 타인에 대한 배려가 훌륭한 사람들이라고 평가받기에 이른다. 또한 그로 인해 일정 정도의 사회적 영향력까지 갖춘다. 그들의 행동거지에서 빈틈을 찾는 것은 매우 어렵다. 또한 그들의 말에서 논리적 결함을 찾아내는 것도 쉽지 않다. 그들의 언어와 행동은 빈틈이 없어서, 의로움과 미더움이 가득한 것으로 비친다. 그러나 이는 모두 위장된 것들일 뿐이다. 그런 것 같아 보이지만 전혀 그렇지 않은 유의 것들이다. 의로운 듯 보이지만 전혀 의롭지 않은 행동들이며, 미더운 것 같지만 전혀 믿음이 보장되지 않는 행위들이다. 그런데 향원은 자신의 행위에 대한 반성이 없다. 그들은 의로움도 없고, 미더움도 없으며, 부끄러움도 찾아볼 수 없는 존재다. 그래서 공자는 향원을 '덕의 도적'이라고 규정했으며, 반드시 물리쳐야만 하는 사회의 암적 존재로 평가했다. 맹자는 그런 공자의 뒤를 따른 것이다.

그런데 현금의 세상에도 얼마나 많은 향원이 진실하고 성실한 사람들을 희롱하며 농락하고 있는가? 정녕 이 세상에서 모든 향원이 사라지는 것은 요원한 일일까? 적어도 그 사이비 지식인들의 말과 행동에 속아 넘어가지는 말아야 할 것이 아닌가? 모든 시대의 향원은 반드시 반면교사여야만 한다. 만일 맹자가 살아서 다시 돌아온다면, 그는 우리에게 결단코 향원 같은 사람은 되지 말라고, 믿음의 반역자가 되는 길은 스스로 포기하라고 강권할 것만 같다.

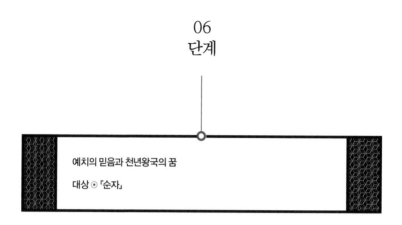

06
단계

예치의 믿음과 천년왕국의 꿈
대상 ⊙ 「순자」

순자는 선진유가를 대표하는 철학자이면서도 공자 및 맹자와는 차별되어 평가받아왔다. 그러나 순자는 유가의 인본주의적 전통을 좀 더 강화하여 인간의 도덕 주체에 대한 믿음을 확고히 함과 동시에 그에 대한 실천을 강조했다. 특히, 누구보다 예를 더 강조했던 순자는 인간의 후천적 노력을 통한 예치의 성공 가능성을 시사함과 동시에 천년왕국의 꿈이 현실화될 수 있을 거라는 믿음을 제시했다. 천년왕국은 순자가 생각했던 믿음의 공동체인데, 이에 대한 그의 생각을 확인해보자.

【순자 1】 원문 43

믿을 만한 것을 믿는 것이 믿음이며, 의심스러운 것을 의심하는 것 또한 믿음이다.

「비십이자」

순자는 언어와 논리의 문제에 관심이 많았던 철학자다. 그는 공자 이래의 정명론을 기준으로 제자백가의 논리적 오류를 비평하는 데 앞장섰다. 그는 제자백가의 문제점이 이름과 실질의 불일치로부터 생겨난다고 보았다. 『순자』에 기록된 여러 편 중에서 특히 「비십이자非十二子」 편은 당대를 대표하는 열두 명의 제자백가를 비평한 것으로 유명하다. 그 열두 명은 타효它囂, 위모魏牟, 진중陳仲, 사추史鰌, 묵적墨翟, 송견宋鈃, 신도愼到, 전병田駢, 혜시惠施, 등석鄧析, 자사子思, 맹가孟軻다. 순자는 열두 명의 한계를 특징적으로 지적하면서 '믿음'에 대한 자신의 규정을 제시한다. 그것이 바로 "믿을 만한 것을 믿는 것이 믿음이며, 의심스러운 것을 의심하는 것 또한 믿음이다"라는 말이다.

순자 입장에서 열두 명의 제자백가가 의심스러운 대상일 수밖에 없었던 이유는 그들이 모두 미덥지 않았기 때문이다. 그들의 말과 논리가 의심스러웠던 것이다. 순자는 이러한 믿음의 반대편을 의혹이라고 불렀다. 그리고 언어와 논리적인 측면에서 세 종류의 의혹이 있다고 주장했다. 그 세 가지 의혹 때문에 믿음이 사라지는 것이다. 이름을 바르게 한다는 의미의 「정명」 편에서 순자는 다음과 같은 세 가지 의혹을 구체적으로 제시한다. 첫째, 개념을 혼동하여 사용함으로써 오히려 이름을 제정한 본래의 목적과 어긋나서 발생하는 의혹이다用名以亂名. 이것은 개념 규정의 원칙을 어

믿음이란 무엇인가

긴 의혹의 형태를 띤다. 둘째, 개별적인 사실로 이름의 일반성을 혼동시키는 종류다用實以亂名. 이것은 개념 규정에 관여된 인식의 근거를 혼동시킨다. 셋째, 이름으로 실제 대상의 세계를 혼란시키는 종류다用名以亂實. 이것은 개념 규정의 약속을 혼동시킨다. 이들 세 가지 의혹은 이름과 실질의 관계가 일치하지 않고 갈라짐으로써 생겨났다.

그렇다고 순자가 비평한 열두 명의 제자백가를 거짓말쟁이들로 볼 수는 없다. 그들은 각각 자신의 주장에 오류를 가지고 있었을 뿐 상대방에게 사기를 치려는 불순하고도 틀린 판단을 하고 있었다고는 볼 수 없기 때문이다. 자기 스스로는 옳다고 믿지만 실제로는 틀린 판단의 종류가 오류fallacy라면, 거짓말untruth은 의도적으로 사실이 아닌 것을 사실인 양 꾸며 대어 하는 말의 일종으로 상대방을 속이기 위한 정직하지 않은 틀린 판단이다. 따라서 오류는 잘못된 생각과 믿음이긴 해도 거짓말과는 다르다. 그렇더라도 거짓말을 믿어서는 안 되는 것처럼 논리적 오류의 말들도 믿어서는 안 된다.

그렇다면 순자가 제시한 세 종류의 논리적 오류를 구체적으로 살펴보자. 첫째, 개념 규정의 필요성을 어긴 오류로는 묵적이 주장한 "도둑을 죽이는 것은 사람을 죽이는 것이 아니다"와 같은 명제가 대표적이다. 둘째, 개념 규정의 인식의 근거를 혼동시키는 종류의 오류로는 송견이 말한 "정욕은 본래 적은 것이다"라는 주장, 그리고 혜시의 대표적인 열 가지 명제 중 하나인 "하늘과 땅의 높낮이는 같고, 산과 연못은 평평하다"는 말을 들 수 있다. 셋째, 개념 규정의 약속을 혼동시키는 오류로는 공손룡이 "백마는 말이 아니다"라고 한 명제를 생각할 수 있다. 이것은 개념 자체에 함축

된 의미를 통해 실제 대상에 대한 올바른 인식을 방해한다는 점에서 첫 번째 종류의 오류와도 무관하지 않다.

순자는 이상 세 종류의 말과 논리가 '간악한 말과 이론'에 불과할 뿐이라고 주장한다. 순자는 '간악한 말과 이론'을 믿게 되면 사회가 혼란에 빠진다고 보고, 정명론을 주장한 공자와 같이 사회가 안정되기 위해서는 먼저 말을 바로잡지 않으면 안 된다고 여겼던 것이다. 말과 이론에 믿음이 있어야 한다는 것이다.

【순자 2】 원문 44

일상적인 말에 반드시 믿음이 있고, 일상적인 행동에 반드시 신중함이 있으며, 세속에 휩쓸리는 것을 두려워하지만 감히 자기만이 옳다고 내세우지 않는다면, 이러한 사람은 성실한 선비라고 할 수 있다. 그러나 말에는 언제나 믿음이 없고, 행동에는 언제나 곧음이 없으며, 이익을 좇아 무슨 짓이든 하는 자는 소인이라고 할 수 있다.

「불구」

순자는 일반적인 유학자들과 같이 지식인의 유형을 크게 둘로 나누어 군자와 소인으로 분류한다. 그리고 군자에는 '통달한 선비' '공정한 선비' '성실한 선비' 등이 있다고 한다. 여기서는 '성실한 선비'를 소인과 대비하

여 설명했다. 순자는 성실한 선비의 말에는 믿음이 있으나 소인의 말에는 믿음이 없다고 한다. 말의 미더움 여하에 따라 군자와 소인이 구분된다고 본 것이다. 실제로 믿음의 문제는 언어의 문제와 밀접하게 관련되어 있다. 그것은 인간의 사유와 감각적 지각이 믿음을 배경으로 작동한다는 점과 연동되어 있기 때문이다.

언어는 구체화된 사유를 배경으로 대화의 전방으로 떠오르는 속성을 갖는다. 이러한 일상적 언어의 특성으로 보면, 언어와 동떨어진 사물에 대한 이해는 불가능하고, 또한 사물과 떨어져서 언어가 자신의 의미를 담아내지도 못함을 알 수 있다. 언어와 대상의 관계맺음이 믿음의 정상성에 기반을 두고 있다면 성실한 선비일 것이나, 믿음의 배경이 비정상성에 토대를 둔다면 소인에 해당될 것이다. 성실한 선비는 언어적 약속을 누구보다 중시하며, 그것을 지키고자 최선의 노력을 다한다. 소인은 반대에 해당된다.

성실한 선비는 자기 말이 절대적으로 옳다고 내세우지 않지만, 소인은 자기 말이 반드시 옳다고 주장한다. 성실한 선비의 말은 예의에 기반을 둔 것이라서, 늘 상대방과의 관계를 고려하는 동시에 그 올바름을 추구한다. 그럼에도 마치 코끼리가 살얼음판을 걷듯이 자신의 행위에 신중을 기한다. 사유와 대상 사이에 관여하고 있는 믿음의 정상성이 혹여 자신의 말을 배반하지는 않았는가를 반성하는 것이다. 또는 자신의 사유에 관여하고 있는 믿음의 정상성이 이성의 간지에 의하여 자리를 박탈당하고 '간악한 말과 이론'을 배양하고 있지는 않은지를 끊임없이 반성하는 것이다.

성실한 선비와는 다르게 소인의 말과 행동은 사적 욕망의 이익에 좌우

된다. 그러므로 소인의 말과 행동은 늘 비정상적 믿음의 체계 위에 놓여 있게 된다. 그의 비정상적 믿음은 부평초처럼 떠돌아다니다가 오로지 자신의 이익에 결부된 일이 나타날 때만 재빠른 움직임을 보이고, 거기에 잠시 머무는 속성을 갖는다. 이해관계가 사라지면 소인의 비정상적 믿음은 또다시 옮겨 앉을 대상을 찾아 나선다. 소인의 말은 '간악한 말과 이론'을 양산한다. 그런데 그 말이 번지르르하여 대상에 부합하는 듯하고 상황에 맞는 듯하다. 온갖 교묘한 말과 궤변으로 인심을 어지럽히는 자들이 소인이다. 소인의 말이 믿음을 줄 수 없는 이유가 여기에 있다.

【순자 3】 원문 45

사람의 본성은 악하니 그 선하다고 하는 것은 인위적인 것이다. 지금 사람들의 본성은 나면서부터 이익을 좋아하는데, 이것을 따르기 때문에 쟁탈이 생기고 사양함이 없어진다. 사람은 나면서부터 질투하고 미워하는데, 이것을 따르기 때문에 남을 해치고 상하게 하는 일이 생기며 충성과 믿음이 없어진다. 사람은 나면서부터 귀와 눈의 욕망이 있어 아름다운 소리와 빛깔을 좋아하는데, 이것을 따르기 때문에 지나친 혼란이 생기고 예의와 아름다운 형식이 없어진다.

「성악」

요임금이 순에게 물었다. "사람의 정이란 어떤 것인가?" 순이 대

답했다. "사람의 정이란 매우 아름답지 못한 것인데, 어찌하여 물으십니까? 자기 처자식이 생기면 어버이에 대한 효도가 시들고, 바라던 욕망이 채워지면 친구에 대한 믿음이 시들고, 작위와 봉록이 차면 임금에 대한 충성이 시드는 법입니다. 사람의 정이여! 사람의 정이여! 매우 아름답지 못한 것인데 어찌하여 묻습니까? 오직 현명한 사람만이 그렇지 않습니다."

「성악」

순자는 성악설을 주창한 것으로 유명하다. 그러나 성악설이 순자 철학의 핵심이라고 봐서는 곤란하다. 순자는 전형적인 유학자에 속하며, 누구보다도 강한 인간 주체성의 철학을 내세웠던 인물임을 간과하지 말아야 한다. 순자 철학의 핵심은 오히려 후천적 노력을 강조하는 '적위설積僞說'에 있다. 순자의 성악설은 그의 적위설을 위한 하나의 논리적 전제의 성격을 갖는다. 성악의 문제가 선천적인 것이라면, 적위의 문제는 후천적인 것이다. 성악이 자연의 문제라면 적위는 인위의 문제다. 성악이 야생의 문제라면 적위는 문명의 문제다. 순자 철학은 자연의 상태로부터 독립한 주체적 인간의 완성에 목표가 있고, 인간에 의하여 만들어지는 인간다움의 세상을 구현하는 데 목표가 있다. 그리고 순자가 목표로 하는 인간다움의 세상은 예의가 올바르게 구현된 잘 다스려진 세상이다.

인간의 본성에 대한 순자의 입장은 상당히 현실적이다. 자연 상태에 있는 인간의 본성은 결코 선할 수 없다는 것이 순자의 생각이다. 그의 성악설에는 인간이 태생적으로 이기적 욕망으로부터 자유롭지 못하다는 후천적 경험이 반영되어 있다. 만일 본성을 방치한다든가, 이기적 욕망을 순치시키지 못한다면, 인간의 삶은 영원히 금수의 범주로부터 탈피하지 못할 것이라는 게 순자의 생각이다. 그러나 인간이 자연 상태에 머문다는 것은 매우 위험하다. 인간은 달리는 능력에서 말보다 앞서지 못할 뿐만 아니라, 또한 결정적으로 강한 이빨과 발톱을 가진 맹수들의 힘의 권능 앞에서 무력한 존재에 지나지 않는다는 점에서 그렇다. 이런 연유로 인간은 사회를 구성하고 서로의 힘과 지혜를 모아 인간다움의 삶을 영위하지 않으면 안 된다. 그런데 일단 사회가 구성되면 거기에는 예의의 기준이 명확해야 하고, 사람들 상호 간의 질서가 분명하게 정해져야만 하며 또한 모든 사람은 자신의 직분에 충실해야 한다.

그럼에도 인간이 타고난 본성과 이기적 욕망만을 따른다면, 짐승과 다를 바 없이 서로를 해치고 상하게 하는 일에서 벗어나지 못한다. 이로부터 충성과 믿음이 사라진다. 인간의 본성과 충성은 서로 반대편에 놓여 길항한다. 성악과 믿음 또한 반대편에 놓여 있다. 순자는 전자에 머물지 말고 후자로 나아가라고 요청한다. 그것이 인간다운 삶이기 때문이다. 순자는 성악설을 주창했지만, 악을 권하는 철학자는 결코 아니다. 그의 논리에서 충성과 믿음은 인간의 인간다움을 보장해주는 사회적 덕목임을 알게 된다. 그렇다면 충성과 믿음이란 무엇인가? 그것은 도덕의 선험성에 기초한 선천성을 갖는 개념인가? 아니면 인간의 사회적 구성에 필요충분조건으로 요청된 후천적 산물인가? 결론적으로 말한다면, 순자의 도덕적 덕목들은 모두 본성의 반대편에 놓여 있는 인간주의적 문화의 시스템을 구성하는 요소들이라고 봐야 한다. 태생적으로 악한 본성의 영역 안에 도덕의 가치가 함께 존재한다는 것은 논리적으로도 모순이기 때문이다.

순자는 인간의 성뿐만 아니라 정도 아름답지 못한 것이라고 한다. 성과 정이 모두 악하거나 아름답지 못하다는 것은 이들이 후천적 도덕의 교화를 통해 순치되어야만 하는 대상으로 인식되었음을 방증한다. 순자가 볼 때, 인정은 자신의 이해관계에 따라 대상을 옮겨가는 특징이 강하다. 처자식이 생기면 어버이에 대한 효도가 시들어버린다든가, 자신의 욕망을 채우고 나면 친구에 대한 믿음조차 시들어버린다든가, 작위와 봉록을 얻고 나면 나라에 대한 충성심이 시들어버리는 것 등이 그러한 예다. 믿음의 문제에 한정해서 본다면, 순자는 인간의 본성과 인정이 활발하게 작동하면 인간관계로부터 믿음의 덕목은 무기력하게 증발될 수밖에 없음을 주장한 것이다. 순자에게서 믿음을 지켜내는 일은 예를 지켜내는 것과 같이 후천적인 노력으로 이루어져야 할 일이다. 그리고 자연적 인간은 후천적 노력을 통한 믿음의 정상성을 확보해야만 비로소 인간적인 삶의 반경 안에 참여할 수 있다.

【순자 4】 원문 46

그러므로 임금이란 천하의 이로운 권세이지만 스스로 안락하게 지내지 못하기도 하는 것이다. 임금 자리에서 안락하게 지내는 사람은 반드시 올바른 도를 지킨 사람이다. 그러므로 나라를 다스리는 사람은 의로움이 행해지면 '왕자'가 되고, 믿음이 있다는 것이 알려지면 '패자'가 되고, 권모술수가 행해지면 '망자'가 되는 것이다. 이 세 가지는 지혜로운 임금이라면 삼가 가려야 할 길이고, 어진 이라면 분명히 힘써 행해야 할 일이다.

「왕패」

덕은 비록 지극하지 못하고 의로움도 비록 일을 잘 처리하기에 충분하지는 못하지만, 천하의 도리가 대략 여기에 모여 있고, 형벌을 내리고 상을 주는 기준이 천하 사람들에게 믿음이 있으며, 신하들은 분명히 그들의 임금이 약속을 지킬 사람이라는 것을 알고 있고, 정령이 공포된 뒤에 비록 이익으로 믿었던 것이 손해가 됨을 안다 해도 그의 백성은 속이지 않으며, 맹약이 맺어지고 난 뒤에 비록 이익으로 여겼던 것이 손해가 됨을 안다 해도 그의 동맹국을 속이지 않아야 한다. 그렇게 되면 군대는 강하고 성은 견고해져 적국이 그들을 두려워하고, 나라는 통일되어 그들의 기본 방향이 분명해지므로 동맹국들도 그들을 믿게 되어 비록 후미지고 좁은 나라라 할지라도 위세가 천하를 움직이게 된다. 오패가 그런 임금들이었다. 정치와 교화에 근본을 두지 않고, 숭고한 예의를 존중하지 않으며, 문화와 도리를 기본 원리로 삼지 않고, 사람들의 마음은 따르게 하지 못하면서 오직 나라를 부강케 할 책략에만 마음을 쓰고, 일이 힘든지 쉬운지만 따지며, 재물을 쌓는 일에만 힘쓰고, 군비를 잘 갖추어 딱 들어맞도록 위아래가 서로 믿음을 가져 온 천하에 감히 대적할 만한 상대가 없었던 것이다. 그처럼 제 환공, 진 문공, 초 장왕, 오 합려, 월 구천은 그 나라가 모두 후미지고 외진 곳에 있었으나, 위세는 천하를 움직이고 그들의 강함은 중원의 나라들을 위태롭게 했다. 그 이유는 대체적으로 믿음이 있었기 때문이다. 이것이 이른바 믿음만 세워진다면 패자가 된다는 것이다.

「왕패」

그러므로 패자는 합병하지 않는다는 행동을 뚜렷이 밝히고 남과 대등하게 벗하는 길을 믿게 한다면, 세상에 왕자와 패자가 없을 때에는 언제나 승리를 거두게 될 것이다. 이것이 패자의 도를 아는 사람이다.

「왕제」

지금 세상에서 영토를 늘리는 일은 믿음을 늘리는 일만큼 중요하지 않다.

「강국」

순자는 임금에는 세 부류가 있다고 한다. 즉, '왕자王者'와 '패자覇者'와 '망자亡者'가 그들이다. 「왕패」 편의 '망자'는 「왕제」 편에서 '강자彊者'라는 개념으로 대체 표현되기도 한다. 망자와 강자는 크게 다르지 않은 한 사람의 두 양상이다. 왕자는 예를 높이고 현자를 높이는 정치를 하려는 사람이다. 패자는 법의 원칙을 중시하면서 힘의 질서를 정비하려는 사람이다. 이에 비해 강자는 남의 나라 땅을 강제로 빼앗으려는 사람이다. 그 자리에 대신 들어가기도 하는 망자는 갖은 권모술수로 다른 나라에 피해를 끼친다.

순자는 왕자의 미덕이 예의의 중시에 있는 데 비하여 패자의 미덕은 믿음을 중시하는 것에 있다고 한다. 특히, 패자란 자기 나라의 정치를 올바르게 이끈 다음에 약소국이나 망해가는 나라를 도와주고 포악한 나라를 견제하는 사람이다. 그런데 패자는 강한 힘을 소유하고 있지만 그 힘을 무단으로 활용하여 남의 나라를 강압적으로 빼앗으려고 하지는 않는다. 그는 도리어 다른 제후들과 대등한 위치에서 선린우호관계를 맺는다. 이에 비하여 강자 또는 망자는 권모술수를 자신의 특성으로 삼고 있다. 요컨대, 왕자는 예의를 중시하는 정치 덕분에 자연스럽게 다른 제후국들이 모여들어 신하의 예를 갖추고, 패자는 다른 제후들과 대등한 우호관계를 맺어 친하게 지내지만, 강자나 망자는 다른 제후들을 원수로 삼게 되어 위태로워지거나 망한다.

이러한 순자의 논의는 믿음의 덕목보다 예의가 한 차원 더 높은 덕목임을 말해주는 것이라서 특징적이다. 물론 믿음의 덕목이 예의와 무관할 수 없음은 분명하다. 그럼에도 순자는 믿음의 덕목을 특히 패자의 덕목으로 제시할 뿐만 아니라, 제도적인 법의 시행이나 그 준수와 관련된 것으로 논의함으로써 패자의 믿음과 법의 객관성을 확보하는 요소로 상정한다. 즉, 순자는 왕자의 예치와 패자의 법치를 이야기하는 과정 중에 패자의 믿음을 강조하고 있다. 패자의 믿음은 법에 대한 신뢰이기도 하다. 그런데 믿음은 일방적인 것이 아니다. 반드시 상호 신뢰의 믿음이 전제되어야 한다는 점에서 '상신相信'이다. 그것은 마치 윗니와 아랫니가 딱 들어맞는 상황과도 같아야 한다. '상신'은 오늘날 중국어에서 '믿는다'는 의미의 동사로 활용되고 있는데, 그 구체적인 비유는 『순자』에서 비롯된다. 물론 13경 중 『춘추좌전』과 『춘추곡량전』에 각각 한 차례씩 이 개념이 등장하지만, 상호 간의 믿음의 관계를 위아래 치아의 관계로 비유하여 결속력의 의미로 본 것은 『순자』로부터 비롯된다.

순자의 이러한 입장은 맹자와 구분된다. 맹자는 패도에 반대하고 왕도를 지향했지만, 순자는 이 두 가지를 모두 인정했다. 전국 시대의 혼란한 상황을 타개하기 위해서는 이상적인 왕도의 제창만이 대안일 수 없다고 판단한 것이다. 순자의 현실적 우환의식은 자연스럽게 패도의 수용으로 나타날 수밖에 없었다. 이러한 순자의 태도에 공자는 결정적인 영향을 미쳤다고 할 수 있다. 바로 관중에 대한 태도 때문이다. 패도를 비판한 맹자에 의하여 거칠게 비판받은 관중이지만, 공자는 관중의 역할을 부분적으로 인정한 선례를 남겼다. 순자 역시 관중이 패업의 공에 힘쓴 점은 인정되지만 의로움에 힘쓰지 않은 점은 문제라고 보고, 결론적으로 관중은 예의의 실천에는 한계를 보였지만 그가 이룬 패업은 의미가 있었다고 평가했다. 패자와 패도에 대한 순자의 긍정적 입장은 이후 예치로부터 법치로 나아가는 하나의 가능성과 이론적 창구를 열어놓게 된다. 이런 연유로 훗날 법가의 철학자들이 순자의 문하에서 배출된 것은 매우 자연스러운 현상이었다.

그러므로 나라는 무거운 짐이라서 오래 유지할 방법으로 다스리지 않으면 존립할 수 없다. (…) 그런데 나라를 다스리는 세월도 짧고 사람의 수명도 짧은데, 안전하게 천 년이 이어지는 나라가 있는 것은 어째서인가? 말하자면, 그것은 천 년을 두고 믿을 수 있는 법도를 원용하여 나라를 유지하기 때문이며, 또 천 년을 두고 믿을 수 있는 사람과 더불어 정치를 하기 때문이다. 그렇다면 사람은 백 년의 수명도 유지하지 못하는데, 천 년을 두고 믿을 수 있는 사람이 있다는 것은 어째서인가? 말하자면, 그것은 천 년을 두고 이어질 법도를 스스로 지탱하여, 이에 천 년을 두고 믿을 수 있는 사람이 있게 되는 것이다.

「왕패」

순자가 '천년왕국'의 존재에 관해 이야기했다고 하면 좀 의외일까? 그러나 순자는 분명 천 년을 이어가는 나라와 천 년을 두고 믿을 수 있는 사람이 있음을 주장한다. 왕자와 패자의 도리에 대해 관심을 갖는 순자는 '천년왕국'과 '천 년의 믿음'에 관하여 설명한다. 천년왕국이 유지되기 위해서는 훌륭한 법도가 세워져 있어야 하고, 이에 대한 믿음과 실천이 뒤따라야 한다고 본다. 그렇다고 여기서 말하는 법도의 믿음이 법가적인 성격의 법에 대한 믿음을 가리키지는 않는다. 순자는 왕자가 믿는 법도와 패자가 믿는 법도, 그리고 망자가 믿는 법도가 제각각 다른 것이라고 한다. 왕자의 법도는 의로움과 예의를 기준으로 삼고, 패자의 법도는 믿음을 대상으로 하며, 망자의 법도는 권모술수를 벗어나지 않는다. 권모술수로 나라를 다스린다면 오래지 않아 망할 것이 분명하고, 믿음으로 정치에 임한다면 다소 오랫동안 평화를 유지할 수 있겠지만 예의의 법도를 기준으로 세상을 다스리는 데에는 미치지 못할 것이다.

그런데 순자는 믿음의 개념을 주로 패자의 덕목으로 사용하면서도, 천년왕국설과 관련해서는 보편적 믿음의 형태로 이야기하는 특징이 있다. 즉, 예의에 대한 믿음이 철저하다면 그것은 영원한 권능을 유지할 수도 있을 것이라는 생각으로 비쳐진다. 이에 비해 패자의 덕목으로 제시된 믿음은 사람과 사람 간의 관계나 정치적인 힘과 법에 대한 의존성을 특성으로 한다는 점에서 특수성을 지닌다. 패자의 믿음은 유한한 힘과 법에 의지한다는 점에서 천 년의 시간까지 유지되기는 곤란하다.

천년왕국은 의로움을 앞세우고 이익을 뒤로 미루며, 친하고 친하지 않은 것을 가리지 않을 뿐만 아니라, 귀하고 천한 것을 상관하지 않고, 오직 지식성을 기준으로 믿음을 구현하는 나라다. 이러한 나라에는 천 년을 유지하는 믿음의 사람이 가득하다. 천 년을 유지하는 믿음의 사람들은 각자 자기 자리에서 맡은 바 직분을 충실히 수행한다. 순자는 「왕패」편에서 다음과 같이 말한다. "농부들은 밭을 나누어 농사를 짓고, 상인들은 재물을 나누어 장사를 하며, 공인들은 일을 분담하여 물건을 만들고, 나라를 봉해 받은 제후들은 영토를 나누어 지키고, 천자의 삼공은 여러 직무를 총괄하여 논의한다. 그러니 천자는 팔짱을 끼고 있기만 해도 된다. 밖으로는 이와 같이 하고 안으로도 이와 같이 하면 천하는 공평하게 고루 다스려지지 않는 곳이란 없게 된다. 이것이 여러 왕자가 다 같이 행한 것이고, 예법의 큰 몫이다."

요컨대, 순자의 천년왕국은 천 년의 믿음을 간직한 사람들이 모두 예의의 강령을 따라 자기 자리에서 직분을 충실하게 잘 지켜나가는 데서 구현된다. 예의 철학자답게 순자는 여기서도 예의의 강령이 천 년의 믿음을 이끌어갈 기준이어야 한다고 강조한 것이다. 천년왕국을 유지할 수 있는 힘은 천 년의 믿음이며, 그 믿음의 강령은 인간다움의 질서를 마련해주는 예의였던 것이다. 그렇다면 과연 순자의 바람대로 천년왕국의 꿈은 도래할 수 있을까?

【순자 6】 원문 48

실천력이 부족한 사람은 말을 지나치게 하고, 믿음이 부족한 사람은 말로만 성실한 체한다.

「대략」

말에 믿음이 있는 것은 알지 못하는 것과 의심스러운 것을 어떻게 처리하느냐에 따라 결정된다. 의심스러운 것은 말하지 말고, 물어서 확인하지 않은 것도 말하지 않아야 한다.

「대략」

순자는 말보다 실천이 더 중요하다고 강조한다. 실제로 실천력이 부족한 사람일수록 말이 지나치게 많은 탓일 것이다. 말이 많을수록 실수도 많을 수밖에 없다. 곰곰이 잘 생각해본 후에 하는 말과 달리 즉흥적으로 하는 말은 무책임하게 이뤄질 때가 많다. 그래서 순자는 의심스러운 것은 말하지 말고, 사실이 확인되지 않은 것 또한 말하지 말라고 한다. 분명하게 안 뒤에 말해야 하고 의심스러운 것에 대해서는 안다고 하지 말아야 한다. 이렇게 보면, 말과 앎은 서로 뗄 수 없는 밀접한 관계에 있음을 알 수 있다.

정확하게 안 것들을 말해야 한다는 점에서, 대상에 대한 인식은 매우 중요하다. 잘못된 대상을 옳은 것이라고 우기는 믿음이 정상적인 믿음이 아니듯 잘못된 인식의 태도로써 대상을 숙고한다는 노력 역시 정상적이지 못하다. 그래서 정확한 판단의 기준으로 대상의 사실성을 제대로 숙고하는 노력이 필요하다. 이런 면에서 순자는 마음의 장애와 인식의 폐단들을 제거하지 않으면 안 된다고 한다. 이것들을 제거하면 마음이 텅 비고 한결같아져 고요한 상태가 찾아든다. 그리고 대상을 왜곡하지 않는 앎은 전일한 마음의 상태로부터 비롯된다. 앎이란 사변적인 것과 실천적인 것으로 나뉜다. 사변적인 앎이 행위화되면 사물의 옳고 그름이 구분되는 데 비하여, 실천적인 앎이 행위화되면 대상의 좋음과 나쁨이 구분된다.

그럼에도 순자는 도덕적 행위를 지향하는 실천적인 앎을 좀 더 중시한다. 그것은 마치 아리스토텔레스가 말한 '프로네시스phronesis'와 같은 유의 앎이다. '실천적 지혜'로 번역되는 프로네시스는 선한 것을 목표로 적절하게 판단하고 행동하는 능력을 가리키는데, 항상 좋음을 목표로 하는 방향성을 갖는다는 점에서 도덕주의적인 성향을 띤다. 따라서 실천적인 앎을 통해 행해지는 말은 위선적인 것일 수 없고, 미덥지 않을 수 없다. 만일 앎이 사변에만 머물면 그 앎은 실천을 동반하지 못한다. 실천은 '욕망이라는 이름의 전차'와 끊임없는 경쟁을 하면서 이겨내기에 분주하지만, 사변은 그 경쟁 구도를 슬그머니 피해가거나 외면하여 실천과 동떨어진 곳에 놓이기도 한다. 사변적 앎의 한계는 실천성과의 관계에서 드러나며, 사변이 행동을 낳지 못할 때 그것은 다만 허위의식으로 남게 된다. 따라서 말에는 반드시 실천적 앎이 동반되어야 한다.

조선 시대의 문장가였던 홍길주洪吉周(1786~1841)는 그의 『수여난필睡餘瀾筆』에서 "평소 남에게 경솔하게 보인 사람이 어질고 현명한 사람을 칭찬해도, 세상 사람들은 그 말을 잘 믿지 않는다. 그 해로움이 어질고 현명한 사람에게까지 미친다. 백성을 위한 일을 거론해도 세상 사람들이 믿지 않아, 그 해로움이 백성에게까지 미친다. 경솔한 사람이 칭찬하면 어질고 현명하다는 사실을 모르는 것은 아니지만 의심한다. 그가 말하면 백성에게 이롭다는 사실을 모르는 것은 아니지만 또한 의혹을 품는다. 그러므로 평소 자신의 몸을 닦지 않고 남에게 믿음을 주는 행동을 하지 않은 사람은 말을 해서는 안 된다"고 했다. 말보다는 실천이 중시되며, 또한 그 사람됨이 우선되어야 한다는 것이다. 우리는 성실하게 살면서 성실에 대해 말할 수 있고, 정직하게 살면서 정직에 대해 말할 수 있으며, 믿음직하게 살면서 믿음에 대해 말할 수 있어야 한다. 그래야만 자신의 말에 신뢰가 생길 것이다. 말은 인간의 실천적 삶을 담보로 믿음을 낳기 때문이다.

오늘날은 자기 PR의 시대라고 한다. 그러다보니 없는 말도 지어내서 하고 과장된 말도 거리낌 없이 해대는 이른바 말의 홍수 시대가 되었다. 말을 못 하면 바보 취급을 받는 자기 웅변의 시대가 찾아온 것이다. 그러나 시대가 아무리 바뀌었더라도 말의 주체로서의 인간의 성실성 문제는 아무리 강조하더라도 부족하지 않다. 믿음의 차원에서 실천은 말보다 중시된다. 실천이 전제되지 않는 말은 생명력이 없다. 그래서 일찍이 공자도 "옛 사람들이 함부로 말을 입 밖에 내지 않은 것은 자기의 실천이 말을 따르지 못할까 두려워했기 때문이다"(『논어』「이인」)라고 한 것이다.

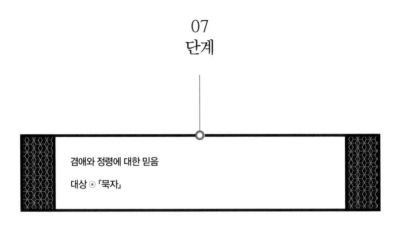

07
단계

겸애와 정령에 대한 믿음
대상 ⊙ 「묵자」

춘추전국의 혼란한 시대상은 하늘에 대한 기존 믿음에 대해서도 회의
를 품게 했다. 이에 하늘에 대한 절대적 믿음은 더 이상 큰 의미가 없어졌
다. 묵자는 이것이 사회 혼란을 더욱 부추기는 원인이라고 생각했고, 하늘
과 귀신 존재에 대한 믿음의 복권을 요청했다. 묵자는 이른바 정령적 하늘
에 대한 믿음을 요청한 것이라 할 수 있다. 묵자는 자신의 철학적 주장의
핵심을 겸애로 상정하면서도, 겸애가 구현되기 위해서는 하늘에 대한 믿
음이 전제되지 않으면 안 된다고 여겼던 것이다. 겸애와 정령에 대한 묵자
의 믿음은 어떠한 형태로 나타나는지 자세히 살펴보자.

나는 "편안한 집이 없어서 편안하지 않은 게 아니라, 편안한 마음을 가지지 못하기 때문에 편안하지 않은 것이다. 충분한 재물이 없어서 만족하지 못하는 게 아니라, 만족할 줄 아는 마음이 없어 만족하지 못하는 것이다"라는 말을 들은 바 있다. 그러므로 군자는 자신은 어려운 일을 맡고 남에게는 쉬운 일을 하도록 해주지만, 보통 사람들은 [자신이] 쉬운 일을 맡고 남에게는 어려운 일을 하게 한다. 군자는 관직에 있어서 자신의 뜻을 굽히지 않으며, 물러날 때는 그 정을 상하게 하지 않는다. 비록 낮은 백성과 함께 있더라도 끝내 원망하는 마음을 갖지 않는데, 그에게는 '자기 믿음'이 있기 때문이다.

「친사」

묵자는 공자가 사랑의 방법으로 제시한 어짊에는 근본적인 문제가 있다고 생각하고, 겸애를 그 대안으로 제창한 철학자다. 그는 공자의 어짊이 자기 자신으로부터 출발하여 부모와 친구, 이웃 등으로 확장된다고 하지만 그것은 차별적인 사랑에 불과할 뿐 보편적인 사랑일 수는 없다고 여겼다. 그리고 결정적으로 묵자는 이러한 차별적 사랑은 자신의 이기심의 발로에 지나지 않는다는 점이 가장 큰 문제라고 보았다. 인간의 이기심이야말로 세상이 혼란하게 되는 가장 큰 원인인 것이다.

묵자는 이기심으로 남을 사랑하는 것은 '차별적인 사랑別愛'이지만, 이타심으로 남을 사랑하는 것은 '보편적인 사랑兼愛'에 해당된다고 한다. 그는 '차별적인 사랑을 하는 사람'을 가리켜 '별사別士'라고 지칭하고, '보편적인 사랑을 하는 사람'을 가리켜 '겸사兼士'라고 일컬었다. 보편적인 사랑은 나와 너를 따로 구분하지 않고, 함께 묶어서 차등을 두지 않는 사랑이다. 묵자의 겸애는 사랑의 특징을 이기심의 측면에서 해석했다는 철학사적 의의가 있다. 그는 사회 혼란의 원인 역시 겸애의 부재 때문이라고 보았으니, 인간의 이기심이 사회적 갈등과 모순을 유발하는 가장 강력한 동인인 것이다.

대부분의 유학자처럼 묵자 역시 바람직한 인간상으로 군자를 상정한다. 군자는 보통 사람들과는 다른 사고 체계를 가진 인물이다. 온갖 어려운 일은 모두 자신이 떠맡아 해결하고, 자신의 뜻을 굽힌다든가 상대를 원망하는 일을 하지 않는다. 그에게는 '자기 믿음'이 있기 때문이다. 자기 믿음이 확고한 사람은 자신이 해야 할 일이 무엇인지, 하지 말아야 할 일이 무엇인지, 그 일의 경계가 명확하다. 묵자가 제안하는 군자는 자기 믿음에 충실하고 자기 책무에 성실한 사람이다. 그 믿음의 대상이 겸애임에는 의심의 여지가 없다. 따라서 군자의 '자기 믿음'이란 보편적 사랑에 대한 확신이며, 그것을 실천하겠다는 실천력에 대한 의지적 믿음이다.

묵자는 겸애에 대한 자기 믿음을 「겸애 상」 편에서 다음과 같이 설파한다. "만약 천하 사람들로 하여금 다른 사람 사랑하기를 자기 몸을 사랑하듯 하여, 자식이나 신하인 자가 부형과 군왕을 자기 몸처럼 여긴다면 어찌 불효함이 있을 것이며, 부형이나 임금인 자가 자식이나 신하를 자기 몸처럼 여긴다면 어찌 자애롭지 않을 수 있겠는가? 다른 사람의 집을 자기 집 돌보듯 한다면 누가 도둑질을 하겠으며, 다른 사람의 몸을 자기 몸 돌보듯 한다면 누가 해치겠으며, 다른 사람의 가문을 자기 가문처럼 본다면 누가 어지럽히겠으며, 다른 사람의 나라를 자기 나라처럼 본다면 누가 공격하겠는가?" 즉, 다른 사람을 마치 자기 자신처럼 사랑하고, 다른 사람에게도 자기에게 있어서와 똑같은 이익을 부여해야 한다는 믿음이라고 할 수 있다. 이것이 묵자가 제안하는 '자기 믿음'이다.

【묵자 2】 원문 50

묵자가 말했다. "계손소와 맹백상은 공동으로 노나라를 다스렸다. 그런데 그들은 '서로 믿음'의 체계가 부족했다. 그래서 사당에 가서 말하기를 '진실로 나와 상대방을 화해하게 해주십시오'라고 했다. 그러나 이것은 마치 자기들의 눈을 가리고 사당에 가서 빌기를 '진실로 내가 모든 것을 볼 수 있게 해주십시오'라고 하는 것과 같다. 이 어찌 잘못된 것이 아니겠는가?"

「경주」

묵자는 '자기 믿음' 외에 '서로 믿음相信'의 문제를 이야기한다. 그러나 현실적으로 '서로 믿음'이 유지되기란 매우 어렵다. 묵자가 노나라의 세력가였던 계손소와 맹백상의 예를 든 이유가 거기에 있다. 계손소와 맹백상

2장 원전과 함께 읽는 '믿음'

은 모두 노나라의 대부였다. 계강자와 맹무백의 후손이었던 이들은 나라의 권력을 독차지하려는 야욕 때문에 늘 경쟁적으로 갈등할 수밖에 없었다. 한때는 노나라의 국정을 함께 맡게 되어 협조해야 할 처지가 되었다. 그래서 그들은 사당에 들어가 상대방이 진실로 자신과 화해할 수 있게 해달라고 기원했다. 그러나 묵자가 볼 때, 이러한 행위는 '눈 가리고 아웅'하는 것에 지나지 않았다. 실제로 보람도 없는 부질없는 짓을 형식적으로 하는 체하는 것을 비유하는 말이 '눈 가리고 아웅'이듯이, 계손소와 맹백상도 마찬가지였던 것이다. 중요한 것은 외형적인 형식이 아니다. 서로의 마음가짐을 완전히 달리하지 않으면, 외형적인 의례는 아무런 도움이 되지 않는다.

'서로 믿음'이 이루어지기 위해서는 서로 간의 이기심이 소거되어야 한다. 자신의 지나친 이기심이 상대방을 사랑하지 못하게 차단하기 때문이다. 묵자가 볼 때, 계손소와 맹백상은 모두 '보편적인 사랑을 하는 사람'들이 아니다. 내 것도 내 것이고, 네 것도 내 것으로 만들지 않으면 직성이 풀리지 않는 이기적인 사람들에 불과하다. 그러다보니 상대를 증오할 수밖에 없는 것이다. '서로 믿음'을 이루기 위해서는 개별 인간이 모두 '보편적인 사랑'에 대한 확신을 갖는 '자기 믿음'이 필요하다. 자기 자신을 사랑하듯 다른 사람을 사랑하는 일이 절실하게 요청되는 것이다.

그러므로 정치를 할 때는 반드시 세 가지 기본을 잘 시행해야 한다. 세 가지 기본이란 무엇을 말하는가? 작위가 높지 않으면 백성이 공경하지 않는다는 것과, 받는 녹봉이 많지 않으면 백성이 믿지 않는다는 것과, 정령에 대한 결정권이 없으면 백성이 두려워하지 않는 것, 이 세 가지다. 그러므로 옛날의 성왕들은 그들에게 높은 작위와 많은 녹봉을 주었으며, 정사를 맡길 때 결정권을 주었다. 어찌 그것이 신하들을 위하여 내려준 것이었겠는가? 그의 일이 성취되기를 바랐기 때문이었다.

「상현 중」

묵자는 현명한 사람을 등용해야 나라가 안정된다고 말한다. 국가 경영을 위해서는 반드시 현명한 사람을 발탁하여 등용해야 한다. 묵자는 한 걸음 더 나아가 현명한 사람을 등용하면 반드시 세 가지 기본에 충실하라고 제안한다. 첫째, 작위가 높아야 한다. 둘째, 녹봉이 많아야 한다. 셋째, 정령에 대한 결정권이 있어야 한다. 만일 작위가 높지 않으면 사람들이 공경하지 않고, 녹봉이 많지 않으면 사람들이 믿지 않으며, 정령에 대한 결정권이 없으면 사람들이 두려워하지 않는다. 만일 세 가지 중 어느 하나라도 결여된다면, 백성은 그 사람이 제아무리 현명하더라도 따르지 않으리라 본 것이다.

세 가지 기본에 해당되는 내용은 보통 사람들이라면 모두 좋아하는 것이다. 그런데 한 가지 주목을 끄는 것은 묵자가 여기서 특징적으로 믿음의 덕목을 녹봉의 문제에 대입하여 설명하고 있다는 점이다. 녹봉이 많아야 사람들의 믿음을 산다는 말은 요즘 말로 하면, 연봉이 높지 않으면 제아무리 현명한 사람이라도 별 볼일 없다는 말로 이해된다. 자본주의 사회에서는 그 무엇보다 돈에 대한 믿음이 지배적일 수밖에 없다. 가령 돈 때문에 일어나는 존속살인사건을 생각해본다면, 돈은 인륜도 저버리게 하는 파멸적 속성을 지니기도 한다. 재화의 가치에 대한 인간의 욕망과 믿음은 매우 오래된 역사를 지니고 있다. 이 점은 묵자의 시대라고 하여 다르지 않다.

현명한 사람을 발탁하여 등용해야 한다는 묵자의 입장은 그의 겸애주의의 연장선상에 있다. 겸애주의가 모든 사람을 똑같이 사랑하는 무차별적 사랑이듯 현명한 사람을 발탁하여 등용한다는 상현 사상 역시 빈부와 귀천, 친소, 원근을 가리지 않으며 유능하고 현명한 인재를 가려서 쓴다는, 인재 발탁 대상의 무차별성이 전제된다. 재능 있고 현명한 사람이라면 언제든 국가 경영에 참여케 해야 한다는 것이 묵자의 생각이다.

어떠한 사람이라도 능력만 있으면 발탁되어 국가 경영에 개입해 높은 관직에 오를 수 있고, 경제적으로도 윤택한 삶을 보장받을 수 있어야 한다. 이렇게 된다면, 이에 대한 보통 사람들의 관심은 자연스럽게 커진다. 누가 강요하지 않더라도 사람들은 앞 다투어 현명한 사람이 되고자 노력하는 사회적 분위기가 조성될 것이다. 요즘 인기 있는 각종 프로스포츠 스타들이나 연예인들은 대중의 인기를 한 몸에 받을 뿐만 아니라 천문학적인 액수의 연봉을 받기도 한다. 사회적인 공경뿐만 아니라 경제적인 삶의 편리함까지 뒤따르는 현실에서, 이러한 직종은 선망의 대상이 될 수밖에 없다. 묵자가 제안한 현명한 사람의 발탁과 등용의 문제에는 보통 사람들의 일상적 생활감정이 그대로 투영되어 있다. 그것은 마치 오늘날 많은 청소년이 인기 있는 스포츠 선수가 되고자 하고, 주목받는 연예인이 되고자 하는 심리적 배경과 크게 다르지 않다.

묵자는 "천하의 지혜로운 사람이나 현명한 사람까지도 실상은 모두가 부귀를 욕구하고 빈천을 싫어한다"고 한다. 묵자는 사람들의 일반적인 생활감정을 정치적인 문제로 승화시켜 현명한 사람을 발탁하여 등용한다는 상현론을 주장한 것이다. 현명한 사람에게 많은 녹봉을 주는 것이 전연 문제될 것이 없고, 그것은 오히려 실리적인 결과를 가져온다고 생각한 것이다. 묵자는 현명한 이에게 많은 녹봉을 주어 백성의 믿음을 얻어내면, 녹봉이라는 방편을 통하여 다양한 사회정의를 구현할 수 있다고 믿는다. 그렇게 된다면 현명한 이에게 녹봉을 많이 준 결과는 그 해로움보다 이로움이 더 클 수밖에 없다는 것이다. 그러니 이보다 더 좋은 결과가 달리 있겠는가. 그러나 이러한 묵자의 주장은 매우 이상주의적일지 모른다. 상현론의 제창으로 야기되는 사회정치적 폐해 역시 적지 않기 때문이다. 그래서 노자와 같은 철학자는 일찍이 상현론에 대한 부정을 들고나왔던 것이다.

그러므로 묵자는 다음과 같이 말했다. "아무리 깊은 계곡, 광대한 산림, 사람이 살지 않는 그윽한 곳에서라도 행실을 삼가고 조심하지 않을 수 없다. 귀신은 분명히 있어 인간의 모든 행위를 감시하고 있다." 오늘날 귀신이 없다는 사람들은 이렇게 말한다. "일반 사람들이 보고 들은 것만 가지고 어떻게 의심을 끊을 수 있겠는가? 세상에서 높은 사람이 되고자 하는 자가 일반 대중이 보고 들은 것을 어찌 그대로 믿을 수 있겠는가?" 이에 묵자가 말했다. "만일 일반 대중의 이목을 믿지 못해 의심을 버릴 수 없다면, 옛 삼대의 성왕인 요임금, 순임금, 우임금, 탕왕, 문왕, 무왕의 경우라면 충분히 법도로 삼을 수 있지 않겠는가? 이 물음에 대하여 중류급 이상의 사람들은 모두 말하기를 '옛 삼대의 성왕 같으면 충분히 법도로 삼을 수 있겠다'고 한다. 옛 성왕의 경우 충분히 법도로 삼을 수 있다면, 그들 성왕의 사적에 대해 잠시 살펴보기로 하자. 옛날 주나라 무왕은 은나라를 공격하여 폭군 주왕을 죽인 다음, 여러 제후에게 명하여 은나라의 제사를 지내도록 하면서 말하기를, '주나라의 왕실과 같은 성을 가진 제후들은 주의 선왕을 제사 지내고, 왕실과 다른 성의 제후들은 그 나라 산천의 여러 신에게 제사를 올리도록 하라'라고 했다. 이것으로 보아 무왕은 귀신이 반드시 있다고 믿었던 것이 사실이다. 그렇기 때문에 무왕이 은나라 주왕을 토벌한 다음에 각기 은나라 제후들에게 제사를 나누어 지내도록 한 것이다. 만일 귀신이 없다면, 무엇 때문에 무왕이 그와 같이 제사를 지내도록 했겠는가? 그러나 이것 말고도 옛 성왕의 사적 가운데 귀신의 존재를 증명할 만한 이야기는 얼마든지 있다. 옛 성왕은 착한 사람에게 상 줄 때에는 반드시 선조의 사당에서 행했고, 죄 있는 사람을 죽일 때에는 토지신을 제사 지내는 묘에서 집행했다. 선조의 사당에서 시상을 하는 이유는 무엇 때문인가? 그것은 상을 공정하게 내린다는 것을 알리기 위해서였다. 묘에서 죄인을 죽이는 것은 무엇 때문인가? 그것은 사형의 판결이 공평무사하다는 것을 보고하기 위해서였다. (…) 지금 귀신이 없다고 주장하는 자들은 말하기를 '귀신은 본래부터 존재하지 않았다'고 한다. 이것은 성왕들이 힘쓰던 일에 위배되는 것이다. 성왕들이 힘쓰던 일에 반하는 것은 군자의 도가 될 수 없다!"

「명귀 하」

묵자는 추상적인 하늘을 구체적인 신앙 대상으로 표현하여 귀신이라고 한다. 묵자에게 있어 귀신은 인간의 화복을 주관하고 재앙과 상서로움의 응보를 내리는 정의로움을 띠며 실제 세상에 현실적으로 존재한다. 묵자가 귀신의 존재에 대해 각별한 관심을 갖고 그 존재 의의를 주장하는 데는 이유가 있다. 사람들의 인지가 발달하면서 하늘에 대한 생각도 점차 합리주의적으로 변화하다보니, 하늘과 귀신의 존재에 대한 불신 풍조가 곳

2장 원전과 함께 읽는 '믿음'

곳에서 넘쳐났다. 그것은 곧바로 인간의 오만과 방종의 양상을 띤 행위들로 이어졌고, 세상은 극심한 혼란의 도가니로 빠져들었다. 하늘과 귀신의 존재조차 두렵지 않게 된 사람들이 지상에서 할 수 있는 일들엔 무서울 것이 없어진 것이다. 묵자는 이 점을 경계한다. 그래서 사람들의 무의식 속에 잠자고 있던 귀신의 존재를 다시 밖으로 이끌어내고, 그에로 복귀하는 일이 절실하게 필요하다고 역설한 것이다.

이로 인해 묵자는 '귀신의 존재에 대한 증명'에 착수한다. 묵자의 귀신 존재 증명은 대단히 거친 사유에 의거한다. 즉, 옛날 성왕이었던 요·순·우·탕·문·무왕 등의 말이나 행적을 사람들이 믿을 수 있다면, 그들의 행적을 통해 귀신이 존재한다고 말할 수 있다는 것이다. 따라서 옛 성왕들이 하늘에 제사를 지내고 사당에서 귀신의 존재에 대해 제사를 수행한 기록들을 근거로 묵자는 귀신이 존재한다고 주장한다. 옛 성왕들은 귀신의 존재를 받드는 것에 힘썼는데, 만일 그들이 힘쓰던 일을 하지 않고 귀신이 없다고 주장한다면 이는 군자의 도가 아니라고 한다. 얼핏 보더라도 이러한 존재 증명 방식은 받아들이기가 어렵다. 특히 과학적인 입장에서 보면, 묵자의 귀신 존재 증명이란 전연 수용 가치가 없는 일종의 자기주장에 불과할 뿐이다. 오늘날 입장에서 보면 묵자의 귀신 존재 증명은 완전한 실패작이다.

그럼에도 이러한 묵자의 주장은 당시의 일반 대중에게는 상당한 설득 효과가 있었다. 그들이 믿고자 하는 바람이 귀신 존재를 통해 대신 설득되었기 때문이다. 즉, 착한 일을 한 사람에게는 귀신이 상을 준다거나, 나쁜 일을 한 사람에게는 귀신이 벌을 내려야 한다는 염원이 묵자의 생각에 힘을 실어준 것이다. 일반 대중 입장에서는 착한 삶을 살더라도 행복이 보장되지 않고, 악한 일을 일삼더라도 응분의 대가를 치루지 않는 모순된 현실이 문제로 여겨질 수밖에 없었다. 그래서 이를 대신해줄 강력한 권능의 존재가 요청되었다. 이러한 점 때문에 묵자의 귀신 존재 증명은 당시에 서민 대중의 열렬한 지지를 받고 탄력적으로 논의될 수 있었다.

묵자는 유가적 천명의 유무와 시비를 분변하는 기준으로 이른바 '삼표법三表法'을 제시한다. 삼표법이란 객관적 사물에 관하여 얻은 지식이나 이론이 참인지 거짓인지를 판별하는 기준이다. 이것은 일반 서민의 시각에 판정의 기준을 둔다는 점이 독특하다. 삼표법은 유가의 천명사상을 비판하기 위하여 제시된 방법이긴 하지만, 묵자의 귀신 존재 증명은 삼표법에 의거하여 논증된다. 여기서는 묵자의 귀신 존재 증명을 삼표법에 대입하여 살펴보자.

삼표법은 다음과 같은 세 가지를 기준으로 삼는다. 첫째, 반드시 역사의 기록 속에서 과거 성왕의 사적에 비추어보는 것이다本之者. 둘째, 많은 사람이 실제로 눈과 귀로 경험한 사실이 있는가를 살펴보는 것이다原之者. 셋째, 그 말을 정사에 베풀어서 사용해보는 것이다用之者. 묵자는 첫 번째 기준과 관련하여 옛 성왕의 기록, 예컨대 『서경』과 같은 종류의 옛 기록을 원용하여 설명하고, 두 번째 기준과 관련해서는 일반 서민들의 경험을 예로 들고 있는데 거기에는 꿈에서 본 귀신의 존재까지 포함된다. 또한 세 번째 기준과 관련해서는 옛날의 상벌이 귀신을 모신 공간에서 이루어졌다는 것을 예로 들 수 있다. 상벌을 시행하던 공간이 귀신과 관련된 곳이었다는 것은 법령 시행을 공평무사하게 처리한다는 효과가 있다. 이렇게 볼 때, 귀신의 존재를 공경함은 인민의 이익을 증대하는 효과가 있다는 것이다.

그러나 묵자가 주장하는 하늘이나 귀신의 존재는 창조주의 성격을 띤 절대자로서의 의의를 보장받지는 못한다. 더불어 형이상학적인 이법을 지닌 존재의 근원으로서의 의미도 담보되지 못한다. 물론, 일부의 묵자 연구가 사이에서는 묵자의 하늘과 귀신 존재에 대한 의의를 종교적인 측면에서 설명하는 경우가 없지 않다. 그러나 묵자의 귀신 존재 증명은 서민 대중의 의식을 반영하면서 전개되었기에, 실생활의 경험주의적 요소를 통한 공리주의적 윤리를 완성하는 데 그 의의가 있다.

【묵자 5】 원문 53

오늘날 왕과 대신들이 만일 숙명론을 믿고 이를 실천해나간다면, 옥사를 처리하고 정사를 펴나가는 데 있어 분명 나태해질 것이다. 경대부들도 관청 일을 다스리는 데 있어 반드시 나태해질 것이고, 농부들은 농부대로 부녀자들은 부녀자들대로 자신들의 일에 게을러질 것이다. 왕과 대신들이 옥사를 다스리고 정사를 처리하는 데 게을러지고, 경대부들이 관청의 일을 다스리는 데 나태해진다면 천하에는 반드시 혼란이 따를 것이요, 농부들이 밭 갈고 농사지으며 수확하는 데 게으르고 부녀자들이 길쌈질하고 옷 만드는 데 나태해진다면, 천하에 먹고 입을 물건이 부족해질 것이다. 만약 운명론으로 천하를 다스리면 위로는 하늘과 귀신을 섬겨도 하늘과 귀신이 따르지 않을 것이며, 아래로 백성을 부양해도 백성에게 이익이 되지 않아, 서로 흩어져 다스릴 수 없게 될 것이다. 그리하여 안으로는 나라를 지켜도 군건하지 못하고, 밖으로는 다른 나라를 공격해도 이기지 못할 것이다. 그러므로 하나라, 은나라, 주나라 삼대의 폭군인 걸왕, 주왕, 여왕이 자신의 나라를 잃고 그의 사직을 멸망시켰던 이유도 여기에 있었다.

그러므로 묵자가 말했다. "지금 천하의 군자들이 진실로 천하의 이익을 일으키고 천하의 폐해를 버리려고 한다면 숙명이 있다고 주장하는 자들의 말에 대해 힘써 부정하지 않으면 안 될 것이다. 숙명론이란 폭군이 만들어냈고, 궁핍한 사람들이 이에 따라 이야기하는 것이지 어진 사람의 말이 아니다. 지금의 어질고 의로운 사람들이 잘 살펴 힘써 부정하지 않으면 안 되는 이유도 바로 여기에 있다."

「비명 하」

또한 유가는 힘써 숙명이 있다고 주장하며 의론을 제기한다. "오래 살고 일찍 죽으며, 가난하고 부유하며, 편안하고 위태로우며, 다스려지고 어지러운 것은 모두 하늘의 운명에 달려서 덜거나 더할 수 없는 것이다. 궁하거나 출세하고 상을 받거나 벌을 받고 행복하거나 불행한 것도 정해진 것이어서 사람의 지혜나 힘으로는 어찌할 수 없다." 여러 관리가 이것을 믿으면 자신의 직분에 태만하게 되고, 서민이 이것을 믿으면 종사하는 일에 태만해진다. 관리들이 다스리지 않으면 사회는 어지러워지고, 농부가 농사에 힘쓰지 않으면 가난해질 것이다. 가난하고도 어지러운 것은 정치의 근본에 위배된다. 그런데도 유가는 이를 도라고 가르치고 있으니, 이것은 바로 천하 사람들을 해치는 것이다.

「비유 하」

묵자는 유가철학을 비판하는 과정에서 유가가 내세운 천명天命을 부정한다. 유가의 주장과는 무관하게 묵자는 그것이 일종의 숙명론fatalism이라고 해석한다.『철학사전』(임석진 외 편저)에 따르면, 숙명론이란 세계 및 인간에 관련되는 모든 사항이 숙명에 의해 결정되고, 인간은 무조건적으로 숙명에 지배된다는 철학적 견해를 가리킨다. 또한 역사적으로 보면 숙명론은 반동적인 역할을 수행하고 있다. 지배자에 대하여 피지배자에게 수동적 태도를 강요하고 상황에 대하여 오로지 굴종할 것만 요구하며, 결국 지배자의 절대 권력을 긍정하도록 유도하여 현상을 변혁하는 방향으로 가지 못하게 하기 때문이다. 묵자의 생각도 이와 다르지 않다.

묵자는 숙명론을 폭군이 만들어낸 것이라고 말한다. 이런 숙명론은 궁핍한 사람들만이 그에 관해 이야기하고 따를 뿐, 현명한 사람들은 그에 대한 허위의식을 잘 파악하고 있기에 비판적으로 접근한다고 한다. 숙명론에 따르면 인간의 빈부와 수명, 성공과 실패 등은 예정되어 있어서 인력으로는 어찌할 수 없는 것이라고 한다. 따라서 한번 임금으로 태어난 사람은 임금으로 태어날 수밖에 없는 숙명이 있듯이, 일반 서민으로 태어난 사람은 일반 서민으로 태어날 수밖에 없는 숙명이 태생적으로 존재한다는 것이다. 지배자에 의하여 이러한 숙명론이 요구된 것이라고 한다면, 일반 서민들은 그에게 굴종하고 봉사하는 처지에서 벗어날 수 없다. 뿐만 아니라 그들은 현실의 변혁에 대한 어떠한 꿈도 가질 수 없는 한계에 노출되어 있는 것이다.

숙명론이 지배하는 사회에서는 위정자들이 정치에 소홀하게 되고, 일반 서민들은 자신의 사업에 태만해지는 악순환이 이어진다. 그러나 묵자는 이러한 악순환의 고리를 끊어야 한다고 주장한다. 만일 "복은 청해보았자 불가능한 일이며, 화는 피하려 해도 어쩔 수 없는 일이라서, 공경한다 해도 이익이 될 것이 없고 난폭하게 굴어도 해로울 것이 없다"(『묵자』「비명상」)는 식으로 모든 행위를 숙명에 맡겨버린다면, 세상에는 어떠한 유의 희망도 의미가 없을 것이며 힘써 노력하는 행위의 모습을 찾아볼 수 없게될 것이다.

묵자는 숙명론을 믿음의 대상으로 삼아서는 안 된다고 강력하게 주장한다. 숙명론에 의지하는 순간 인간의 자유의지는 증발되어버리고, 인간은 타율적 존재로 전락하고 말기 때문이다. 이러한 인간이 의욕적일 리가 없고, 다른 사람을 배려할 이유가 없으며, 세상의 이익을 도모하는 일에 발 벗고 나설 이유가 없는 것이다. 만일 이와 같다면 세상은 온통 염세주의자나 비관주의자로 가득 차 해로움만이 가중될 것이다. 세상 사람의 이익을 함께 도모하기 위해서라도 숙명론은 철회되어야 한다. 묵자는 제자백가 중 그 누구보다도 더 적극적인 실천의 옹호자였다. 그의 근면주의적

2장 원전과 함께 읽는 '믿음'

인 삶의 요청을 위해서라도 숙명론은 적극 배제되어야만 할 잘못된 믿음의 대상이었던 것이다.

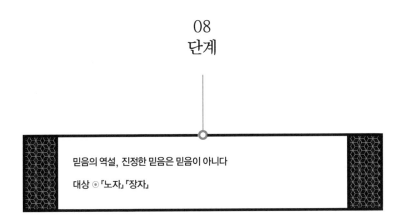

08
단계

믿음의 역설, 진정한 믿음은 믿음이 아니다
대상 ⊙「노자」「장자」

노자와 장자는 믿음을 반대한다. 진정한 믿음은 믿음이 아니라고 한다. 이것은 믿음의 역설이라고 할 수 있는데, 일상적인 믿음은 진정한 믿음이 아니라는 의미다. 노자와 장자는 믿음의 반대자들이지만, 그들이 반대한 믿음은 진정한 믿음이 아닌 경우에 한정된다. 그렇다면 진정한 믿음은 어떠한 거인가? 그들이 일상적 믿음이 믿음의 대상이 되어서는 안 된다고 본 근원적 이유는 무엇인가? 이러한 문제에 대해 좀 더 구체적으로 살펴보사.

가장 훌륭한 지도자는 백성이 그가 있다는 것만 아는 것이다. 그다음은 사람들이 어버이처럼 가까이하고 칭찬하는 것이다. 그다음은 그를 두려워하는 것이고, 그다음은 그를 업신여기는 것이다. 믿음이 부족하면 사람들의 불신이 일어난다. 조심스럽구나, 그 말을 아낌이여. 어떤 공적이 이루어지고 일이 마무리되어도, 사람들은 모두 내가 저절로 그렇게 된 것이라고 말한다.

17장

노자는 믿음의 타락 문제를 정치적 지도자의 문제에 대입하여 설명한다. 지도자는 크게 넷으로 분류할 수 있다. 사람들이 그의 존재만을 아는 단계가 최상위다. 텍스트에 따라서는 사람들이 그의 존재 자체도 알지 못하는 이상적인 단계를 상정하기도 한다. 그다음은 사람들이 어버이처럼 가까이하고 칭찬하는 단계다. 그다음은 두려움으로 대하는 정치의 단계다. 그리고 가장 마지막으로 모멸하는 데까지 이른 정치의 단계다. 김용옥은 『노자와 21세기』에서 이 네 단계를 도식화하여 무위정치, 인의정치, 법제정치, 공포정치라고 규정한다. 그리고 그는 이것이 믿음의 타락과정을 의미한다고 본다.

그런데 텍스트의 해석 문제에서 『노자』만큼 복잡하고 논란이 많은 것도 드물다. 『노자』 17장도 마찬가지다. 이 장에 제시된 '믿음'의 개념과 관련해서도 이런 현상이 나타난다. 김용옥은 『노자』에 나타난 '신信'은 '믿음직스러운 말'을 의미할 뿐, '신앙'이나 종교적 '믿음'을 나타내는 말이 전혀 아니라고 한다. 우리가 '신'의 의미를 '믿음'이라고 이해하는 것은 20세기 기독교적 가치의 팽배와 서양 중세철학의 무분별한 도입으로 인한 언어적 혼란일 뿐이라는 것이다. '믿음직스러운 것'은 현대 언어철학에서 말하는 사실과의 대응관계나 논리적 정합성을 표현하는 일종의 진술이 사실이라는 확언verification의 문제라는 것이다. 그러나 최진석은 이러한 김용옥의 주장에 문제가 있다고 지적한다. 분명 노자 당시에도 '신'은 '믿음'의 의미로 쓰이고 있었으며, 『노자』 안에서도 8장, 21장, 38장, 81장은 모두 '믿음직스러운 말'의 의미가 아닌 '믿음' 그 자체로 쓰이고 있음을 보여준다고 주장한다. '신'은 일차적으로 말에 관한 것이라는 김용옥의 주장은 설득력이 있지만, 노자 당시에는 이미 '믿음직한 말'로부터 출발하여 '신'이 '믿음'의 의미로 사용되었다는 최진석의 견해는 더욱 설득력이 있다.

다른 한편, 김형효는 『노자』 17장에 두 차례 등장하는 '신' 개념은 양자가 서로 달리 사용된 것이라고 주장한다. 첫 번째 경우(신부족언信不足焉)의 '신'은 무위적 자연의 어김없는 '신표'인 반면, 두 번째 경우(유불신언有不信焉)의 '신'은 인간 마음의 정신적 '신뢰'를 의미한다고 한다. 자연은 무위하기에 언제나 항구적으로 왕래와 거래의 신표를 보내는 방식으로 자신을 간단없이 통신한다. 자연의 통신은 어김이 없다. 그래서 자연은 무위의 신표를 지니고 있으므로 사람들은 그 자연의 통신을 믿고 신뢰한다는 것이다.

그러나 이상의 어떠한 방식으로 해석하든, 믿음의 타락이 정치의 타락을 가져온다는 노자의 생각에는 변함이 없다. 『노자』 17장은 무위정치에 대한 노자의 비판적 입장이 잘 드러나는 곳이다.

【노자 2】 원문 55

최상의 덕은 덕이 있다고 여기지 않기 때문에 덕이 있게 되고, 낮은 덕은 덕을 잃지 않으려고 애쓰기 때문에 덕이 없게 마련이다. 최상의 덕은 함이 없어 인위적인 데가 없고, 낮은 덕은 억지로 하여 인위적인 데가 있기 마련이다. 최상의 어짊은 행하되 인위적인 데가 없고, 최상의 올바름은 행하되 인위적인 데가 있고, 최상의 예는 행하되 이에 응함이 없으면 팔을 휘두르며 덤벼든다. 그러므로 도를 잃은 뒤에 덕이 생겨나고, 덕을 잃은 뒤에 어짊이 생겨나며, 어짊을 잃은 뒤에 의로움이 생겨나고, 의로움을 잃은 뒤에 예가 생겨났다. 대저 예란 것은 진심과 믿음이 엷어진 데에서 생겨난 것으로 어지러움의 시초다. 남보다 먼저 깨달은 사람은 도의 꽃다움이긴 하나, 어리석음의 시초다. 그러므로 대장부는 그 두터움에 처하고 그 엷음에 처하지 않으며, 그 실질적인 곳에 거주하지 그 꽃다움에 거처하지 않는다. 그러므로 저것을 버리고 이것을 취하는 것이다.

38장

믿음이란 무엇인가

노자는 유가의 중심 덕목으로 논의되는 인·의·예가 도와 덕의 상실로 발생한 것이라고 주장한다. 즉, 도를 잃은 뒤 덕이 생겨나고, 덕을 잃은 뒤 어짊이 생겨나며, 어짊을 잃은 뒤 의로움이 생겨나고, 의로움을 잃은 뒤 예가 생겨난다고 한다. 그런데 노자는 믿음의 덕목에 관해서는 그것이 예의 상실 다음에 발생했다고 보지 않고 도리어 믿음의 상실로 인하여 예가 생겨난 것이라고 본다. "예란 진심과 믿음이 엷어진 데서 생겨난 것으로 어지러움의 시초다"라고 한 노자의 발상은 사덕 개념이나 오륜 개념이 형성되기 전에 생겨났다고 할 수 있다. 맹자에 의하면 예는 사양지심의 발로라는 점에서 내면적인 특성을 지닌 것으로 이해되지만, 노자는 그것이 인간의 본바탕과는 전연 무관한 외형적 문식에 지나지 않다고 생각한다.

노자에게서는 마음속 깊이 우러나오는 진심과 미더움은 인·의·예라는 도덕적 덕목의 바탕 자리를 담당하는 것이다. 그리고 이는 두텁고 실질적인 특성을 지닌 것으로 유비된다. 이에 반해 인·의·예라는 도덕적 덕목은 얇으면서 외면적으로 화려한 특성을 지닌 것으로 비유된다. 근원이 되는 것은 당연히 전자이기 때문에 노자는 "저것을 버리고 이것을 취하라"고 한다. 인간 세상에서 진실이 사라지고 미더움이 사라지면 바탕을 천시하고 꾸밈을 귀하게 여기는 일들이 발생하는데, 이러한 양상은 모두 '저것'의 사리에 배당된다. 일종의 주객전도 현상이라고 일컬어질 만한 일들이 인간 세상에 난무하게 되는 것이다. 온갖 혼란과 부조리가 더욱 활개치는 것도 그 근원을 따지고 보면, 믿음의 상실과 관련 있다. 작위적이다 못해 강압적인 예가 강요되는 사회에서 믿음이 보장될 리 만무한 것이다.

믿음직한 말은 아름답지 않고, 번지르르한 말은 믿음직스럽지
않다.

81장

노자는 인간의 말에는 반드시 믿음이 있어야 한다고 주장한다. 그런데 믿음이란 인위가 가해지는 순간 곧바로 사라지며, 인위의 정도가 강해질수록 더욱더 타락하는 특성이 있다. 앞서 살펴본 믿음과 예의 상관관계처럼 믿음과 언어의 관계도 상대적이다. 예가 화려한 문식으로 꾸며지기 이전의 믿음의 차원은 예가 문식으로 꾸며진 이후의 차원과 질적으로 다르다. 마찬가지로 언어가 화려한 수사로 꾸며져 나타나면 믿음은 상대적으로 설 자리가 협소해질 뿐만 아니라 그 자체가 사라져버리기도 한다.

노자는 말에 대한 경계를 늦추지 않은 철학자다. 그는 『노자』 1장에서부터 "도를 도라고 말할 수 있으면 그것은 참다운 도가 아니요, 이름을 이름이라 할 수 있으면 그것은 참다운 이름이 아니다"라고 하면서 언어의 문제에 대해 깊은 관심과 우려를 표명했다. 이러한 노자의 태도는 『노자』의 마지막 장인 81장에 이르러 또다시 확인된다. 그는 첫 구절부터 "믿음직한 말은 아름답지 않고, 번지르르한 말은 믿음직스럽지 않다"고 하는 것이다. 그는 언어가 자칫 믿음을 파괴할 수도 있음을 경고한다. 노자가 볼 때, 믿음을 파괴할 수 있는 말은 '아름다운 말'이며, 그것은 '번지르르한 말'이다.

『노자』62장에도 등장하는 '아름다운 말'이란 시장에서처럼 서로 사고팔수 있는 말이라는 의미를 지닌다. 그렇다면 노자는 왜 시장에서 쓰이는말이 아름답고, 번지르르하다고 본 것일까? 그리고 그것은 왜 믿음직스럽지 못하다고 본 것일까? 그 이유는 간단하다. 물건을 파는 사람이나 사는사람 모두 자기 이익을 염두에 두고 말을 하기 때문에 그 말이 아름답고번지르르할 수밖에 없다. 물건을 파는 사람은 더 많은 이윤을 남기기 위해서이고, 물건을 사는 사람은 더 적은 값을 지불하여 지출을 줄이려는 것이다.

　흔히들 세상에는 3대 거짓말이 있다고 한다. 장사하는 사람이 밑지고판다는 말, 시집 안 간 노처녀가 혼자 살겠다는 말, 노인들이 살 만큼 살았으니 한시라도 빨리 죽어야 한다는 말이 그것이다. 물론 시대에 따라서, 사람에 따라서 상대적일 수 있지만, 특히 장사하는 사람이 밑지고 판다는 말은 그 말 자체가 어불성설이다. 그럼에도 이러한 사실은 늘 화려한 말솜씨와 교묘한 말 기술에 의해 덮이고 만다. 상대방을 설득하고 감동시키는 말은 건조한 말이라든가 눌변의 언어가 아니다. 그것은 늘 화려하게 꾸며서세련된 말이다. 거기에 믿음이 충만할 리 없다. 그럼에도 사람들은 매력을느끼고 자신도 모르게 끌려간다. 요컨대, 노자에게서 믿음은 자연의 범주와 무위의 질서를 바탕으로 삼는 것인 반면, 아름다운 말은 인위의 범주와 유위의 질서를 토대로 삼는다는 차이점이 있다.

견오가 대답했다. "막고야 산에 신인이 살고 있는데 그 살갗이 얼음이나 눈같이 희고, 부드럽고 탄력이 있기는 처녀와 같다고 했다. 오곡을 먹지 않고, 바람을 들이마시고 이슬을 마시면서 살고, 구름을 타고 나는 용을 몰아 사해 밖을 노닌다는 것이었다. 정신을 응집하면 병해를 막고, 매년 곡식도 잘 익게 한다는 이야기였다. 나는 도무지 미친 사람의 말 같아서 믿을 수가 없었다."

이에 연숙이 말했다. "그러면 그렇지. 눈먼 사람에게는 아름다운 장식을 보여줄 수가 없고, 귀먹은 사람에게는 종소리나 북소리를 들려줄 수 없는 것이니, 어찌 우리의 육신에만 눈이 멀고 귀가 먼 것이 있겠는가? 대저 알음알이에도 또한 있는 것이다. 이것이 바로 그대와 같은 이를 두고 하는 말일 것이다. 이 사람이야말로, 이 덕이야말로 장차 온갖 것과 어울려, 하나가 된 것이다. 세상 사람이 다스려주기를 바랄지라도 누가 수고롭게 세상일을 가지고 일삼겠는가? 이 사람이야말로 외물이 해치지 못한다. 홍수가 나서 하늘에 닿아도 빠져 죽지 않고, 가뭄이 들어 쇠붙이와 돌이 녹고 땅과 산이 불에 타더라도 데지 않는다. 이 신인은 제 몸의 먼지와 때, 쭉정이와 겨를 가지고도 장차 요임금이나 순임금을 만들어낼 수 있는데, 무엇 때문에 외물을 가지고 세상일을 즐기겠는가?"

「소요유」

장자는 노자의 언어적 역설을 계승하여 믿음의 문제에 대입한다. 진실한 말은 오히려 역설적인 성격을 띠고 있다는 것이 노자의 입장인데, 장자는 견오의 예를 들어 이것을 확인한 것이다. 견오가 어느 날 접여라는 사람에게서 '신인'에 관한 이야기를 듣고 무척 황당하여 믿을 수가 없었다.

그 이야기는, 신인의 살갗이 얼음이나 눈처럼 희고, 부드럽고 팽팽하기는 처녀와 같으며, 오곡을 먹지 않고 바람을 들이마시며, 이슬을 마시면서 살아갈 뿐만 아니라 구름을 타고 나는 용을 몰아 사해 밖을 자유롭게 노닌다는 것이었다. 더군다나 정신을 응집하면 병해를 막고, 매년 곡식도 잘 익게 하는 능력이 신인에게 있다는 것이다. 그러나 이와 같은 이야기는 마치 미친 사람의 말과 같아서 도저히 믿을 수 없었다는 것이 견오의 입장이었다. 누가 보더라도 견오의 입장은 지극히 정상적인 것으로 비쳐진다. 그럼에도 장자는 오히려 비정상적인 듯 보이는 신인 담론에 무게를 실어주고 있다. 견오는 잘못되었고, 오히려 미친 사람의 말과 같은 신인 담론을 제시한 접여는 정상적인 사람이라는 식의 내용이 담겨 있다.

이러한 이야기 구조는 노자의 언어적 역설을 우화 형식으로 재편한 것이라 볼 수 있다. 장자의 언어적 역설은 한 번 더 언어의 내면으로 진입한다. 노자는 미더운 말이 아름답지 않다고 했지만, 장자는 한 걸음 더 나아가 아름답지 않다는 말의 아름답지 않음까지 염두에 둔다. 따라서 다소 과장되고 헛된 이야기를 전면에 내세워 도리어 그 안에 언어적 진실이 있음을 보라고 제안한다. 분명 견오가 들었던 신인과 같은 사람의 이야기는 허무맹랑한 이야기다. 그럼에도 장자는 그 허무맹랑한 이야기 속에 들어 있는 철학적 진실이 무엇인가를 깨우치기를 요청한다. 일상인들이 믿을 수 있는 대상이나 이야기는 매우 한정적이다. 그것은 자신의 경험을 넘어서지 않는다. 이런 점에서 장자는 일상인들의 믿음 자체에 문제가 있음을 본다. 그래서 신인과 같은 유의 존재에 대해서는 믿지 못하는 일상인들이 믿음의 대상으로 삼는 것들은 도대체 어떠한 것인가, 라고 장자는 반문하는 것이다.

일상인들이 소중하게 생각하는 믿음의 대상은 눈에 보이고 귀에 들리는 감각적인 것들이 주종을 이룬다. 일상인들은 직접 본 것과 들은 것만 믿는다. 경험을 넘어선 것에 대해서는 일절 믿으려 하지 않는다. 견오는 거대한 봉새의 존재를 모르는 지상의 매미나 비둘기, 메추라기와 같은 존재다. 그들에게는 믿음을 넘어선 진정한 인식에 대해 이야기할 수 없다. 마치 여름 하루살이에게 겨울철 함박눈에 대해 이야기해줄 수 없는 것이나, 우물 안 개구리에게 동해의 광활함에 대해 이야기해줄 수 없는 것과 같다.

이처럼 믿음은 경험의 감옥에 갇혀 있으며, 근원적인 것일 수 없는 한계가 있다. 장자가 말하는 믿음은 마치 플라톤이 말하는 믿음dóxa의 성격과 유사한 점이 있다. 플라톤의 믿음이란, '감각기관을 통해 얻은 감각적 지식을 토대로 사람이 대상에 대하여 상식적으로 품게 되는 견해'를 말하는데, 장자 역시 감각적 지식을 통한 상식적 견해를 믿음의 개념으로 이해하기도 한다는 점에서 그러하다. 장자의 믿음에는 인식론적 특징이 함의되어 있는 것이다.

태씨는 누워서 잠잘 때는 느긋하고, 깨어 있을 때는 덤덤하며, 때로는 스스로 말이 되기도 하고 때로는 스스로 소가 되기도 한다. 그 지식은 진정으로 믿음직하며, 그 덕은 아주 참되다. 그는 처음부터 남을 헐뜯는 경지에 빠져 있지 않다.

「응제왕」

일상인의 믿음과는 다르게 이상적 인간은 감각기관을 통해 얻은 지식만이 옳은 것이라는 편견에서 자유롭다. 그런데 장자에게서는 믿음의 의미가 일상인의 감각적 지식의 고집만을 뜻하지는 않는다. 그는 더 많은 경우 노자처럼 믿음이 마음속 본바탕의 진실성이라는 의미로 논의한다. 여기서는 태씨泰氏라는 인물을 등장시켜 그의 지식이 매우 믿음직하다는 것에 대해 이야기했다. 언어와 믿음의 관계처럼 지식과 믿음의 관계에서도 사실과의 대응관계나 논리적 정합성을 요청하는 확언이 필요할 때가 있는데, 태씨의 지식은 믿음직한 지식임에 틀림없다는 논의다.

태씨가 누구인지는 정확하지 않다. 그는 복희씨를 말한다고 하기도 하고, 왕예王倪라는 사람이 그일 것이라고도 한다. 그가 누구인지 분명치는 않지만, 그가 '태곳적의 임금'이거나 '최고의 황제'를 말하는 것임에는 의심의 여지가 없다. 그런데 장자는 여기에서 태씨의 지식이 최고의 경지에 이르렀다고 했다. 그래서 그의 지식은 믿음직한 것이라고 말한다. 이러한 말에는 믿음직한 지식과는 다른 방식의 지식도 엄연히 존재한다는 의미가 내포되어 있다. 그것은 믿음직하지 못한 지식이라고 말해질 성격의 것이다. 믿음직하지 못한 지식은 일상의 경험적 산물을 믿음의 대상으로 삼는다. 장자는 그 믿음의 기준을 '구성된 마음'으로서의 '성심成心'이라고 표현했다. 그것은 달리 '편견'이라고도 풀이된다. 편견을 기준으로 대상을 판단하는 지식의 양태는 전연 믿음직하지 못하다는 게 장자의 생각이다. 그것은 이분법적 분열을 일으키는 분별적 지식의 체계이기 때문이다. 분별적 지식은 상대방에 대한 시비를 일으켜 세상을 혼란스럽게 하는 원인이 된다.

이에 비하여 태씨의 믿음직한 지식은 시비의 세계에 구애되는 것이 없다. 이미 처음부터 상대방을 헐뜯거나 칭찬하는 이분법적 평가로부터 벗어나 있는 것이다. 그것은 양쪽을 모두 볼 수 있는 지식의 영역에 해당된다. 장자는 「제물론」에서 이것을 '양행兩行'이라는 말로 표현하기도 했다. 그렇다고 이것이 양쪽 모두 옳다는 양시론이라거나, 양쪽 모두 그르다는 양비론을 뜻하지는 않는다. 그것은 양시론과 양비론조차도 넘어선 경지의 지식이라고 할 수 있다. 믿음직한 지식은 양쪽을 모두 볼 수 있어야 한다. 그것은 편견 없이 세상을 본다는 의미다. 사물을 있는 그대로 본다는 의미이기도 하다. 믿음직한 지식은 자기중심적인 일방적 믿음을 대상에 주입시켜 평가하지 않는다. 장자는 그것을 유비적으로 표현하여 "때로는 스스로 말이 되기도 하고 때로는 스스로 소가 되기도 한다"고 표현한 것이다. 이렇게 보면 자기중심적 믿음과 믿음직한 진정한 믿음은 전연 다른 것임을 알 수 있다. 장자는 진정한 믿음의 소유자만이 정치에 나아가야 한다고 주장한다. 일방적인 자기 믿음에 충실한 지도자보다는 타자를 배려하는 믿음직한 지도자가 필요하다는 말이다.

다른 것들이 없으면 나라는 것도 없고, 나라는 것이 없으면 취할 것도 없으니, 이 또한 진실에 가까우나 이런 변화가 나타나게 하는 그것이 무엇인지 알 수가 없다. 이런 변화를 주관하는 참주인이 분명히 있는 것 같으나, 그 조짐을 잡을 수 없다. 참주인이 작용하는 것은 이미 믿을 만한데, 그 형체는 볼 수가 없다. 실정은 있지만 형체를 알 수 없다.

「제물론」

무릇 도는 실정이 있고 믿음이 있지만, 그것은 작위함도 없고 형체도 없다. 전할 수는 있지만 받을 수는 없다. 터득할 수는 있지만 볼 수가 없다. 스스로를 근본으로 하고 스스로를 뿌리로 한다. 하늘과 땅이 있기 이전부터 본래 있었다. 귀신과 상제를 신령하게 하고, 하늘과 땅을 내었다. 태극보다 높으나 높다 하지 않고, 육극보다 낮으나 깊다고 하지 않는다. 하늘과 땅보다 먼저 있었으나 오래되었다 하지 않고, 옛날보다 더 오래되었지만 늙었다 하지 않는다.

「대종사」

장자는 본원 존재에 해당되는 '도'에 관하여 자신의 입장을 자주 피력한다. 그 본원 존재는 언어로 말해질 수 없으며, 유형한 존재자처럼 눈으로 보이지 않고, 귀로 들리지 않을 뿐만 아니라 손으로 만질 수도 없는 것으로 이야기된다. 이러한 장자의 생각은 노자와 매우 닮았다. 그래서 후대 사람들은 노자와 장자를 묶어서 노장철학 또는 도가철학이라고 부르게 된 것이다.

도에 관하여 말하고 있는 『노자』 14장에서는 "보아도 보이지 않기 때문에 이름하여 '이夷'라고 한다. 들어도 들리지 않기 때문에 '희希'라고 한다. 잡아도 잡히지 않기 때문에 '미微'라고 한다"라고 한다. 이러한 노자의 설명은 장자의 도에 관한 입장과 같은 맥락에서 논의된 것이라 볼 수 있다. 노자는 또한 21장에서 "그 가운데 알짬이 있고 그 알짬은 매우 진실하며, 그 가운데 믿음이 있다"고 하여 본원 존재로서의 도가 시종일관한 진실성을 지님을 말했다. 왕필은 여기에 표현된 믿음은 신험의 뜻을 갖는다고 보았다. 이때 신험이란 신비한 영험의 의미가 아니라 신비한 증험의 뜻이라고 보아야 한다. 그것은 증거로 삼을 만한 신비한 경험적인 것이라는 의미를 갖는다. 즉 말로 표현하기는 어렵지만 어김없이 이루어지고 있는 확실한 증험이 도의 미더움인 것이다.

현상적 존재는 모두 변화의 도정에 있다. 그런데 그 현상적 존재의 변화를 주관하는 참된 주인은 과연 있는가? 아니면 없는가? 장자는 그것을 명확히 하지 않았기 때문에 이에 대한 일방적인 대답을 제시하기는 어렵다. 그러나 장자는 당대의 철학자 중 계진季眞과 접자接子의 '막위莫爲' 및 '혹사或使'의 논쟁을 원용하여 이 문제에 대한 간접적인 대답을 시도하기도 하여, 이것을 바탕으로 장자의 입장을 확인할 수 있을 것이다. 혹사는 참된 주인이 있다는 입장이고, 막위는 참된 주인이 없다는 입장이다. 그러나 장자는 이들 모두 어느 일방에 치우친 견해들이며, 이분법적인 사고를 벗어나지 못한다는 점에서 한계가 있다고 한다. 본원 존재는 이분법적 있음과 없음의 논의의 대상이 될 수 없다는 것이다.

장자는 본원 존재로서의 '도'는 자체적인 실정이 있고 미더움이 있다고 한다. 존재는 그 자체로 무속성적 특성이 있기 때문에 언어적 개입이나 감각적 인식의 개입이 용납되지 않지만, 이로 인해 도리어 미더움을 가질 수 있는 것이다. 언어와 감각적 인식은 표변할 수 있는 성격으로부터 자유롭지 못하지만, 본원 존재는 타자에 의지하거나 복속되지 않고 자기 스스로가 근원이 되고 뿌리가 된다는 점에서 더할 나위 없이 미더운 존재라는 것이다. 그것은 무위의 존재이며, 저절로 그러한 이법을 지니기에 미더울 수밖에 없는 존재이기도 하다. 그 미더움은 자연적이며 무위적인 것이라서, 자기 폐쇄성이 없다. 그래서 본원 존재의 믿음은 모든 존재자에게 열려 있고, 어김없는 자기 신호를 통해 현상적 존재자들과 끊임없이 교류한다. 본원 존재의 미더움은 특정한 대상에게만 부여되지는 않는다. 따라서 본원 존재에 대한 믿음은 진정한 믿음인 것이다.

【장자 4】원문 60

나 공구가 들은 것을 말해주겠다. 무릇 가까운 사이라면 반드시
서로 미더움으로 대하고, 먼 사이라면 반드시 언어로써 충심을

나타내야 한다. 말은 반드시 전하는 사람이 있어야 한다. 양쪽이 서로 기뻐하고 서로 노하는 것을 말로 전하기란 천하에서 어려운 일이다. 양쪽이 다 기쁘면 서로 좋은 말을 과장한 것이고, 양쪽이 다 노여우면 서로 헐뜯으며 나쁜 말을 과장한 것이다. 무릇 과장하는 말은 사실과는 먼 거짓이다. 거짓이면 믿음이 사라진다. 믿음이 사라지면 말을 전한 사람이 화를 입는다.

「인간세」

지금 애태타라는 사람은 말을 안 하고도 사람들의 믿음을 얻고, 아무런 공적이 없이도 사람들의 사랑을 받는다. 나라 살림을 맡아달라고 하면서 맡아주지 않을까봐 염려마저 하게 한다. 이 사람은 반드시 자신의 '재질을 온전히 하면서도 그 덕이 밖으로 드러나지 않는 사람'일 것이다.

「덕충부」

언어와 믿음의 관계는 매우 밀접하다. 장자는 노자처럼 화려한 말과 과장된 말에는 진실성이 결여되어 있고 미더움이 부족하다고 본다. 화려한 말은 갖은 미사여구로 나타난다. 그런데 과장된 말은 기쁨의 결과를 양산하기도 하고 노여움의 결과를 가져오기도 한다. 기쁨의 결과에는 늘 좋은 말의 과장이 개입되고 노여움의 결과에는 헐뜯는 나쁜 말의 과장이 끼어든다. 따라서 과장된 말을 가지고 쌍방을 모두 기쁘게 한다거나 노엽게 만

믿음이란 무엇인가

든다는 것은 어려운 일이라는 것이다.

이 이야기는 장자가 공자의 입을 빌려 섭공자고葉公子高라는 사람에게 들려준 내용이다. 장자의 말이기는 하지만, 제나라에 사신으로 가게 된 섭공자고에게 공자는 몇 가지 구체적인 주의 사항을 일러주었다. 그때 가장 중요한 것이 말을 조심하고 삼가라는 것이었다. 말에 과장이나 억지가 섞이면 믿음이 사라진다. 그래서 공자는 과장된 말이나 억지스러운 말을 일삼기보다는 차라리 순리대로 자연스럽게 행동하라고 권한다. 그렇다면 언어에서 믿음이 사라지는 이유는 무엇일까? 그것은 목적 지향적인 의식이 언어에 개입되기 때문이다. 자신의 이익을 위해 말하는 사람일수록 언어에 미더움이 부족할 수밖에 없다. 이에 장자는 다른 나라에 사신으로 가게 된 섭공자고를 언어 주체로 설정한 것이다. 그리고 말이 미더움을 잃으면 화가 따른다고 경고했는데, 이것은 언어가 하나의 흉한 도구일 수 있음을 보여준다.

다른 한편, 장자는 말이 없어도 사람들에게 믿음을 준 애태타哀駘它의 예를 든다. 애태타라는 이름은 '슬플 정도로 등이 낙타처럼 굽은 사람'이라는 의미를 담고 있다. 신체적인 불구를 가진 추한 모습의 애태타이지만 그는 오히려 누구보다도 더 미더운 사람으로 등장한다. 그 미더운 이유가 단순하게 말을 하지 않아서일까? 그것은 아닐 것이다. 말이 없다는 것은 실제로 침묵한다는 의미가 아니다. 장자는 말이 많은 것도 문제이지만, 말 없이 침묵하는 것도 하나의 언어행위라고 보기 때문이다. 애태타가 말이 없다는 것은 과장된 말, 억지스러운 말, 남을 곤경에 빠뜨리는 말, 남을 억지로 설득하려는 말을 하지 않는다는 의미로 보는 것이 타당하다.

애태타는 '재질을 온전히 하면서도 그 덕이 밖으로 드러나지 않는 사람
才全而德不形者'이다. 그는 누구보다도 온전한 재질을 지니고 있을뿐더러, 덕
의 소유자다. 그럼에도 자신의 덕을 의도적으로 드러내려는 자의식이 없
는 사람이다. 자기중심적인 자의식이 없다보니 애태타는 남들 앞에 나서
서 주창하는 일이 없다. 어느 경우에도 자기 이익을 위하여 말하는 법도
없고 그를 위하여 일방적으로 행위하는 법도 없다. 애태타의 믿음은 이러
한 특성으로부터 생겨난 것이다. 그래서 그는 말은 하지 않지만 오히려 말
이 많은 일상인보다 더 믿을 수 있는 존재로 상정된다. 여기에 이르면 장자
에 나타난 믿음의 개념은 자의식의 범주에까지 미치고 있음이 확인된다.

【장자 5】 원문 61

> 저 효도와 형제애, 어짊과 정의, 충성과 믿음, 곧음과 청렴 따위
> 는 모두가 스스로 무리하게 힘써서 그 덕을 부리는 것이니 새삼
> 존중할 일이 못 된다.
>
> **「천운」**

> 어짊과 정의, 충성과 믿음을 말하고 공손하게 겸양한다고 하는
> 것은 자기 자신을 수양하는 것일 뿐이다. 이는 평온한 세상에 사
> 는 사람, 교육을 일삼는 사람, 한가하게 사는 학자가 좋아하는
> 짓이다.
>
> **「각의」**

믿음이란 무엇인가

성인이 죽지 않으면 큰 도둑이 없어지지 않는다. 비록 성인을 존중하고 천하를 다스린다 해도 결국 그것은 도척 같은 인간을 존중하고 이롭게 하는 셈이 된다. 되를 만들어 용량을 재려 하면 그 되까지 훔쳐버린다. 저울을 만들어 무게를 달려 하면 그 저울까지 훔쳐버린다. 어음이나 증서를 만들어 신용 있게 하려고 하면 그 어음이나 증서까지 모두 훔쳐버린다. 어짊과 정의로 백성을 바로잡으려 하면 그 어짊과 정의도 아울러 훔쳐버린다.

「거협」

시대가 흐르면서 믿음의 개념에도 변화가 생겨났다. 믿음에 변화가 찾아왔다기보다는 사람들이 믿음을 대상화하기 시작한 것이다. 본래 자연적 성향을 띠었던 믿음의 의미를 인간학적 방향으로 전향시키는 일이 일어났다. 믿음은 점차 인간이 간직하고 지켜가야 할 중요한 덕목의 하나로 상정된 것이다. 믿음뿐만이 아니다. 어짊과 정의, 효도와 형제애, 곧음과 청렴 등의 덕목이 모두 인간의 이념을 대변하는 목표로 자리매김하게 된 것이다. 장자가 볼 때, 이러한 것은 결코 본질적인 것이 아니다. 인산의 사회적 필요성과 역사적 요청에 의하여 그 권능이 강화된 것에 지나지 않기 때문이다. 장자는 이러한 것을 총칭하여 '외물外物'이라고 규정했다.

장자가 말하는 외물에는 인간의 지식과 욕망을 비롯한 일체의 사회제도적인 이념들이 포함된다. 그것은 자연으로부터의 일탈을 초래하는 동시에 본성을 어그러뜨리는 역할을 담당한다. 이러한 점에서 외물은 비본질적인 것일 수밖에 없다. 장자는 유가의 주요 덕목인 인의예지나 일상적 지식인이 소유한 지식의 양태 역시 외물일 수밖에 없다고 주장한다. 그것은 일상의 생활세계에서 이익의 도구로 쓰이거나 명예를 획득하는 수단으로 사용된다는 점에서 그렇다. 이러한 외물은 인간의 자연성을 차단하고, 자유를 속박하는 부정 인자에 해당된다.

장자는 인간이 얼마나 외물에 속박된 존재인가 하는 점에 대하여 하나의 비유적인 우화를 제시한다. 그것은 내기 활쏘기에 관한 것이다. 장자는 「달생達生」 편에서 다음과 같이 말한다. "질그릇으로 내기 활을 쏘면 잘 쏠 수 있지만, 띠쇠로 내기 활을 쏘면 주저하여 잘 안 맞게 된다. 황금으로 내기 활을 쏘면 마음이 혼란하여 전혀 안 맞게 된다. 그 재주는 마찬가지인데 아끼는 마음이 있어서 외물만 소중히 여기기 때문이다. 무릇 외물만 소중히 한다면 속마음은 졸렬해지고 말 것이다." 외물이 인간을 속박한다는 사실을 잘 묘사한 말이라고 할 수 있다.

장자는 성인도 외물의 한 가지 유형일 수 있음을 시사한다. 도둑이 생겨나는 것이 성인이 있기 때문이라고 보는 데서 알 수 있다. 또한 장자는 외물로 변질된 믿음 역시 문제라고 본다. 장자는 "어음이나 증서를 만들어 신용 있게 하려고 하면 그 어음이나 증서까지 모두 훔쳐버린다"고 한다. 인간은 사회역사적으로 자연적 성향을 가지고 있던 믿음에 인간의 소망을 담아 도덕적 신의를 요청했고, 그 신의가 지켜질 것을 요청하는 바람을 담아 구체적인 어음이나 증서를 만들어 믿음을 대신하게도 했다. 어음이나 증서는 믿음에 대한 법기술적인 제도화라고 할 수 있다. 그런데 이에 대한 신용의 남용은 언제든 문제가 되어왔으며, 이와 관련하여 그 폐해를 줄이기 위한 제도적 개선의 노력을 끊임없이 수행해왔다. 그러나 장자는 인위적인 제도를 문제 해결의 방편으로 내세우는 한 대상화된 믿음의 상실은 더욱 가속화될 수밖에 없으리라고 여긴다.

【 장자 6 】 원문 62

덕이 지극했던 세상에서는 (…) 어떤 일이 마땅하게 이루어졌다 하더라도 그것을 미덥다고 생각하지 않았다.

「천지」

지극한 예는 남과 구별을 세우지 않고, 지극한 의로움은 사물과 구별을 짓지 않으며, 지극한 지혜는 모의하지 않고, 지극한 어짊은 친애함이 없으며, 지극한 믿음은 금옥을 믿음의 저당물로 삼지 않는다.

「경상초」

진정한 믿음은 믿음이 아니다. 그리고 지극한 믿음은 믿음의 저당물을 잡히지 않는 믿음이다. 장자는 믿음의 문제와 관련하여 이와 같은 역설을 제시한다. 진정한 믿음이란 보통 사람이 생각하는 방식과는 전연 다른 방식으로 존재한다는 말이다. 일상에서 믿어지는 믿음은 믿음의 신표나 어음을 요구하고, 믿음을 담보하는 물질적인 저당물이 없으면 곤란하다. 그만큼 믿을 수 없는 것이 사람이라고 보기 때문이다. 그것은 그만큼 자연의 질서로부터 멀리 벗어나버린 세상이 되었다는 의미이기도 하다.

그래서 장자의 역설은 다른 곳으로 향한다. 지금 세상이 믿음을 보장할 수 없는 공간이라면 전연 다른 공간에서는 믿음의 담보물이 무엇을 의미하는지조차 모르는 사람들도 있지 않을 것이냐는 문제의식이 그것이다. 이에 장자는 지금의 시간과 여기의 공간을 탈주한다. 미래는 아직 오지 않은 시간이라서 가상의 상상력이 동원되었다는 불신을 일으킬 수 있으리라는 생각에서라도, 그는 과거로 시간을 옮겨가고, 그 과거의 한 지점에 마련되었다는 지극한 덕이 이루어진 세상으로 자리를 옮겨간다. 이것은 당대인들의 탁고적 세계관을 자신의 역설에 원용한 장자 식의 독특한 방법이다. 그 역설은 '지금-여기'에 대한 반성이다. '지금-여기'의 문제점을 다른 시간, 다른 공간에서 점검해보는 방식인 것이다. 이를 통해 '지금-여기'에서 말해지고 있는 '믿음'의 문제가 도리어 선명하게 부각될 수 있음을 알게 된다.

진정한 믿음의 상태에서는 상대에 대한 불신이 무엇인지조차 모른다. 믿음이 대상화되지 않고는 불신도 없기 때문이다. 그러므로 어떠한 일이 마땅하게 이루어졌다 할지라도 그것을 미덥다고 생각하지 않는 것이다. 장자는 지극한 덕이 이루어진 세상에서는 믿음과 불신의 개념도 없는, 아직 그에 대한 개념화가 발생하지 않은 온전한 삶이 영위됐다고 보는 것이다. 과거에 그 세상이 실제로 존재했는지의 문제는 전연 의미가 없다. 장자의 철학적 목표는 시간적이고 공간적인 측면에서 삶의 역설을 확인하는 데 있을 뿐이다. 중요한 것은 오히려 믿음에 대한 개념화의 문제다. 개념이 발생하지 않았다는 것은 의식이 분열되지 않았다는 뜻이며, 시비와 평가가 맞서지 않는다는 말이다. 따라서 '진정한 믿음은 믿음이 아니다'라는 말은, 진정한 믿음은 대상화된 믿음이 아니라는 의미이며, 그것은 불신에 대립하는 상대적 믿음이 아니라는 의미다. 따라서 참다운 믿음이란 믿음이라고 할 것도 없는 믿음인 것이다. 장자는 믿음을 넘어서라고 제언한다.

【장자 7】 원문 63

미생은 여자와 다리 밑에서 만나기로 약속했으나 여자가 오지 않고 물만 불어나는데도 떠나지 않다가 다리 기둥을 껴안은 채 죽고 말았다. (…) 그는 제사에 쓰려고 찢겨 발긴 개나 떠내려가는 돼지 또는 바가지를 들고 있는 거지와 다를 바가 없다. 모두 명목에만 달라붙어 죽음을 가벼이 여겼고 본성으로 돌아가 수명을 보양하려 하지 않은 것이다.

「도척」

유명한 '미생지신尾生之信'의 이야기다. 아마도 장마철이었을 것이다. 미생이란 남자가 사랑하는 여성을 다리 밑에서 만나기로 약속했다. 그런데 약속 시간이 지나도 그 여성은 나타나지 않고, 순식간에 엄청난 폭우가 쏟아져 다리 밑의 물이 불어나기 시작했다. 그럼에도 미생은 그 자리를 뜨지 않고 만나기로 약속한 여성과의 약속을 반드시 지켜야 한다는 신념에서

다리 기둥을 부둥켜안고 결국은 죽고 말았다. 물론 이 이야기에서 '신信' 자가 직접 발견되지는 않는다. 그럼에도 후대에까지 미생의 믿음이 두고두고 인구에 회자하고 있음을 보면, 이야기의 행간에 믿음에 관한 장자의 생각이 개입되어 있는 것만큼은 분명하다.

장자는 미생의 믿음을 생명의 보양에 관한 문제로 접근한다. 이 이야기만 보아서는 미생과 그가 만나기로 약속한 여성이 정확하게 몇 시에 만나기로 한 것인지는 분명하지 않다. 다만 불특정한 시간을 두고 '오늘 저녁' 아니면 '오늘 밤' 정도로 해두었을 가능성이 높다. 따라서 약속 시간의 문제를 가지고 상대가 시간을 지키지 않았기에 미생이 그 자리를 떠났어도 문제가 없다, 라고 말하기는 곤란하다. 다만, 상황에 따라서 약속보다 더 중요한 것은 생명의 보존이 아니겠느냐는 가치의 우선순위가 문제로 떠오를 수 있을 뿐이다. 장자는 미생의 믿음이 한계가 있다고 소개한다. 그러나 과연 여기에 정확한 답이 있을까? 후에 등장하는 한비자 역시 미생의 문제를 들고나온다. 물론 법 제정의 필요성을 언급하기 위한 방편이었겠지만, 그 역시 미생의 믿음을 긍정적으로 보지는 않는다. 오히려 한비자는 미생 같은 사람의 불상사를 막기 위한 대비책으로 서로 간의 부절符節이 요청된다고 주장한다.

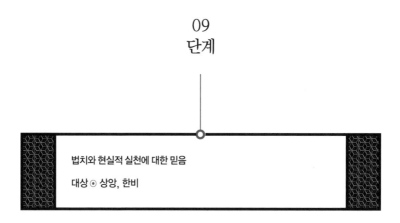

09
단계

법치와 현실적 실천에 대한 믿음

대상 ⊙ 상앙, 한비

선진 시대의 사상사를 종합적으로 완결한 것은 법가의 철학자들이었다. 이들은 진시황의 천하통일을 위한 새 시대의 이념을 창출하는 데 앞장섰고, 이전 제자백가의 학술을 탁상공론이라고 배척하며, 현실주의적인 법의 질서를 수립하여 이에 대한 믿음을 종용했다. 여기서는 특히 상앙과 한비에 한정하여 법가주의 철학자들이 생각한 법치에 대한 믿음의 의의와 그 실천의 공효에 대해 생각해보기로 한다. 사소한 약속이라도 반드시 그에 대한 믿음을 갖고 지킬 수 있어야만 준법의 이행이 현실화되리라는 법가주의 철학자들의 믿음관에 대하여 귀를 기울여보자.

사람은 태어날 때부터 좋아하고 싫어하는 것이 있으므로 백성은 다스려질 수 있는 것이다. 군주는 백성이 좋아하고 싫어하는 것을 자세히 살피지 않으면 안 된다. 백성이 좋아하고 싫어하는 것은 상벌의 기초다. 사람들의 보편적인 감정은 작위, 녹봉을 좋아하고 형벌을 싫어하므로, 군주는 이 두 가지를 설치해서 백성의 뜻을 제어하고, 백성이 바라는 것을 이루는 것이다. 백성이 힘을 다하여 노력하면 작위가 거기에 따르고, 공이 세워지면 상이 거기에 따르며, 군주가 그의 백성으로 하여금 해와 달처럼 분명하다고 믿게 할 수 있다면 그의 군대는 천하무적이 될 것이다.

『상군서』「조법」

상앙商鞅은 위衛나라의 공족 출신으로 위앙 또는 공손앙이라고도 불린다. 뒷날 상商이라는 땅을 봉지로 받았기 때문에 역사적으로는 상앙 또는 상군으로 불린다. 그는 기원전 361년에 진나라로 망명하여 정치 개혁에 앞장섰다. 그는 법치에 바탕을 둔 부국강병책으로 진나라 효공을 설득하면서 두 차례에 걸친 변법을 성공으로 이끌었고, 약소국이었던 서방의 진나라를 일약 강대국의 반열에 올려놓았다. 상앙의 정책은 훗날 진시황이 천하를 통일하는 데 기초가 되었다. 그런데 상앙의 믿음은 법과 위정자의 권위에 대한 믿음으로 나타난다.

유명한 '이목지신移木之信'이라는 고사성어는 바로 상앙으로부터 나왔다. 『사기』「상군열전」에는 다음과 같은 이야기가 전한다. 상앙은 새로운 법을 만들어놓고 백성이 믿지 않을까 염려하여 아직 널리 알리지 않고 있었다. 그러던 어느 날 그는 세 길 정도 되는 나무를 도성 저잣거리의 남문에 세워놓고 백성을 불러 모아 이렇게 말했다. "이 나무를 북문으로 옮겨놓는 자에게는 십 금을 주겠다." 그러나 사람들이 이것을 이상하게 여겨 아무도 옮기는 자가 없었다. 상앙이 다시 말했다. "이것을 옮기는 자에게는 오십 금을 주겠다." 그러자 어떤 이가 밑져야 본전이라는 생각으로 이것을 옮겨놓았다. 그러자 상앙은 즉시 그에게 오십 금을 주었다. 오십 금을 주어 나라에서 결코 백성을 속이지 않는다는 사실을 분명히 한 것이다. 그 이후에 새로운 법을 널리 알렸다.

이 이야기는 법 시행에서 가장 중요한 것이 다름 아닌 약속 이행에 따른 믿음이라는 사실을 알려준다. 이른바 '신상필벌信賞必罰'을 명확히 한다는 의미다. 신상필벌의 '신'은 '분명히 하다'라는 뜻이다. 상앙은 이것을 백성에게 해와 달처럼 분명하게 믿게 할 수 있어야 한다고 보았다. 만일 공이 있는데도 임금이 싫어하는 사람이라고 상을 내리지 않는다거나, 잘못이 있는데도 임금이 총애하는 사람이라고 벌을 내리지 않는다면 백성이 법을 믿고 따르지 않을 것이다. 이와 관련하여 상앙은 「수권修權」편에서 다음과 같이 말한다. "포상은 후하면서 믿음이 있어야 하고, 형벌은 엄중하면서도 반드시 실행해야 한다. 포상할 때 관계가 소원한 사람들을 빠뜨리지 않아야 하고, 형벌을 내릴 때 친근한 사람을 피하지 않아야 한다. 이것이 신하가 군주를 덮어 가리지 않고, 아랫사람이 윗사람을 속이지 않는 이유다."

　한편 법은 인간의 보편적인 감정을 무시하고 제정되면 곤란하다. 법이 제아무리 물리적 강제성을 토대로 제정된다고 할지라도, 그것 역시 인간의 사회적 약속이기 때문이다. 그래서 상앙은 사람들이 좋아하고 싫어하는 마음 상태에 주목한다. 그리고 그것을 포상과 형벌의 기준으로 삼는다. 법을 믿고 따르게 하려는 상앙 나름의 방편인 것이다. 그런데 상앙의 법치주의는 전쟁의 승리를 위한 배경으로부터 성립된다는 특징이 있다. 그가 신상필벌을 강조한 것이라든가 두 차례의 변법을 시행한 것은 모두 그 궁극적인 목적이 전쟁의 승리에 있었다. 신상필벌이 확실하다는 점을 백성이 믿게 되면, 그 나라의 군대는 천하무적이 될 것이라고 한 상앙의 말은 이 점을 잘 보여준다. 상앙의 법은 전쟁 승리의 일환으로 제정된 것이다. 이 점은 군주의 통치술로부터 법치의 효용성을 찾고자 한 훗날의 한비자와 좋은 대비가 된다.

【상앙 2】 원문 65

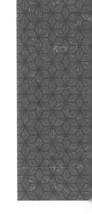

　여섯 가지 이 같은 벌레가 있다. 첫째, 예제와 음악이다. 둘째, 『시경』과 『서경』이다. 셋째, 수양과 자선 및 효도와 공경이다. 넷째, 성실과 믿음 및 정절과 청렴이다. 다섯째, 어짊과 의로움이다. 여섯째, 전쟁을 반대하는 것과 전쟁을 부끄러워하는 것이다. 국가에 이러한 열두 가지가 있고, 군주는 백성을 농경과 전쟁에 부릴 수 없다면 그 나라는 반드시 가난해져 쇠약해질 것이다.

　상앙은 국가에 여섯 가지 이蝨, sucking lice 같은 것이 있다고 주장한다. '이'에 대한 사전적 정의는 '외부기생성인 흡혈곤충으로 사람이나 가축 등의 포유류에 기생하여 피해를 주며, 일부는 전염병을 매개하는 위생해충이다'라고 설명되어 있다. 상앙은 그 해충과도 같은 여섯 가지 요소가 다음과 같다고 한다. 첫째, 나라의 예제를 뜻하는 예악이다. 둘째, 유가적인 학문 내용을 대표하는 『시경』과 『서경』이다. 셋째, 심신의 수양과 자선 및 효도와 공경의 행위다. 넷째, 성실과 믿음 및 정절과 청렴이다. 다섯째, 유가의 도덕 덕목인 어짊과 의로움이다. 여섯째, 용병을 반대하는 것과 전쟁 자체를 부끄러워하는 것이다. 이러한 여섯 가지는 구체적으로 10여 가지로 나뉘는데, 대부분이 유가에서 존중되는 덕목들임을 알 수 있다.

　여기서 상앙은 믿음에 대해 불신하는 태도를 보인다. 그러나 그 불신적 믿음은 어디까지나 유가의 도덕적 믿음에 한정된다고 할 수 있다. 상앙은 유가의 어짊과 의로움뿐만 아니라, 성실과 믿음도 모두 비판한다. 유가의 기본 경전인 『시경』과 『서경』도 나라에 해를 끼치는 독서인만을 양산할 뿐이라고 본다. 그것은 옛것을 모범으로 삼는 특성상 시세의 흐름을 막는다는 것이 결정적인 이유다. 그렇다면 상앙은 왜 이렇게 유가의 도덕주의적 믿음에 대해 불신한 것일까? 그것은 유학자들이 말만 앞세우는 공리공론을 일삼기 때문이다. 유학자들은 말로 상대방을 공격하지만 10을 내어 100을 잃어버릴 뿐이라고 한다. 이에 비하여 법치주의자들은 1을 내어 상

대를 공격하더라도 10을 취한다고 한다. 이렇게 보면 상앙에게서 학문이
란 단지 부국강병과 전쟁 승리를 위해 필요한 수단에 지나지 않게 된다.

상앙은 유가의 도덕주의적 믿음과 법가의 법치주의적 믿음의 결과를
상호 비교한다. 도덕주의적 믿음으로는 천하를 다스리는 데 실패할 수밖
에 없지만, 법치주의적 믿음은 사회를 안정시키고 질서를 유지하는 공효
가 크다고 본다. 그는 「수권」 편에서 다음과 같이 말한다. "그러므로 어진
자는 남에게 어질 수 있지만 남을 어질게 할 수는 없고, 의로운 자는 남에
게 사랑을 베풀 수는 있지만 남이 서로 사랑하게 만들 수는 없다고 말하
는 것이다. 그러므로 어짊과 의로움으로는 천하를 다스리지 못한다는 것
을 알 수 있다. 법가적 성인에게는 사람들을 반드시 믿게 하는 성품이 있
고, 천하의 사람들이 믿지 않을 수 없게 하는 법이 있다. 소위 의로움이란
신하인 자는 충성스럽고, 자식인 자는 효성스럽고, 연소자와 연장자 사이
에는 예절이 있고, 남자와 여자 사이에는 구별이 있는 것으로, 의로움이 아
니면 굶주림이 극에 달해도 구차하게는 먹지 않고, 죽어도 구차하게는 살
아남지 않는다. 이것은 곧 법이 있는 국가에서는 일상적인 상황이다. 법가
적 성왕은 의로움을 중시하지 않고 법을 중시하며, 법이 반드시 명확하고,
명령이 반드시 시행된다면 그것으로 그만이다."

상앙에게 있어 믿음의 대상은 법이다. 그는 법에 대한 철저한 믿음을 내
세우는 법 신뢰주의자다. 그는 나라에 법이 제대로 갖추어져 있어야 하고,
그에 대한 믿음이 두터워야만 나라가 부강해질 수 있다고 본다. 그는 "국가
가 잘 다스려지는 원인에는 세 가지가 있다. 첫째가 법이고, 둘째가 믿음이
며, 셋째가 권력이다. 법이란 군주와 신하가 같이 준수하는 것이고, 믿음이

란 군주와 신하가 같이 세우는 것이며, 권력이란 군주가 단독으로 규제하는 것인데 군주가 지키지 못하면 위험해진다"(「수권」)라고 하여, 법에 대한 믿음이 없으면 안 된다고 강조했다.

그러나 법 지상주의자였던 상앙의 최후는 매우 불행했다. 상앙은 자신의 정치적 후견인이던 효공이 죽자 반대파의 모함에 몰려 피신을 시도한다. 그러나 그는 궁지에 몰린 끝에 자신이 만든 법망을 피하지 못하고 붙잡혀 결국 비참하게 죽는다. 사지가 찢기고 가족이 참살당하는 비참한 최후를 맞이한 것이다. 평생을 법과 함께 살았던 상앙의 인생 역정이 아이러니하다고 볼 수 있다. 그러나 이 또한 전적으로 우연한 결과만도 아닐 것이라는 점에서, 법 적용의 의의와 한계에 대해 다시 한번 묻게 된다.

법이란 죄를 저지르지 못하게 억눌러서 사심을 품지 못하게 하는 수단이며 엄한 형벌이란 법령을 철저히 수행하여 아랫사람을 응징하는 수단입니다. 권위는 두 사람이 행사해서는 안 되며 통세가 양쪽에서 이루어서도 안 됩니다. 권위와 통세를 군주와 신하가 함께 하면 많은 사악이 횡행할 것이고 법을 '분명하게 실행하지 못하면不信' 군주의 앞길이 위태로울 것이며 형벌이 준엄하게 단행되지 않으면 악을 누르지 못하게 될 것입니다.

『한비자』 「유도」

결과가 명분에 일치하는가의 여부에 비추어 그에 알맞은 상과 벌을 실시한다. 상과 벌 두 가지 일이 '분명하게 행해지면信' 신하는 자기 자신을 숨김없이 드러낼 것이다.

「양권」

법과 형이 '분명하게 실행되면信' 호랑이도 사람답게 교화되어 다시 본연의 모습으로 돌아갈 것이다.

「양권」

한비는 법가사상의 종결자로 평가된다. 그는 이전 법가류의 법·술·세에 대한 의론을 종합적으로 집대성하여 군주의 통치술을 공고히 하고, 중앙집권적인 법가의 이론을 구축했다. 그는 일찍이 한나라의 여러 공자 가운데 한 명으로 태어나 형명과 법술의 사상을 익혔지만 그의 이론은 자신의 고국 한나라에서는 채택되지 못했다. 오히려 한비의 이론은 진시황이 택해 통일 왕조의 기반을 마련하는 국가 운영의 지침으로 활용했다.

한비는 명분과 결과의 일치를 주장한 철학자다. 한비가 주장한 명분과 결과의 일치는 이론과 실천의 일원화를 주장한 것으로 이해할 수 있다. 중국 철학사에서는 한비의 사상을 가리켜 '형명학刑名學'이라는 표현을 즐겨 사용한다. 이때 '형명'에는 두 가지 의미가 있다. 그 하나는 형법이나 법률이고, 다른 하나는 명실이다. 한비는 각각의 내용에서 양자의 관계를 일원화하여 보고자 한다. 그러면서도 '형명'이란 말에서 보듯 명보다는 형을 앞세운다. 이러한 사실에서 볼 때, 한비는 언어적 개념에 대한 관심보다는 사회적 명분과 실제 정황에 대한 관심이 더 컸음을 알 수 있다. '형명'에 대한 한비의 입장은 그의 법술사상에 직접적인 영향을 미친다.

한비는 군주의 법과 형이 분명하게 시행되고, 상과 벌이 분명하게 실행되면 신하가 감히 군주를 넘보지 못한다고 강조한다. 권위와 통제의 주체는 임금일 뿐, 그것을 신하와 나누어 양립시켜서는 안 된다는 것이다. 군주의 권력은 엄격한 법과 형 또는 상벌의 시행과 연대하지 않으면 안 된다. 군주는 그것을 매우 분명하게 실행해야만 한다. 이 점을 설명하기 위하여 한비는 '신信'이라는 표현을 쓴다. 그런데 여기서는 그것이 '분명하게 하다' 또는 '밝히다'라는 의미로 사용된다. 일반적으로 가장 많이 알려진 '믿음'의 의미가 아닌 것이다. 그러나 비록 '신'이 믿음이라는 개념으로 직접 활용되지는 않고 있지만, 군주의 법과 형 내지 상벌이 분명하게 실행됨으로써 나타날 결과가 믿음을 지향한다는 점에서, 그것은 여전히 커다란 믿음의 범주 안에 놓여 있는 개념임을 부정할 수 없다. '분명하게 하다'라는 말에는 한비가 일컫는 '충신忠信'의 의미가 공존한다. 한비는 충성은 지도자가 백성을 사랑하는 도리이고, 믿음은 지도자가 백성을 속이지 않는 도리라고 한다. 이러한 맥락에서 보면, 한비적인 '법의 정신'은 지도자의 충성과 믿음을 분명히 밝히는 것이라고 할 수 있다.

【한비 2】 원문 67

길흉을 가려서 사계절과 날짜를 따지고 귀신을 받들며 복서와

점괘를 믿고 제사 지내기를 좋아하는 경우 그 나라는 멸망할 것
이다.

「망징」

한비는 나라를 망하게 하는 징조에 대해 무려 마흔일곱 가지 사례를
들어 설명한다. 이는 「망징」 편에 자세히 설명되어 있으며, 여기서는 일일
이 거론하지 않기로 한다. 이 「망징」 편은 전국 말의 세기말적 상황에 직면
해 있던 한비의 시대상을 비롯한 당대의 사회정치적 상황과 맞물려 있는
비판적 제언이라는 점에서 의미가 크다. 한비는 대개 군주의 탐욕과 잘못
된 처세에서 비롯되는 폐해로부터 신하들의 직무유기의 태도와 백성의 불
신 등이 모두 국가 멸망의 원인으로 작용한다고 말한다. 그 가운데는 '길
흉을 가려서 사계절과 날짜를 따지고 귀신을 받들며 복서와 점괘를 믿고
제사 지내기를 좋아하는 경우'도 제시된다. 이것은 미신에 대한 믿음의 행
위가 나라를 망하게 하는 징조라는 주장이다.

한비는 점괘를 믿는 것은 부질없는 일이라고 주장한다. 그는 조나라의
예를 들어 설명한다. 조나라는 거북의 등에 구멍을 뚫고 서죽을 세어 '대
길'이라는 점괘를 뽑아 연나라를 공격했다. 연나라 역시 동일한 행위에서
'대길'이라는 점괘를 뽑아 조나라를 공격했다. 그런데 연나라는 전쟁의 성
과가 없었으나 조나라는 뜻을 이루었다. 그렇다고 조나라의 거북이 영험
하다거나, 연나라의 거북이 속임수를 쓴 것이라고 말할 수는 없다. 또 한번
은 조나라에서 연나라를 협박하고 진나라를 막아보려는 의도에서 거북의

등에 구멍을 뚫고 서죽을 세어 '대길'이라는 점괘를 얻었다. 그러나 연나라를 공격하던 조나라는 오히려 진나라에 대부분의 성채를 빼앗기고 말았다. 조나라에서는 동일한 '대길'이라는 점괘를 얻어 어떤 때는 영토를 넓히는 실익을 거두었으나, 어떤 때는 영토를 빼앗기는 결과를 초래했다. 따라서 점괘는 근거가 없으며, 여기에 의지하는 것은 어리석은 일이다. 『한비자』 「식사飾邪」 편에 있는 이야기다. 이 편은 군주가 미신에 현혹당하지 않도록 경계하는 내용을 담고 있다. 편명에 있는 '식'은 경계한다는 의미이고, '사'는 복서나 점성술 같은 세속적 믿음을 가리킨다.

미신이란 사람들로 하여금 미혹하게 하는 믿음으로서, 혹세무민의 성격을 갖는다. 그리고 그것은 실제로 사회에 해를 끼치는 결과를 초래하기도 한다는 점에서 문제를 일으킬 때가 많다. 한비는 길흉을 가려서 날짜를 따지는 행위나 귀신을 받들며 복서와 점괘를 믿는 일체의 행위는 과학적이거나 합리적인 인과관계에 기반하지 않는다고 판단하고 이를 부정한다. 이러한 행위들은 비합리적이고, 검증 불가능할 뿐 아니라 비현실적인 특성을 지닌다. 미신이란 특정한 현상으로부터 신적인 믿음으로의 이행이거나, 그와 유관한 행위들을 가리킨다고 볼 수 있다. 또한 미신은 인간 자신의 수세적 판단능력을 빙기하고, 초일적이거나 신비한 대상에 모든 것을 의지함으로써 자기 의사 결정의 대행자를 찾아내는 속성을 지닌다. 이러한 점에서 미신은 현실 도피의 창구로서 작용하기도 한다. 따라서 대중적 미신이 확산되면 그 나라는 건강을 잃을 수밖에 없다. 경우에 따라서는 군주의 권능보다 미신의 숭배자나 신의 권능이 더 우월한 것으로 여겨질 수 있다. 여기에 군주의 법술이 적용되지 못하는 한계가 발생할 수 있다.

헤겔George W. F. Hegel(1770~1831)의 말처럼 미신이 유행하는 나라는 '오류의 나라'(『정신현상학』 3-401)다. '오류의 나라'는 정상성을 일탈한 비정상적인 나라다. 그래서 한비는 애써 미신의 나라로부터 벗어나야 한다고 강변하는 것이다.

【한비 3】 원문 68

군주의 우환은 다른 사람을 믿는 것에서 비롯된다. 다른 사람을 믿으면 그에게 지배받게 된다. 신하는 그 군주에 대해 혈육 간의 친함이 있는 것이 아니라 권세에 매여서 어찌할 수 없이 섬기는 것이다. 그러므로 남의 신하인 자는 군주의 마음속을 살피느라 잠시도 쉬지 못하지만 군주 쪽은 게으르고 오만하게 그 위에서 처신한다. 이것이 세상에서 군주를 협박하고 시해하는 일이 생기는 원인이다. 군주가 되어 자식을 지나치게 믿으면 간악한 신하들이 그 자식을 이용하여 자기 사욕을 채우게 된다. 그러므로 이태는 조나라 왕의 보좌역이 되어 주보를 굶겨 죽였다. 또 군주가 되어 처를 지나치게 믿으면 간악한 신하들이 그 처를 이용하여 자기 사욕을 채우게 된다. 그러므로 시라는 배우가 여희의 보좌역이 되어 신생을 죽이고 해제를 태자로 세웠다. 무릇 처만큼 가까운 사이와 자식만큼 친밀한 사이까지도 믿지 못하는 것이니, 그 나머지는 믿을 만한 자가 없는 것이다.

「비내」

한비의 인간 불신은 원초적이다. 그것은 그가 모든 인간을 이기적 존재로 보았기 때문에 생겨난 현상이다. 잘 알려져 있듯 한비는 순자가 제시한 성악설을 상속받은 철학자다. 그러면서도 그는 순자의 예치주의를 법치주의로 전환하여 절대군주의 권력을 강화하는 새로운 지배담론을 탄생시켰다. 절대군주로서의 진시황이 역사의 전면에 화려하게 등장하는 데는 한비의 영향이 적지 않았다. 한비는 기본적으로 인간을 이기적 동물로 간주하고, 이를 제어하여 계도하는 방법이 강제적인 법의 권능에 의지하는 것밖에는 없다고 생각했다.

모든 인간이 이기적이라고 본 한비는 가까운 부모 자식의 관계라고 해서 예외가 될 수는 없다고 했다. 그는 「육반六反」 편에서 다음과 같이 말한다. "부모가 자식을 대함에 아들을 출산하면 서로 축하하고 여아를 출산하면 죽인다. 이들은 모두 다 같이 어머니의 자궁에서 나오지만, 그럼에도 아들은 축하받고, 딸은 죽임을 당하는 것은 부모가 노후의 편안함을 고려한 것으로서 장기적인 이익을 계산한 것이다. 따라서 부모까지도 자식을 이해타산적으로 대하는 것이다. 하물며 부모가 자식을 택하는 일이 아닌 것들은 어떠하겠는가?" 한비의 시대적 상황은 오늘날과는 많이 달라서 아들은 득이 농업생산력에 동원될 가치가 크나고 여겨졌지만, 딸은 커서 다른 집으로 출가하기 때문에 노동력의 손실을 가져온다고 판단한 것이다.

한비는 「비내備內」 편에서 내부인을 방비하라고 권고한다. 군주가 거처하는 곳에는 그와 가까운 사람들이 즐비하다. 왕비와 후궁, 적자와 서자, 측근의 신하들에 이르기까지 매우 많은 사람이 군주의 곁에 모여 있다. 군주 가까이에 있다는 것은 그의 총애를 받고 있음을 암시한다. 따라서 이들

2장 원전과 함께 읽는 '믿음'

이 자칫 나쁜 마음을 품고 음모를 꾸미면, 군주가 그것을 알아채기란 결코 쉽지 않다. 이에 한비는 자식이나 부인까지도 예외 없이 믿지 말라고 권고한다. 가까이에 있는 신하들이라면 더욱 그렇다. 그들은 혈연으로 맺어진 관계도 아니고, 가족의 일원도 아니므로 믿기가 더 어려운 존재들이라고 한다. 그들은 자신의 이기심을 충족시키려는 목적의식에서 군주에게 듣기 좋은 말만 골라서 하고, 듣기에 거북한 말은 가려서 하지 않으려는 속성이 강하다. 이러한 말들은 화려할 수밖에 없다. 만일 화려한 말들에 귀가 가려지면 군주는 도리어 신하의 권력에 눌리게 된다. 군주가 협박당하고 시해당하는 원인은 가까운 곳에 있는 신하를 맹목적으로 믿었기 때문이다. 한비는 구체적인 예를 제시한다. 이태李兌가 조나라 왕의 보좌역이 되어 주보主父(조나라 무령왕을 말함)를 굶겨 죽인 일이 있었고, 진 헌공을 섬기던 시施라는 배우가 여희와 공모하고 여희가 낳은 자식인 해제를 태자로 세우고자 신생을 죽인 사례가 있었다.

군주가 거처하는 궁정 안에서 내부의 적을 찾아내기란 쉽지 않다. 내부의 적은 외부의 적보다 내밀하게 숨겨져 있기 때문에 더 무서운 파괴력을 갖고 군주의 권력을 겨냥한다. 그래서 한비는 모든 사람의 이해관계를 면밀하게 살피라고 한다. 그 이해관계의 관찰에 있어서 신하들은 늘 군주를 대하는 일에 긴장의 끈을 놓지 않지만, 군주는 상대적으로 마음이 오만해질 수 있고 나태해질 수 있다는 것이다. 그것은 군주가 상대방을 믿기 때문이며, 거기서 자신은 상대에게 무방비 상태로 노출되어버리는 것이다. 그러다 자신이 믿음을 주었던 가까운 사람들이 배신하면 그 심리적 충격과 상처는 엄청나게 클 수밖에 없다.

셰익스피어의 희곡 『줄리어스 시저』에 나오는 명대사 한 마디는 한비의 경고에 다시금 경종을 울린다. 시저의 암살에는 권력 투쟁에 나선 원로원의 14명 외에도 그가 가장 총애하던 브루투스도 끼어 있었기 때문이다. 역사적 사실성과는 무관한 일이라지만, 셰익스피어는 시저의 입을 통해 안타깝게 외쳤다. "브루투스, 너마저et tu Brute."

일에 유혹당하는 자는 그 환란으로 고통받는다. 진언할 때 견적은 작았는데 실제로 일한 비용이 많아졌다면, 비록 공이 있다 하더라도 그 진언한 말에는 믿음이 없는 것이다. 진언한 말에 믿음이 없는 자는 벌을 받고 일에 공이 있는 자는 반드시 상을 받게 해야 한다. 그러면 여러 신하가 감히 말을 꾸며 군주의 마음을 흐리게 할 수 없을 것이다. 군주가 취할 길이란 신하에 대하여 앞서 말한 것이 그 뒤에 이룬 일과 일치하지 않거나, 뒤에 하는 말이 그 앞서 이룬 일과 일치하지 않을 경우, 비록 그 일에 성과가 있다 하더라도 반드시 죄를 물어야 한다. 이를 가리켜 아랫사람에게 일을 잘 맡긴다고 하는 것이다.

「남면」

믿음의 문제는 일의 성과 여부와도 관련된다. 오늘날은 업적지상주의나

성과지상주의라는 말이 생경하게 느껴지지 않을 정도로 다반사로 이야기되고 있지만, 한비가 말하는 일의 성과는 오늘날 우리가 이해하는 방식과는 좀 다른 특색이 있다. 그는 일의 결과에 따른 상벌이 명확해야 한다는 입장을 기본적으로 견지하지만, 애초에 계획했던 것과 그 성과가 다르게 나타날 경우엔 처벌해야 한다는 입장을 천명한다. 한비는 처음 세운 계획보다 성과가 적은 경우는 당연히 일을 소홀히 처리한 문제점을 들어 벌을 내려야 한다고 본다. 뿐만 아니라 처음 세운 계획보다 성과가 과다하게 발생했더라도 반드시 책임을 물어 처벌해야 한다고 주장한다. 그래서 한비는 "군주가 취할 길이란 신하에 대하여 앞서 말한 것이 그 뒤에 이룬 일과 일치하지 않거나, 뒤에 하는 말이 그 앞서서 이룬 일과 일치하지 않을 경우, 비록 그 일에 성과가 있다 하더라도 반드시 죄를 물어야 한다"고 밝힌 것이다.

어려운 일도 대수롭지 않게 말하는 사람들이나, 쉬운 일도 대단히 어려운 일인 것처럼 말하는 사람들이 있다. 국가 운영에 있어서 이러한 문제를 가지고 개인의 영달을 추구하고자 하는 사람들은 늘 존재해왔다. 적은 비용으로 견적을 내어 근사한 사업인 양 꾸며 체결하고자 하는 경우라든가, 실제로는 적은 비용으로도 해결할 수 있는 일을 크게 부풀려 견적을 내서 이익을 챙기고자 하는 사람들이다. 만일 이들에게 유혹되어 진실을 깨닫지 못하고 도리어 칭찬한다면, 조직은 그들에게 제압당하게 될 것이다. 그래서 한비는 일의 성과를 중시하지만, 그 계획과 결과의 일치를 요구한다. 이것을 편의상 법가적 업적주의라고 말해보자. 그것은 개인에게 선천적으로 귀속된 자산의 능력보다는 일의 성과 여하에 따라 상벌을 시행하는 것을 특징으로 한다. 그것은 일을 수행하는 데 따른 공공성의 요청이 수반된다는 또 하나의 특징이 있다. 한비는 이기적 존재로 살아가는 인간의 특성상 일을 계획하고 수행하는 데 있어서 사적 욕망의 개입은 늘 문제로 지적될 수 있음을 안다. 이에 그는 일의 공공성을 확보하기 위한 강제적 제동장치로서 법의 권능을 동원하기에 이르렀다. 특히, 국가 경영에 관련된 모든 일에는 사심이 개입되지 않아야 한다. 그래야만 일에 대한 믿음이 생겨난다.

방공이라는 사람이 태자와 함께 한단에 인질로 가게 되었다. 그는 위나라 왕에게 물었다. "만약에 어떤 한 사람이 시장바닥에 호랑이가 나타났다고 말한다면 왕께서 그것을 정말로 믿겠습니까?" 왕이 대답했다. "믿을 수 없다." 방공이 다시 물었다. "두 사람이 시장바닥에 호랑이가 나타났다고 말한다면 왕께서 그것을 정말로 믿겠습니까?" 왕이 같은 대답을 했다. "믿을 수 없다." 그럼에도 방공이 또다시 물었다. "세 사람이 시장바닥에 호랑이가 나타났다고 말한다면 왕께서 그것을 정말로 믿겠습니까?" 이 말을 듣고 왕이 말했다. "나도 그것을 믿게 될 것이다." 이에 방공이 말했다. "도대체 시장바닥에 호랑이가 나타날 수 없다는 것은 분명합니다. 그럼에도 세 사람이 말하게 되면 호랑이가 나타난 것입니다. 이제 제가 가는 한단은 위나라로부터 거리가 시장바닥보다도 더 멉니다. 더구나 저를 비판하는 자가 세 사람보다 더 많을 것입니다. 바라건대 왕께서는 부디 이것을 깊이 살펴주십시오." 그 후 방공이 한단으로부터 위나라로 돌아왔으나, 끝내 왕을 만날 수 없었다.

「내저설 상·칠술」

말이라고 하는 것은 많이 함으로써 믿게 되며, 그렇지 않은 것을 열 사람이 의아스럽다고 말하더라도 백 사람이면 그렇게 되고, 천 사람이면 풀 수 없게 된다.

「팔경」

『한비자』에는 이른바 '삼인성호三人成虎'라는 이야기가 실려 있다. 세 사람이 거짓말을 하면 없는 호랑이도 만들어낸다는 의미다. 이것은 위나라의 방공이란 사람이 태자와 함께 조나라의 수도 한단으로 볼모로 가기 전왕과 나눈 이야기에서 나온 말이다. 믿음의 가변성을 보여주는 대표적인 예다. 이 이야기의 내용을 보면, 사람의 믿음이 얼마나 흔들리기 쉬우며, 연약한 지반 위에 터를 잡고 있는지를 새삼 깨닫게 된다.

이와 유사한 이야기로 '증삼살인曾參殺人'이라는 말이 전한다. 옛날에 증삼이 거처하는 곳에 증삼과 이름과 성이 같은 사람이 있었는데, 어느 날 그가 살인을 했다. 그러자 사람들이 증삼의 어머니에게 고했다. "증삼이 사람을 죽였습니다." 증삼의 어머니는 태연하게 짜고 있던 베를 계속 짰다.

믿음이란 무엇인가

얼마 후 어떤 사람이 또 와서 같은 말을 고했지만, 증삼의 어머니가 말했다. "내 아들은 사람을 죽이지 않습니다." 얼마 후 또 한 사람이 와서 같은 말을 고하자, 증삼의 어머니는 베틀의 북을 집어던지고 담을 넘어 달렸다. 증삼의 어머니는 아들의 어짊과 현명함을 믿었음에도 세 사람이 그를 의심하면서 말하니 아들이 정말 살인을 하지 않았을까 두려워진 것이다. 이 이야기는 『전국책』과 『사기』 『신서新序』 등에 비슷한 내용으로 실려 있다.

　이상의 '삼인성호'와 '증삼살인'은 여러 사람이 없는 사실에 대해 동일한 이야기를 계속하다보면, 듣는 사람의 믿음이 흔들릴 수 있다는 점을 경계한다. 특히 국가 경영을 책임지고 있는 지도자가 다른 사람의 참언을 믿고 사람을 의심하면 안 된다는 취지에서 자주 언급되는 이야기다. 왕충은 『논형』 「언독言毒」 편에서 "군자는 호랑이를 두려워하지 않고 참언을 퍼뜨리는 사람의 입을 두려워한다"라고 말했을 정도로 심각하게 참언을 경계한다. '삼인성호'와 '증삼살인'과 유사한 말로 '중구삭금衆口鑠金'도 있다. 저 유명한 초나라의 현자 굴원屈原이 쓴 「천문天問」 편에 나오는 말로서, '여러 사람이 합하여 말하면 굳은 쇠도 녹인다'는 의미다. 이 또한 참언의 두려움을 경계하고 있다. 오늘날도 사회정치적으로 끊임없이 일어나는 마녀사냥의 쇠선상에서는 참인의 꿈순한 개입이 불손민 권능을 행시하고 있다는 사실을 부정하기 어렵다.

정나라 사람 중에 장차 신발을 사려고 하는 자가 있었다. 먼저 자기 발의 치수를 재고 자리에 그것을 놓아두었는데, 시장에 도착해서야 그것을 잊고 왔음을 알았다. 이미 신발을 구할 수 있었는데도 [신발을 내려놓고] 바로 말하기를 "내가 잊어버리고 치수 잰 것을 가지고 오지 않았다"라고 했다. 되돌아가 그것을 가지고 다시 왔으나 시장이 파해서 끝내 신발을 살 수 없었다. 어떤 사람이 물었다. "왜 발로 재보지 않았는가?" 그는 말했다. "차라리 치수 잰 것은 믿을 수 있어도 내 발은 믿을 수 없기 때문이다."

「외저설 좌상」

법은 누구나 인정할 수 있는 분명한 원칙이 있어야 하고, 누구에게나 적용될 수 있는 보편성이 있어야 한다. 또한 구체적 현실성을 반영해야 한다. 그런데 불행하게도 법에 원칙이 없고, 보편성이 없을 뿐만 아니라 비현실적인 성향이 강하게 나타난다면, 사회는 큰 혼란에 빠진다. 법의 기준은 항상 명확할 필요가 있다. 자기만이 개별적으로 인정하는 기준을 다른 사람들에게 요구할 수 없는 것이 법의 기본 원칙이다.

한비는 정나라 사람의 예를 통해 이 문제를 비유적으로 설명한다. 정나라에 어떤 사람이 살고 있었다. 그는 자기가 잰 발의 치수만을 금과옥조처럼 믿을 뿐 자기의 실제 발은 믿지 못하는 사람이었다. 한비의 이 이야기는 매우 교훈적이다. 잘못된 기준이 얼마나 어리석은 결과를 초래할 수 있는지에 대한 반성을 촉구하기에 충분하다. 그러나 이 이야기는 다른 한편, 법을 외면하는 학자들의 일반적인 성향을 비판적으로 지적한 것이라고 볼 수도 있다. 학자들의 기준은 법이 아니라 옛 성인의 말씀과 그들이 남긴 서책이다. 한비는 이와 관련된 하나의 예를 든다. 옛날 양나라에 고서를 연구하는 사람이 있었다고 한다. 그는 일거일동을 학문적 뒷받침에 의거하여 행했고, 매사를 모두 옛글에서 인용할 뿐이었다. 어느 날 어떤 사람이 한 가지 질문을 하자 그는 다만 옛 책에 그렇게 쓰여 있다고 대답할 뿐이었다.

정나라 사람이 발의 치수를 재어놓은 것을 금과옥조처럼 믿는 것이나, 양나라의 학자가 옛날 서책의 권위만을 믿음의 대상으로 삼는 것은 매우 유사한 맥락의 의미를 담고 있다. 둘 모두 공리공담을 일삼을 뿐 현실의 구체적인 법을 따르려고 하는 일에는 도무지 무관심한 사람의 전형으로 이해된다. 두 사람은 지나간 역사의 흔적을 현실에 대입하려는 한계가 있으며, 자신의 주관적 기준을 보편적이라고 믿는 아전인수적인 한계에 노정되어 있다. 지나간 것은 이미 현실이 아니다. 지나간 것에 역사적 의미가 없지 않지만, 그것은 하나의 참고 사항에 불과하다. 그래서 한비는 과거의 법으로는 과거를 다스릴 수 있지만, 현재를 다스리게 할 수는 없는 일이라고 주장한다. 현재를 다스릴 방법은 현재적인 것에 있을 뿐이다.

이러한 취지에서 한비는 '수주대토守株待兎'의 우화를 제시한다. '나무 그루터기를 지키며 토끼를 기다린다'는 말이다. 옛날 송나라에는 어떤 농부가 살고 있었는데, 어느 날 토끼 한 마리가 달려가다 그만 밭 가운데 있는 나무 그루터기에 걸려 목이 부러져 죽고 말았다. 그날 이후 농부는 쟁기를 놓고 그루터기를 지키며 다시 토끼를 얻고자 했다. 그러나 결국 토끼는 얻을 수 없었고, 사람들의 비웃음을 사고 말았다. 법의 기준과 그 적용도 마찬가지라는 것이다. 옛날에 토끼를 잡던 방식은 옛날에 효과가 있었을지 모르지만, 그 방식대로 현재의 문제들을 해결할 수는 없다는 말이다. 한비는 현실을 외면한 모든 비현실적인 기준을 척결하지 않으면 안 된다고 본 것이다.

【한비 7】 원문 72

작은 믿음이 이루어져야 큰 믿음도 확립된다. 그러므로 현명한 군주는 믿음을 쌓아올린다. 상벌이 확실하지 않으면 금령이 행해지지 않는다. (…) 이런 까닭으로 오기는 옛 친구를 기다려서 식사하고, 문후는 우인을 만나서 사냥할 것을 정했다. 여기서 현명한 군주가 신의를 표시하는 일은 마치 증자가 돼지를 잡는 것과 같다. 우려되는 것은 여왕이 경계하는 북을 친 일과 이회가 경호하는 병사를 속인 일들이다.

「외저설 좌상」

『한비자』는 이야기의 보고다. 한비는 많은 이야기를 자신의 텍스트 안에 실었다. 믿음에 관한 이야기만 하더라도 여러 구체적인 사례를 통해 언급하고 있다. 이러한 점은 그의 사상을 이해하는 데 하나의 지름길이 되기도 한다. 한비는 군주의 법술이 백성의 믿음을 얻어내기 위해서는, 일상의 작은 믿음들부터 이루어져야 한다는 입장을 밝힌다. 일상의 소소한 것 같

믿음이란 무엇인가

은 약속이 지켜져야만 국가와 맺은 법률적 약속도 잘 지킬 수 있다는 생각이다. 넓게 보면 한비의 예화들은 일종의 법 준수의 생활화라고 할 수 있다. 한비는 아래와 같이 다섯 가지 약속 이행의 구체적인 사례를 이야기의 방식을 통해 전달한다.

1. 오기가 외출했다가 옛 친구를 만나자 가던 길을 멈추고 식사를 하기로 했다. 옛 친구가 말했다. "좋아. 금방 돌아와서 먹겠네." 오기가 말했다. "자네를 기다렸다가 식사하겠네." 그러나 친구는 저녁이 되어도 오지 않았다. 오기는 밥을 먹지 않고 기다렸다. 다음 날 아침 사람을 시켜 친구를 찾아오도록 했다. 그러고는 친구가 오자 비로소 함께 식사했다.

2. 위나라 문후는 사냥터를 관리하는 우나라 사람과 함께 사냥하기로 약속했다. 그런데 다음 날은 마침 거센 바람이 부는 날씨였다. 주위 사람들은 사냥을 만류했지만 문후는 그 말을 듣지 않고 이렇게 말했다. "그렇게 할 수 없소. 바람이 거세다는 이유로 신의를 잃는 일을 할 수는 없소." 마침내 거센 바람을 무릅쓰고 몸소 수레를 몰고 가서 결국 우나라 사람과 만났다.

3. 증자의 아내가 시장에 가는데 그 아들이 따라오며 울자, 이렇게 말했나. "너는 돌아가거라. 시장에서 돌아오면 니에게 돼지를 잡아 줄게." 증지의 아내가 돌아왔을 때, 증자가 돼지를 붙잡고 죽이려고 했다. 그 아내는 만류하며 말했다. "단지 아이를 달래려고 한 말일 뿐입니다." 증자가 말했다. "아이와는 거짓말 상대가 될 수 없소. 아이는 아는 게 없으므로 부모에 기대어 배우고, 부모의 가르침을 듣소. 지금 아이를 속이면, 이것은 아이에게 거짓말을 가르치는 것이오. 어머니가 아들을 속이면 아들은 그 어머니

를 믿지 않을 것이오. 이것은 자식을 가르치는 방법이 아니오." 그러고는 돼지를 잡아 삶았다.

4. 초나라 여왕은 긴급한 일이 생기면 북을 울려서 백성과 나라를 지킬 것을 약속했다. 그런데 하루는 술을 마시고 취해 실수로 북을 쳤다. 백성은 매우 놀랐다. 그는 사람을 시켜 백성을 저지시키며 말했다. "내가 술에 취해 사람들과 장난하다가 북을 잘못 쳤소." 그러자 사람들은 모두 진정되었다. 몇 달 후, 여왕은 긴급한 일이 있어 북을 울렸지만 아무도 달려오지 않았다. 이에 다시 명령을 내리고 호령을 분명히 한 뒤에야 백성이 믿게 되었다.

5. 이회가 양쪽 군영을 지키는 병사들에게 경고했다. "엄히 경계하라. 적이 곧 공격해올 것이다." 이와 같이 몇 차례 경고했지만 적은 오지 않았다. 양쪽 군문을 지키는 병사들은 해이해지고 게을러졌으며 이회를 믿지 않았다. 몇 달 후, 진나라 병사가 습격해왔을 때 이회의 위나라 군대는 거의 전멸할 지경에 이르렀다. 이것은 불신에서 온 재앙이다.

일설에는 이런 말이 있다. 이회가 진나라 병사와 싸울 때, 왼쪽 군영의 병사들에게 말했다. "빨리 성벽으로 올라가라. 오른쪽 군영의 병사들은 이미 올라갔다." 또 오른쪽 군영의 병사들에게 이르러서는 이렇게 말했다. "왼쪽 군문의 병사들은 이미 올라갔다." 왼쪽과 오른쪽 병사들은 말했다. "올라갑시다." 그리고 모두 다투어 올라갔다. 그다음 해에 진나라 병사와 싸우게 되었다. 진나라 병사가 습격해오자 이회의 위나라 군대는 거의 전멸할 지경이 되었다. 이것은 불신에서 나온 재앙이다.

한비가 우려한 두 사람은 마치 『이솝우화』에 나오는 '양치기 소년'을 방불케 한다. 거짓말을 계속한다든가 약속을 지키지 않으면 사람들은 진실을 말해도 믿지 않는다. 거짓말이 잦아지면 그만큼 불신도 강해진다. 요컨대, 사회나 국가에서 늑대보다 더 무서운 존재는 양치기 소년과 같이 불신을 유발하는 사람들이다. 외부의 적보다 내부적 불신의 적이 더 위험하다는 말이다. 더 이상 양치기 소년과 같은 사람들이 사회와 국가에 나타나지 않도록 경계할 일이다.

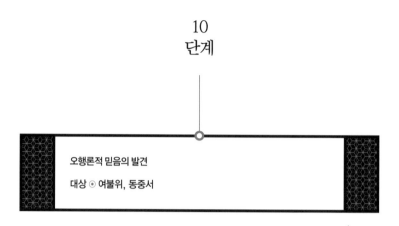

10
단계

오행론적 믿음의 발견

대상 ⊙ 여불위, 동중서

전국 시대 말기로부터 유행하기 시작한 오행론의 전통은 진나라 때 여불위의 『여씨춘추』를 거쳐 한나라 때 동중서의 『춘추번로』에 이르러 더 구체적인 사유의 형태로 나타난다. 믿음에 관한 오행론적 해석이 탄생하게 된 것이 이들에 의해서다. 일반적으로 목·화·토·금·수라는 다섯 가지 요소를 오행이라고 하는데, 특히 동중서는 중앙의 토에 믿음의 개념을 배속시켜 우주와 인간의 상호 감응의 질서를 확인해보고자 한다. 그렇다면 오행론적 믿음관의 내용과 의의는 어떠한 것인지 여불위와 동중서를 통해 살펴보자.

하늘은 순응을 의미하는데, 순응해야만 만물이 생존한다. 땅은 고정을 의미하는데, 고정되어야만 평안해진다. 사람은 믿음을 의미하는데, 믿음이란 듣고 따라야만 유지된다. 이 세 가지가 모두 마땅한 제자리를 지키면 작위하지 않아도 실행된다. 만사가 행해진다는 것은 실천한다는 것을 의미한다. 법수를 실천하려면 이치를 좇아야 하고 사사로운 욕심을 바로잡아야 한다.

『여씨춘추』「계동기·서의」

『여씨춘추』는 진시황의 생부라고 알려진 여불위呂不韋가 3000여 명의 빈객을 동원하여 백과사전 형식으로 편찬한 저작물이다. 26권으로 편집된 『여씨춘추』는 춘추전국 시대 제자백가의 다양한 사상과 당대의 시사를 수록하여 집대성한 것이다. 여불위는 이 책이 완성되자 "이 책에 한 글자라도 덧붙이거나 틀린 것을 찾아내는 자에게는 천금을 주겠다"고 호언할 정도로 자부심이 대단했다고 한다. '일자천금一字千金'이라는 말은 여기에서 유래한다.

『여씨춘추』는 「8람覽」「6론論」「12기紀」로 구성되어 있다. 이중 「12기」는 1년을 춘하추동의 사계로 나누고 각 계절을 각각 세 달로 나누어 달마다 해야 할 일을 기록한 것이다. 「8람」은 팔방을 두루 관람한다는 뜻이며, 「6론」은 상하사방의 육합을 궁구하여 논한다는 의미가 있다. 특히 「12기」

는 장차 진나라의 천하통일에 대비하기 위하여 마련된 통치 이데올로기의 성격을 강하게 띤다. 「12기」의 마지막에는 「서의序意」가 실려 있는데, 이것은 「12기」의 서문에 해당된다. 연구자에 따라 이것이 『여씨춘추』 전체의 서문에 해당된다고 보기도 한다.

이 「서의」에서 하늘·땅·인간은 각각 자신의 고유한 도리가 있다고 한다. 특히 인간을 중심으로 볼 때, 하늘과 땅의 도리는 인간의 삶과 밀접하게 관련되어 있다. 인간은 하늘과 땅의 도리를 본받아 이것을 따라서 살아야 하는 존재로 표상된다. 그리고 믿음은 그 내재적 통일성의 원리로 제시된다. 인간이 자신의 삶을 잘 유지하려면 하늘의 도리를 믿고 순응해야 하고, 고정된 평안한 삶을 유지하려면 땅의 도리를 믿고 따르는 삶을 살아야 한다. 하늘·땅·인간은 믿음을 통해 하나로 통일되는 존재들이다. 존재의 필연성과 존재 사이의 상호 작용은 언제나 믿음을 통해 타자를 만난다. 믿음은 세계를 일원화시켜주는, 여불위적 방식의 통일장과도 같은 것이다. 이것은 새로운 제국의 탄생과 결부하여 인간의 도리를 믿음에 연대시키고자 했던 여불위적 방식의 당위적 요청의 표명이라 할 수 있다. 인간은 자연의 질서를 법칙으로 삼아야 하며, 인간다운 삶을 보장하는 믿음을 구현하기 위해 자신의 사사로운 욕심을 바로잡아야 한다. 그래야 하늘과 땅과 인간의 도리가 제자리를 지키게 된다. 그것은 억지로 행하지 않아도 저절로 실행되는 자연스러운 것이다.

하늘·땅·인간에 대한 여불위적 방식의 이해는 도가적 '법자연' 사상을 확대재생산한 것이라는 평가를 받는다. 그럼에도 이것은 도가적 '법자연' 사상과는 원천적으로 다른 성격을 지닌다. 하늘·땅과 같은 자연적 존재는 인간 존재를 선험적으로 이끌어가는 지배적 구조를 지닌다는 점에서, 인간은 결정적으로 자연에 순응해야만 하는 피동적 존재로 묘사될 수밖에 없는 점이 이를 말해준다. 정치적 강령의 문제를 자연의 문제에 대입하여 믿음의 대상으로 삼는 점은 더욱 그러하다. 여불위적 방식의 인간의 조건은 믿음에 의하여 보장되는 자연 존재의 법수를 확보하고 실천해나가는 것에 있다.

하늘의 운행에 미더운 질서가 없으면 결실을 이룰 수 없고, 땅의 운행에 미더운 질서가 없으면 초목들이 자라지 않는다. 봄의 덕은 바람이다. 그런데 바람이 부는데 미더운 질서가 없으면 꽃이 무성해지지 않고 꽃이 무성하지 않으면 열매를 맺지 않는다. 여름의 덕은 더위다. 그런데 더위에 미더운 질서가 없으면 토양이 비옥하지 않고 토양이 비옥하지 않으면 자라서 결실을 이루는 것이 정교해지지 않는다. 가을의 덕은 비다. 그런데 비가 내리는 깃에 미더운 질서가 없으면 곡식이 여물지 않고 곡식이 여물지 않으면 오곡이 익지 못한다. 겨울의 덕은 추위다. 그런데 추위에 미더운 질서가 없으면 땅이 단단해지지 않고 땅이 단단해지지 않으면 만물을 얼려 감춰두는 것이 치밀해지지 않는다.

천지가 크고 사계절이 변화한다 하더라도 오히려 미더운 질서가 없으면 사물을 이룰 수 없는데, 하물며 사람의 일이야 어떻겠는가? 군주와 신하가 믿음이 없으면 백성이 비방하고 사직이 안정되지 못하며, 관직에 있으면서도 믿음이 없으면 젊은이들이 어른을 경외하지 않고 귀한 이와 천한 이가 서로를 업신여기게 된다. 상벌에 믿음이 없으면 백성이 쉽게 법을 어기고 부릴 수 없게 되며, 친구를 사귀는 데 믿음이 없으면 갈라서고 흩어져서 울분하고 원망하는 마음이 생겨 서로 친할 수 없다. 기술자들에게 믿음이 없으면 도구가 엉성해지고 가짜가 만들어지며 단사와 옻칠이 바르게 입혀지지 않는다. 무릇 함께 시작할 수 있고 함께 끝낼 수 있으며, 높아지고 통달하더라도 함께할 수 있으며 낮아지고 궁색해지더라도 함께할 수 있는 것은 오직 믿음뿐이다! 믿음을 지키고 또 지켜서 몸에 거듭 익히면 하늘에 통하게 된다. 이로써 사람들을 다스리면 은혜로운 비와 단 이슬이 내리고 추위와 사계절이 마땅하게 될 것이다.

「이속람·귀신」

『여씨춘추』는 전국 시대 음양가에 의해 유행한 월령月令 사상을 전서의 강령으로 삼고 있다. 월령은 계절의 12절기를 오행에 각각 배당하여 천시와 월기의 패러다임에 맞춘 것으로서 고대적 자연과학의 결정체라 할 수 있다. 오행사상에서 봄은 목의 기운에, 여름은 화의 기운에, 가을은 금의 기운에, 겨울은 수의 기운에 각각 해당된다고 본다. 그런데 오행은 사계절의 차서와 그 숫자가 서로 맞지 않는다. 오행 가운데 사계절에 배당되지 못한 토의 기운이 하나 더 있기 때문이다. 그래서 월령에서는 여름과 가을 사이에 토용土用을 둔다. 토용은 1년 가운데 토의 기운이 가장 왕성하다고 판단되는 소서 후 13일부터 입추까지 18일간의 기간이다. 이 시기는 사계 절의 중앙에 해당되는데, 토의 기운이 중앙을 상징한다는 점을 반영한 것 이다.

그런데 여기서는 봄의 덕은 바람, 여름의 덕은 더위, 가을의 덕은 비, 겨 울의 덕은 추위라고 한다. 이것은 오행 가운데 각각 목·화·금·수에 해당 되는 덕이라고 볼 수 있다. 목의 기운은 바람, 화의 기운은 더위, 금의 기운 은 비, 수의 기운은 추위에 각각 배당할 수 있다. 이러한 오행의 자연 질서 는 미더운 것이다. 그것은 언제나 어김없다는 점 때문이다. 하늘과 땅은 미 더운 질서를 가지고 있고, 춘하추동의 사계절 또한 미더운 질서를 가지고 있다. 시간과 공간은 늘 미더운 질서가 있는 것이다. 오행의 질서도 마찬가 지다. 그렇다면 믿음이란 모든 오행의 범주에 전방위적으로 연계되어 있음 이 확인된다. 믿음이 없는 목의 기운이 존재할 수 없으며, 믿음이 없는 화 의 기운이나 금의 기운, 수의 기운을 생각할 수 없다. 결국 토의 기운은 나 머지 목·화·금·수에 어김없는 질서를 부여하는 것이다. 목·화·금·수는 토의 지지를 받고 자신의 질서를 드러내며, 작용을 멈추지 않을 수 있는 것이다.

이러한 오행론적 우주론은 인간론에도 적용된다. 인간의 사회·정 치·문화의 모든 분야에 오행 질서가 적용된다. 특히, 토의 기운에 해당되 는 믿음의 문제는 모든 사람에게 적용되기도 한다. 군주와 신하 사이에 믿 음이 있어야 하고, 관직에 있는 사람에게 믿음이 있어야 하며, 젊은이들에게도 믿음이 있어야 한다. 뿐만 아니라 상벌의 적용에 믿음이 있어야 하고, 친구를 사귀는 일에 믿음이 있어야 하며, 직업을 가진 모든 사람에게도 믿음이 요청된다. 우주 자연이 미더운 질서를 따라 운행하듯 인간은 믿음을 가지고 살아야 하는 존재다. 그럼에도 믿음이 깨지면 문제가 일어난다. 그것은 오행이 지닌 각각의 특징이 질서를 잃고 악화되기 때문이다.

자연의 질서가 깨지면 자연재해가 발생한다. 목의 기운에 균열이 생기면 태풍이 불 수 있다. 화의 기운에 균열이 생기면 폭염이 기승을 부릴 수 있다. 금의 기운에 균열이 생기면 때아닌 비가 내려 작물에 상해를 입힐 수 있다. 수의 기운에 균열이 생기면 혹한이 닥치거나 이상기후가 생겨 겨울인데도 따뜻할 수 있다. 인간과 인간 사이의 질서가 깨져도 인간적인 문제를 비롯한 각종의 사회 문제가 발생한다. 따라서 인간은 자연의 질서를 본받아 이를 따라야만 하는 존재다. 그리고 자연의 질서를 본받고 이것을 승계하는 것이 인간적인 믿음이다. 이러한 점을 바탕으로 삼아 여불위는 오행의 속성과 사계절의 운행을 정치활동의 대원칙에 직접 적용한다. "무릇 나라에 큰일을 일으킬 때는 하늘의 도리를 거스르는 일이 없도록 하여, 행사를 할 때는 반드시 그 시기에 따라 해야 하고, 또한 그 일이 그 시기에 마땅한 것이 되도록 신중히 살펴야 한다." 만일 시기에 맞지 않는 정령을 시행한다면, 자연재해나 돌림병 같은 자연의 재앙이 발생할 것이라고 한다.

사람의 신하된 자는 땅에 견주어 믿음을 귀하게 여기고 그 실정
을 군주에게 모두 나타내며, 군주는 또한 이를 얻어서 재단한
다. 그래서 왕도가 위엄을 잃지 않는다. 사람의 신하가 되어서는
항상 실정을 다하고 힘을 다하여 그 장단점이 나타나도록 하여
군주가 위에서 얻어 그릇에 맞춰 부릴 수 있게 해야 한다. 이것은
마치 땅이 자신의 능력을 다하여 두루 미치게 하는 것과 비슷하
다. 그러므로 그 형상의 마땅한 것들을 얻어서 재단할 수 있는
것이다.

『춘추번로』「이합근」

중앙이란 토이며 군주의 관직이다. 이 공간을 관할하는 관직은
사영이다. 사영은 믿음을 숭상하고 자기의 몸을 낮추어 공손하
게 하며 일찍 일어나고 밤늦게 잠자리에 들며, 지나간 옛것들을
기술하여 일컫고 군주의 뜻을 북돋운다. 성공과 실패를 분명하
게 나타내고, 은밀하게 간하여 선을 받아들이게 하고, 그 나쁜
것들을 방어하여 없애고, 그 근원을 끊고 틈을 막아, 먹줄을 가
지고 사방을 재단한다. 지극히 충성하고 두터운 믿음으로 그 군
주를 섬기고 의에 의거하여 은혜로 자른다. 강태공이 이런 사람
이다. 그는 하늘의 뜻에 응하고 시대의 변화를 좇아 무단적인 힘
으로 강제하는 사람을 막는 데 성공했다. 대리란 사도다. 사도는

금에 해당된다. 따라서 "토는 금을 낳는다"고 말한다.

「오행상생」

땅은 제 자리가 낮아서 그 기운을 위로 올려 보내며, 그 형상을 드러내고 그 실정을 나타낸다. 죽음을 받아들이고 생명을 바친다. 자기 일을 이루고 그 공로를 하늘에 위임한다. 그 지위가 낮은 이유는 하늘을 섬기기 위해서다. 그 기가 위로 올라가는 이유는 양기를 기르기 위해서다. 그 형상을 드러낸 이유는 충성하기 위해서다. 그 실정을 드러낸 이유는 믿음을 위해서다. 그 죽음을 받아들이는 이유는 마친 것을 감추기 위해서다. 그 생명을 바치는 이유는 밝음을 돕기 위해서다. 그 일을 이루는 이유는 조화를 돕기 위해서다. 그 공로를 하늘에 위임하는 이유는 올바른 도리를 이루기 위해서다.

사람의 신하된 자는 그 법을 땅에서 본받아 취한다. 그러므로 아침저녁으로 나아가고 물러나며, 직무를 받들고 응대하니, 그 이유가 일을 귀하게 여기기 때문이다. 음식을 장만하여 베풀고 질병을 살피는 이유는 건강을 돌보기 위해서다. 자신을 맡겨서 명령을 이루어내고 일을 제멋대로 하지 않는 이유는 충성을 다하기 위해서다. 우직한 마음을 다하고 진정을 토로하며 허물을 분식하지 않는 이유는 믿음을 위해서다. 절개를 바쳐 어지러운 곳에서 죽더라도 그 목숨을 아까워하지 않는 이유는 궁색한 상황을 구제하기 위해서다. 영광스런 것을 추진하고 그 좋은 것을 포상하여 칭찬하는 이유는 군주의 권위를 밝게 드러내는 것을 돕기 위해서다. 명령을 받아 은혜를 선포하고 군자를 도와 이루게 하는 이유는 교화를 돕기 위해서다. 공로를 이루고 일을 성취하더라도 그 덕을 군주에게 돌리는 이유는 올바른 도리를 이루기 위해서다.

이런 까닭으로 땅은 자기 이치를 밝혀서 만물의 어머니가 되고, 신하는 자신의 직무를 밝혀서 한 나라의 재상이 되는 것이다. 어머니는 미덥지 않을 수 없고, 재상은 충성하지 않을 수 없다. 어머니가 미덥지 않으면 풀과 나무가 그 뿌리를 손상하게 되고, 재상이 충성하지 않으면 간신들이 그 군주를 위태롭게 한다. 뿌리가 손상되면 그 가지와 잎이 없어지고 군주가 위태로워지면 그 나라가 망한다. 그러므로 땅은 자신의 형체를 드러내는 데 힘쓰고 신하들은 자신의 실정을 나타내는 데 힘써야 한다.

「천지지행」

동중서는 전한 무제 때의 유학자다. 그는 한 부제에게 발탁된 이후 전한의 문교 정책에 힘을 기울여, 오경박사 제도를 신설하고 문교의 중심을 유교로 통일하는 데 이바지했다. 특히 중앙집권적인 통치 이데올로기를 구축하여 한 무제를 지원하는 한편 두 번째 통일왕조인 한나라의 이념을 통합함으로써 중화주의의 전통을 수호하고자 했다.

동중서는 『춘추번로』를 지어 자연과 인간의 상관관계를 설명하고, 한

왕조의 역사적 정통성을 주장하는가 하면, '양은 귀하고 음은 천하다'라는 음양설적 질서를 인간의 사회관계에 적용하고자 했다. 그런데 동중서가 지은 『춘추번로』는 한나라 말기의 혼란과 전쟁의 재난으로 소멸되었다가 수나라에 들어와서야 다시 나타났다. 『춘추번로』라는 이름도 수나라 때 처음 붙여진 것으로, 이는 진주의 끈이라는 뜻을 가지고 있다. 알프레트 포르케Alfred Forke는 마치 매달린 이슬방울처럼, 진주로 치장된 금속 띠의 끈을 의미하는 게 『춘추번로』 서명의 뜻이라고 했다. 동중서는 『춘추번로』를 통해 음양가의 이론을 유교에 채용하여 오행설에 입각한 새로운 유학적 이론을 제창한 의의가 있다. 목·금·화·수·토의 '오행'은 동·서·남·북·중앙이라는 '오방'과 청·백·적·흑·황의 '오색' 그리고 인·의·예·지·신의 '오덕'과 상관관계를 맺는다.

동중서는 사계절의 특징을 다음과 같이 말한다. "봄에는 사랑이 피어나고, 여름에는 즐거움이 피어나며, 가을에는 엄숙함이 지배하고, 겨울에는 슬픔이 지배한다." 이러한 사계절의 유형화는 자연과 인간의 상관관계를 잘 보여준다. 희로애락의 이치가 인간에게만 적용되는 것이 아니라 자연계에도 적용된다는 생각이 반영되어 있기 때문이다. 그런데 사계절은 인·의·예·지·신의 오덕과도 관련된다. 사랑은 인에 해당되고, 엄숙함은 의에 해당되며, 즐거움은 연회 및 음악과 연관된다는 점에서 예에 해당된다. 그런데 슬픔의 정확한 배속이 혼란스럽다. 겨울의 슬픔은 죽은 자를 거두어들인다는 매장을 연상한 것인데, 이것은 지에 해당되는지 신에 해당되는지가 명확하지 않다는 것이다. 『한서』 「동중서전」에서는 오상으로서 인·의·예·지·신을 드는 것은 동중서 무렵부터일 것이라고 한다.

인·의·예·지와 같은 4덕 개념이 인·의·예·지·신과 같은 5상 개념으로 확대되어, 숫자적으로도 4에서 5로 증가한 것은 오행설의 영향이라고 볼 수 있다.

동중서에게서 오행 가운데 믿음의 덕목에 해당되는 것은 중앙 토다. 토는 오행의 나머지 네 가지가 이것 없이는 생겨날 수 없으므로 가장 탁월한 요소가 된다고 한다. 『한서』「율력지」와 『백호통』「정성情性」편 등은 이를 지지한다. 그러나 사람마다 시대마다 그 각각의 배당은 일정하지 않다. 예컨대, 후한 시대 정현鄭玄(127~200)과 당나라 때의 공영달은 믿음에 해당되는 것이 수라고 보았다. 그런데 동중서는 특히 정치적 군신관계에서 신하들의 덕목은 믿음에 토대를 두어야 한다고 주장한다. 그것은 중앙 토의 성향을 따라 군주를 잘 보필해야 한다는 당위론적인 주장의 형태로 나타난다. 중앙 토는 때를 어기지 않고 만물의 싹을 틔우는 역할을 담당한다. 신하 자리에 있는 사람은 이러한 두터운 믿음이 있어야 한다는 것이다. 마치 땅이 자신의 능력을 다하여 두루 미치게 하는 것처럼 신하들은 항상 자신의 정성을 다하고 힘을 다하여 생활해야 한다.

그러나 신하들의 오행론적 덕목이 반드시 토인 것만은 아니다. 이는 동중서에게서 상대적인 것으로 표현된다. 신하들은 자신의 맡은 바 직무에 따라 각각 다른 오행과 오덕 그리고 오방의 특징을 표상한다. 이와 관련하여 동중서는, 농경의 재상인 사농司農은 목(인仁: 동방), 군사의 재상인 사마司馬는 화(지智: 남방), 건설의 재상인 사영司營은 토(신信: 중앙), 교육의 재상인 사도司徒는 금(의義: 서방), 법의 재상인 사구司寇는 수(예禮: 북방)라는 각각의 특정한 질서를 관장한다고 말한다. 이들의 고유한 질서가 잘 유지될 때 나라도 잘 다스려진다고 한다. 동중서는 「오행상생」 편에서 이 점을 명시적으로 밝힌다. "천지의 기운은 서로 합하여 하나가 되었다가, 나누어지면 음양이 되고, 사계절로 나누어지며, 오행으로 펼쳐진다. 행이란 나아가는 것이나, 그 나아가는 것이 똑같지 않다. 그러므로 오행이라고 한다. 오행이란 다섯 가지 직무를 가리키며, 인접하면 상생하고 거리를 두면 서로 이기는 관계다. 그러므로 이 관계를 잘 관리해야 한다. 이 관계를 거역하면 어지러워지고, 준수하면 다스려지는 것이다."

그런데 신하를 토에 배속시켰던 동중서는 다시금 임금을 토의 자리에 배속시킨다. 임금의 위치는 중앙에 자리 잡고 있기에 이것은 자연스러운 배속관계이기도 하다. 그렇다면 임금과 신하가 다 같이 토의 중앙에 자리해야 한다는 것인가? 이와 관련하여 동중서는 군주와 신하의 역할론을 제시한다. "토란 군주의 관직이다. 그를 보좌하는 것은 사영이다." 즉, 중앙 토에 자리를 잡고 있는 존재는 임금이지만, 그를 보좌하는 신하가 있다는 것이다. 군주의 믿음을 대행하여 현실화하는 신하가 있지만, 그 역시 믿음을 가지고 군주를 보필해야 함을 말하고자 한 것이다.

【동중서 2】 원문 76

토에 변화가 생기면, 태풍이 불고 오곡이 손상된다. 이것은 군주가 어질고 현명한 사람을 믿지 않고 아버지나 형들을 공경하지 않으며 음란함에 빠져 바로잡지 못하고 궁실을 호화롭게 장식하기 때문이다. 이를 구제하려면, 궁실을 검소하게 하고 꾸며진 문

채를 제거하고 효도와 공경할 줄 아는 사람을 중용하며 일반 백
성을 구휼해야 한다.

「오행변구」

동중서는 제아무리 임금 자리에 있는 사람일지라도 그가 믿음을 배반
하면 막다른 처지에 몰리게 된다고 경고한다. 「오행상승五行相勝」 편에서
"토란 군주의 관직이다. 군주가 지나치게 사치스럽고 지나치게 예를 무시
하면 백성이 배반할 것이다. 그 백성이 배반하면 그 군주는 궁색하게 된다.
그러므로 목이 토를 이긴다木克土고 한 것이다"라고 말한다. 이른바 '오행상
승설'이란 이론을 제시하여 군신 상호 간의 믿음의 질서가 깨지지 않기를
요청한 것이다.

오행은 상생하는 관계에 있을 뿐만 아니라 서로 이기고 극복하는 관계
에 있기도 하다. 목은 토를 이기고木克土, 토는 수를 이기고土克水, 수는 화
를 이기고水克火, 화는 금을 이기고火克金, 금은 목을 이기는金克木 것이 그것
이다. 오행의 상대적인 두 요소가 서로 부딪치면 기이한 결과들이 발생한
다. 금·목이 충돌하면 전쟁이 발생하고, 토·화가 부딪치면 김중호우가 생
겨나며, 수·화가 부딪치면 여름에 우박이 내리고, 목·화가 부딪치면 지진
이 일어나며, 화·수가 부딪치면 하늘에서 유성이 떨어진다고 한다. 동중
서는 이러한 자연의 이변 현상이 모두 군주의 통찰력 결여로부터 기인하
는 것이라고 주장한다.

이를 구제하기 위해서는 군주가 "궁실을 검소하게 하고 꾸며진 문채를

제거하고 효도와 공경할 줄 아는 사람을 중용하며 일반 백성을 구휼해야 한다"고 본다. 동중서는 자연의 이변 현상을 하늘의 뜻이라고 주장하는 이른바 '재이설'을 제창한다. 이것은 실제로 일어날 수 있는 군주의 전횡과 횡포를 제어하기 위한 동중서적인 방식의 현실적 제어장치라고 말할 수 있다. 천인감응설에 입각한 동중서의 '재이설'은 군주권의 방탕과 타락을 통제하고 방지하기 위한 현실적인 수단으로 제창된 것이라는 데 그 의의가 있다.

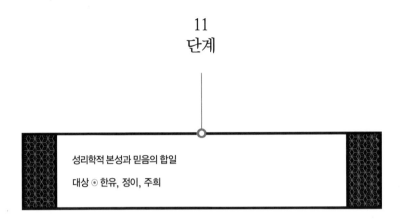

11
단계

성리학적 본성과 믿음의 합일

대상 ⊙ 한유, 정이, 주희

여기에서는 성리학자들의 믿음관을 살펴보기로 한다. 당나라 때의 한유는 믿음과 더불어 어짊·의로움·예의·지혜 등이 모두 인간의 본성이라고 주장했다. 이러한 한유의 사유는 이후 송나라 때가 되어 정이와 주희를 만나면서 좀 더 정밀한 사상의 틀을 갖추게 된다. 정이와 주희에 이르러 믿음은 이제 성선설적 특징을 지닌 본성의 하나이면서, 이理의 범주에 속한다는 주장이 생겨난 것이다. 이른바 '성즉리'이 사유 구조 안에서 논의되는 성리학적 믿음관이 탄생한 것이다. 이에 대한 내용을 한유와 정이, 주희를 통해 살펴보자.

본성의 등급은 상·중·하 세 가지가 있다. 상등의 것은 선한 것
뿐이고, 중등의 것은 상등으로도 하등으로도 옮겨갈 수 있으며,
하등의 것은 악한 것일 뿐이다. 그것이 본성이 되는 이유가 다섯
가지가 있다. 어짊을 말하고, 예의를 말하고, 믿음을 말하고, 의
로움을 말하고, 지혜로움을 말한다.

『한창려문집』「원성」

한유韓愈(768~824)는 당송팔대가를 대표하는 당나라 때의 문인이자
사상가다. 그의 자는 퇴지退之이며, 선조가 창려昌黎 지역 출신이었기 때문
에 한창려라고도 불린다. 그는 도가와 불교를 적극 배척하고 유가의 정통
성을 옹호하여 송대 이후 성리학의 사상적 단초를 제공했다. 특히, 「원도原
道」「원성原性」「원인原人」이라는 세 편의 논문에는 그의 유학적 세계관이 잘
반영되어 있다. 이 세 편의 논문을 작성한 것이 계기가 되어, 그는 문학사에
서뿐만 아니라 사상사에서도 이름을 남길 수 있었다.

한유는 「원성」 편에서 인간의 정신활동을 본성과 감정의 차원으로 나
누어 설명한다. 본성의 내용은 어짊·의로움·예의·지혜·믿음이라는 다
섯 가지 요소를 구비하느냐, 하지 못하느냐에 따라 크게 세 등급으로 나
뉜다고 본다. 즉, 본성에는 상·중·하의 3품이 있다는 것이다. 이것이 이른
바 한유의 '성삼품설'이다. 이에 비하여 감정의 내용은 기쁨·노여움·슬

품·두려움·사랑·싫음·욕망이라는 일곱 가지가 있다고 한다. 감정의 활동 역시 본성의 세 가지 등급과 마찬가지로 3품으로 나뉜다. 감정의 세 등급도 본성의 세 등급처럼 상등급은 선한 것일 뿐이며, 중등급은 선으로도 악으로도 옮겨갈 수 있으며, 하등급은 악한 것일 뿐이라고 한다. 물론, 한유 이전에도 후한의 순열荀悅(148~209)이 이미 '성삼품설'을 주장한 바 있지만, 한유가 제창한 성삼품설의 의의는 도가와 불교에 대항하여 유학자들의 관심을 인간의 본성 방면으로 집중시켰다는 점에 있다.

믿음의 문제와 관련해서 보더라도, 한유는 이후 성리학자들이 그러한 것처럼 믿음을 어짊·의로움·예의·지혜라는 네 가지 덕과 함께 인간의 본성으로 상정하고 있는 특징이 있다. 성리학자들이 믿음의 문제를 인간의 본성으로 규정하는 사상사적 연원은 한유로부터 비롯되는 것이다. 주희 역시 한유의 이러한 점을 사상사적으로 높이 평가했다.

【 정이 1 】 원문 78

어짊·의로움·예의·지혜·믿음의 다섯 가지는 인간의 본성이다. 이 가운데 어짊은 전체되인 것이다. 네 가지 것이란 인간의 팔다리와 같다. 어짊은 몸과 같은 것이며, 의로움은 마땅함이며, 예의는 구별이며, 지혜는 슬기로움이며, 믿음은 참됨이다.

『이정전서』 권2

이理는 세상에 단지 한 개의 이이기 때문에, 온 세상에 이르더라도 두루 표준이 된다. 모름지기 이것을 하늘과 땅에 물어보고 우 임금과 탕임금 그리고 문왕에게 살펴보게 하더라도 변하지 않는 것이다. 그러므로 경건한 것은 단지 이것을 경건하다고 하는 것이고, 어진 것은 이것을 어질다고 하는 것이며, 믿음은 이것을 미덥다고 하는 것이다.

『이정전서』 권2

이전 시대의 한유와 마찬가지로 북송 시대의 정이程頤(1033~1107)도 믿음을 어짊·의로움·예의·지혜라는 네 가지 단서와 함께 인간의 본성으로 규정한다. 그러나 그는 기본적으로 한유와의 차별성을 선언한다. 그것은 인간의 본성을 이理로 본다는 선언이기도 하다. 정이는 전통적인 성선설을 이의 범주 안으로 끌어들여 이의 존재성과 당위성을 연결함으로써 '성즉 리性卽理'의 명제를 창안해낸 것이다. 이른바 성리학의 기본 테제이기도 한 '성즉리'의 새로운 발견이 정이로부터 비롯된 것이다.

한유는 본성을 선, 선악의 혼재, 악이라는 세 등급으로 나누었지만, 정 이는 그와 다르게 본성을 성선설적인 보편의 성으로서 바라보기 시작한 다. 정이는 사람들이 자신이 가진 재질의 측면에서는 비록 개인적 편차가 있을지 모르지만 타고난 본성은 항상 지극한 선의 상태를 유지한다고 본 다. 혼탁한 기질에 의하여 더럽혀지지 않은 본성이야말로 하늘의 이치와 같은 것이다. 따라서 어짊도 이가 어진 것을 어질다고 하는 것이며, 믿음도 이가 미더운 것을 믿음이라고 하는 것이다. 이것이 정이가 말하는 '성즉리'

설의 핵심인데, 그것은 인간이 존재하는 이법이면서, 또한 마땅히 그와 같아야만 하는 당위의 원리이기도 하다.

정이는 '성즉리'설에 토대를 두고 본성과 감정의 영역을 분명하게 구별한다. 그리고 그 본성을 함양하기 위한 엄격한 내면적 성찰의 공부와 수양을 요청한다. 이에 인간은 자신의 보편적 본질로 제시된 이를 실현하기 위하여 내면적 성찰의 공부와 수양에 철저하지 않으면 안 되는 존재로 거듭 태어난다. 즉, 본성의 인의예지를 자각하는 내면 공부와 이를 통해 마음을 한군데로 집중하여 잡념을 없애는 수양 공부가 동시에 요청되는 것이다.

이러한 공부의 가능성은 믿음이 전해준다. 왜냐하면 '각성하고 깨닫는 것이 곧 믿음覺悟便是信'이기 때문이다.(『이정전서』 권7) 그리고 각성과 깨달음의 대상은 곧 이를 전범으로 하며, 그것은 어짊·의로움·예의·지혜를 자각하는 것으로 구체화된다. 이러한 각성과 깨달음은 일상인을 도덕적 완성인으로 전환시키는 계기가 된다. 정이는 '성즉리'설의 창안을 통해 사람은 남녀노소나, 빈부귀천을 막론하고 누구나 도덕적으로 완성될 수 있다는 가능성을 열어놓은 것이다. 이러한 점 때문에 성리학적 도덕론의 엄격주의rigourism는 정이로부터 비롯된다고 평가되기도 한다.

【정이 2】 원문 79

오로지 어짊·의로움·예의·지혜라는 네 가지에만 단서가 있고, 믿음에는 단서가 없다. 단지 불신만 있다면 또한 믿음도 없다. 믿음이 만약 동서남북처럼 이미 고정된 형체가 있는 것이라면 더

289

욱이 믿음을 말할 수 없는 것이다. 만약 동쪽을 서쪽으로 삼고, 남쪽을 북쪽으로 삼는다면, 여기에는 불신이 있다. 예컨대 동쪽이 바로 동쪽이고, 서쪽이 바로 서쪽이라면, 여기에는 불신이 없는 것이다.

『이정전서』 권16

질문자가 물었다. "네 가지 단서에서 믿음을 언급하지 않은 이유는 무엇입니까?" 정이가 대답했다. "본성 가운데는 다만 네 가지 단서만 있고 믿음은 없다. 불신이 있기 때문에 믿음이 있는 것이다. 또 예컨대, 이제 동쪽이 자연히 동쪽이고, 서쪽이 자연히 서쪽이라면 어찌 믿음이라는 말을 사용하겠는가? 단지 불신이 있기 때문에 믿음이 있는 것이다."

『이정전서』 권19

네 가지 단서에 믿음을 말하지 않은 것은, 사람은 이미 성실한 마음을 가지고 있어서 네 가지 단서를 행하면 믿음이 그 가운데 있기 때문이다.

『이정전서』 권27

정이는 믿음의 대상이 이理라고 보면서도, 그것이 어짊·의로움·예의·지혜와 같은 네 가지 단서와는 다른 종류의 것이라고 간주한다. 어짊·의로움·예의·지혜는 인간의 내면에서 네 가지 마음의 양태와 연동하여 실체적으로 존재하지만, 믿음의 덕목만은 고유한 실체가 없어서 측은지심이나 수오지심, 사양지심, 시비지심과 같은 도덕적 실마리로 드러날 수 없다고 본다. 믿음은 고유한 실체가 없어서 오히려 어짊·의로움·예의·지혜와 같은 각각의 도덕적 덕목에 스며들어 자신의 역할을 담당해내는 특징을 갖는다. 따라서 어짊의 믿음이 가능하고, 의로움의 믿음이 가능하며, 예의의 믿음이 가능할 뿐만 아니라 지혜의 믿음도 존재한다. 정이는 그것이 관용, 마땅함, 질서, 슬기로움 등으로 드러난다고 본다.

정이는 믿음이 불신의 대상을 만날 때에야 비로소 나타나는 것이라고 본다. 불신이 나타나기 전에 믿음이라는 것은 자신의 존재성을 드러내지 않는다. 그 자체가 믿음이기 때문에 차라리 믿음이라고 할 것도 없는 상황이다. 마치 동서남북의 네 가지 방위를 이야기하면서 동쪽을 동쪽으로 이야기한다든가, 서쪽을 서쪽으로 이야기한다든가 하는 것은 명확한 사실이기 때문에 여기에는 불신이 개입하지 못하는 것과 같다. 그러나 만일 동쪽을 서쪽이라고 말한다거나 남쪽을 북쪽이라고 말한다면 불신이 끼어든 것이므로 믿음의 차원에서 이는 거짓으로 부정되어야 한다. 일반 사람과 사회에서 두루 통히는 진리니 도리를 어겼기 때문이다.

일종의 자명한 이치라거나 논리적으로 무증명 명제에 해당되는 것에는 불신이 개입하지 않는다. 그것은 일종의 공리axiom이기 때문이다. 물론, 정이가 말하는 사방 개념의 정의에는 상대적 반론이 충분히 제기될 가능성이 원천적으로 봉쇄되지는 못한다는 것도 인정된다. 마치 전국 시대의 혜시惠施와 같은 명가 철학자의 상대주의적 반론을 만난다면, 공간적 기준 여하에 따라 동서남북의 방위는 충분히 달라질 수 있다. 그러나 정이는 하나의 이론에서 증명하지 않더라도 바를 수밖에 없는 사실과 원리들은 불신이 매개될 수 없는 자명한 것들이라고 본다. 그러한 존재들은 불신의 매개가 없는 관계로 믿음이라고 말해지는 것조차 무의미하다. 만일, 공리적 속성을 갖는 일체의 것을 믿음의 대상으로 한다면, 그것은 정호程顥(1032~1085)가 말한 것과 같은 "사물에 따라 어긋남이 없는 것을 믿음이라고 한다循物無違謂信"는 의미에서의 믿음이다.(『이정전서』권12)

【정이 3】 원문 80

믿음에는 두 가지가 있는데 다른 사람을 믿는 것이 있고, 자신을 믿는 것이 있다. 예컨대 70여 명의 중니의 제자가 스승의 언어를 얻으면 평생토록 그것을 지키는 것과 같은 것이다. 그런데 어떤 것이 옳고 어떤 것이 그른 것인지를 알려고 하지 않는다. 이것이 다른 사람을 믿는 것이다. 배우는 사람은 모름지기 스스로를 믿어야 한다. 이미 스스로를 믿고 나면 어떤 것으로 빼앗으려 해도 또한 그렇게 할 수 없다.

『이정전서』권19

도덕적 실천을 위해서는 무엇보다도 '자기 믿음'과 '타인에 대한 믿음'이 전제되어야 한다. 정이가 볼 때, 타인에 대한 믿음은 마치 공자의 72제자가 공자의 말을 듣고 이를 평생토록 지키는 행위와 같은 것이었다. 물론 이 경우 타인의 존재는 인간 일반 모두를 지칭하지는 않는다. 공자와 같은 도덕주의적 인격의 소유자가 믿음의 대상일 뿐, 도척과 같은 이나 패륜적 인물을 믿음의 대상으로 삼지 않는다. 정이가 생각한 것처럼 믿음이 불신에 대한 상대적 대응관계에서 파생되는 개념이라고 한다면, 공자는 불신의 요소를 가지고 있는 사람들에 대한 대안적 타인이라는 점에서 믿음의 성향을 갖는 사람이다. 정이는 이러한 공자의 말을 믿고 따르면서 평생토록 지켜야 한다고 강조한다. 타인에 대한 믿음을 위해서는 타인에 대한 불신을 물리치고 극복하지 않으면 안 된다.

이러한 점에서 타인에 대한 믿음은 필연적으로 '자기 믿음'을 수반한다. 자기 믿음의 수행자는 자신의 행위에 대해 한 치의 의심도 없어야 한다. 그것은 자기 믿음이나 행위의 기준이 보편적 존재이면서도 하나의 존재로 상정된 이理에 근거를 두어야만 가능한 일이다. 자기 믿음이나 그에 대한 행위는 결코 불순한 존재나 악을 대상화하지 않는다. 타고난 보편적 본질이 선하다는 것을 믿는 것과, 진실하고 성실한 존재의 영역에로 다가가고자 하는 선의 의지를 믿는 것만이 자기 믿음의 대상일 뿐이다. 정이에게서 자기 믿음과 그에 대한 행위는 그냥 둬서 지켜지거나 나아지는 것들이 아니다. 거기에는 끊임없는 공부가 요청된다. 그것은 도덕적 원리에 대한 체득의 공부라고 할 수도 있고, 삶의 실천적인 이치를 깨닫는 공부라고도 할 수 있다. 정이가 궁리진성窮理盡性의 공부와 도덕 함양의 공부를 강조하는 이유가 다른 데 있지 않다. 자기 믿음을 통한 타인에 대한 믿음을 완성해나가기 위해서다. 이러한 점에서 자기 믿음과 타인에 대한 믿음은 별개의 것이 아니다. 그것은 상호 의존적인 관계에 있다.

【주희 1】 원문 81

기운의 정수는 신神이다. 금·목·수·화·토는 신이 아니며, 금·목·수·화·토가 되는 까닭이 신이다. 그것은 사람에게 있어서는 이理니, 어짊·의로움·예의·지혜·믿음이 되는 소이가 이것이다.

『주자어류』 권1, 「이기 상·태극천지 상」

크게는 천지와 만물이 그렇고, 작게는 일어나고 거처하고 밥 먹고 숨 쉬는 것이 모두 태극과 음양의 이치다. 또 말했다. 어짊은 목에 해당되고 의로움은 금에 해당되며, 예의는 화에 해당되고 지혜는 수에 해당되며, 믿음은 토에 해당된다.

『주자어류』 권6, 「성리 3·인의예지등명의」

어떤 사람이 물었다. "어짊·의로움·예의·지혜는 본성의 네 가지 덕인데, 다시 믿음이라는 낱말을 첨가하여 다섯 가지 본성이라고 부르니, 무엇 때문입니까?" 대답했다. "믿음이란 네 가지 덕을 진실하게 하는 것이다. 진실하게 어짊을 지니고 진실하게 의로움을 지니며, 예의와 지혜도 모두 그렇게 하는 것이다. 마치 오행 가운데 토의 기운이 있는데, 토의 기운이 아니면 나머지 네 기운을 모두 싣지 못하는 것과 같다. 또한 예컨대 토의 기운은 계절마다 각각 18일을 다스리거나, 또는 10간의 중앙에 해당되는 무기戊己를 다스린다고 말하는 것과 같다. 늦여름은 토 기운의 본래 자리이기 때문에 더욱 왕성하게 다스린다. 『예기』「월령」편에서 '중앙에 토가 있다'고 표현한 것도 그렇기 때문이다."

『주자어류』권6, 「성리 3·인의예지등명의」

무릇 오행의 순서는 목이 시작이고, 수가 마지막이며, 토가 가운데가 된다. 「하도낙서」의 숫자로 말한다면 수는 1이고, 목은 3이며, 토는 5다. 이것은 모두 양이 낳은 수이며 바꿀 수 없는 것들이다. 그러므로 번갈아 바뀌면서 주인이 되어 오행의 벼리가 된다. 덕으로 말하면 목은 발생시키는 성품이며, 수는 곧고 고요함의 본체다. 그리고 토는 또한 포괄하여 기르는 어머니다. 그러므로 목이 오행을 포괄하는 것은 흘러 통하고 꿰뚫어 있지 않는 곳이 없기 때문이다. 수가 오행을 포괄하는 것은 그 근원이 근본으로 돌이켜 이곳에 보관되기 때문이다. 만일 토라면 수·화가 의탁하는 곳이고, 금·목이 의뢰하는 곳이며, 가운데 거주하면서 사방에 응하고, 하나의 본체이면서 온갖 것을 싣는 것이다. 그러므로 공자가 건괘의 네 가지 덕을 찬탄하면서 곧음과 으뜸을 마지막과 처음으로 들었고, 맹자가 사람의 네 가지 단서를 논하면서 감히 믿음을 그 사이에 배열하지 않은 것은 어디를 가든지 이것이 아닌 것이 없다고 생각했기 때문이다.

2장 원전과 함께 읽는 '믿음'

주희는 이와 기의 개념 정립을 통해 전통적 유가철학의 가치질서와 규범의식을 새롭게 재편성했다. 그의 학문은 선대 유학자들의 학문적 성과를 집대성했다는 평가를 받는데, 특히 '주돈이-소옹-장재-정호-정이'로 이어진 북송오자의 철학을 비판적으로 계승하여 종합했다. 주희는 '성명의리지학'이라 일컬어지는 성리학을 완성하여 동아시아의 사상적 지형도를 새로운 담론의 세계로 이끌어가는 데 결정적인 역할을 했다.

주희는 믿음의 문제에 관해서도 선대 유학자들의 성과를 적극 수용하면서, 이를 비판적으로 자기화하여 종합적인 설명을 시도해낸다. 그는 동중서처럼 믿음의 덕목이 오행의 한 가지라고 설명하는 입장에 동조한다. 즉, 금·목·수·화·토의 오행 중에서 믿음에 해당되는 것이 토라고 보는 것이다. 토는 금·목·수·화의 가운데 위치하면서, 사방과 교류하며 온갖 것을 싣고 있다. 또한 금·목·수·화 역시 토에 의지하는 상호 작용의 체계를 가지고 있다. 그래서 마치 오행의 토가 나머지 금·목·수·화를 모두 싣고 그들에게 관여하는 것처럼, 믿음 역시 인간이 지니고 있는 어짊·의로움·예의·지혜에 관여하여 그들이 각각 그것일 수 있게끔 해주는 역할을 수행한다고 한다.

그런데 주희의 주희다움은 오행과 오덕의 문제를 본성과 이理의 범주로 해석한 데 있다. 주희에게서 믿음은 오성의 한 가지 요소로 논의된다. 뿐만 아니라 그것은 욕망에 터전을 마련하지 않고 하늘의 이치에 근거를 둔다.

그런데 하늘의 이치는 자연적 필연 법칙과 당위적 규범 원리를 갖는다. 주희가 『대학혹문』에서 "천지간의 만물은 반드시 '그렇게 되는 까닭'과 '마땅히 그래야만 하는 법칙'을 가지고 있다. 이것이 이른바 이理다"라고 한 것이 이를 잘 말해준다. 주희는 객관세계의 사물의 법칙과 행위세계의 규범의 법칙을 이라고 본 것이다.

주희는 금·목·수·화·토의 오행이 존재하는 것 자체는 이가 될 수 없지만, 금·목·수·화·토가 그렇게 되는 까닭은 이라고 한다. 이는 기운의 세계와는 다른 존재 방식을 갖는다. 주희에게서 그것은 마치 신神과 같은 성격을 지닌 것으로 말해진다. 마찬가지로 어질고 의롭고 예의바르고 지혜롭고 미더운 행위들은 그 자체로 이는 아니다. 그러한 행위들이 그것이게끔 해주는 당위의 원리가 이다. 그런데 주희에게서 당위의 원리는 존재의 법칙성과 일원화된다. 이러한 주희의 관점을 통해, 보편적인 존재의 이가 존재한다는 것에 기인하여 인간의 도덕적 품성도 성리학적 차원에서 그 의미를 새롭게 보장받게 되었다.

【주희 2】 원문 82

본성이 태극과 같다면, 마음은 음양의 기운과 같다. 태극은 음양의 기운 속에 있으며, 음양의 기운을 떠날 수 없다. 그러나 논변한다면 태극은 본래 태극이고, 음양의 기운은 본래 음양의 기운이다. 본성과 마음 역시 그렇다. 그래서 이른바 "하나이면서 둘이고, 둘이면서 하나다"라고 말하는 것이다. 한유가 어짊·의로움·예의·지혜·믿음을 본성이라고 말하고, 기쁨·노여움·슬픔·즐거움을 감정이라고 말한 것은 다른 사람들이 본성에 대하여 말한 것보다는 낫다. 그러나 본성을 세 등급으로 나누어서 단지 기운을 설명했을 뿐, 본성에 대하여 설명하지는 못했다.

『주자어류』 권5, 「성리 2·성정심의등명의」

사람이 태어나는 까닭은 이와 기가 합해졌기 때문이다. 하늘의 이치는 진실로 광대하여 끝이 없지만, 기가 없다면 비록 이가 있더라도 머무를 곳이 없다. 그러므로 반드시 음양의 두 기가 교감하여 엉키고 맺혀서 모인 뒤에야 이가 머무를 곳이 있게 된다. 대체로 사람이 말하고 움직이며 생각하고 일을 해나가는 것은 모두 기이니, 이는 거기에 존재한다. 그러므로 감정이 드러나 효도하고 공경하고 충성하고 믿고 어질고 의롭고 예의바르고 지혜롭게 되는 것이 모두 이다.

『주자어류』 권4, 「성리 1·인물지성기질지성」

주희는 믿음의 문제를 자신의 이기론을 통해서 바라본다. 그는 본성과 감정의 범주를 구분한 후 이를 이기론적으로 해석한다. 그에게서 믿음을 비롯한 다섯 가지 덕은 모두 본성의 범주에 속하는 것으로 이理라고 간주된다. 이에 비하여 기쁨이나 슬픔, 즐거움 등의 일곱 가지 감정의 범주는 기氣로서 이해된다. 이들의 관계는 구체적인 형태로 구분되기도 하지만 또한 한가지로 통합되어 논의되기도 하는 특징이 있다. 그래서 주희는 이를 "하나이면서 둘이고, 둘이면서 하나"라고 말한 것이다.

주희는 하나에 해당되는 본원적 세계를 태극이라고 보기도 하고, 이라고 보기도 한다. 태극 또는 이의 세계는 하나이지만 그것은 두 가지 세계와 무관하지 않고, 두 가지 세계가 있으면 반드시 태극에 바탕을 둔다. 주희는 본성과 마음의 관계를 이와 기의 구조로 이해하면서, 여기에 하나와 둘의 관계를 적용한다. 이러한 주희의 이해 방식은 장재張載(1020~1077)로부터 온 것이라 할 수 있다. 『장자전서張子全書』 「설괘」에서 "둘이 있으면 하나가 있으니, 이것이 태극이다. 만약 하나가 있으면 둘이 있고, 둘이 있으면 역시 하나가 있다"라고 말한다. 태극의 세계가 구체적인 기의 세계를 단절적으로 초월하지 않음을 명시하고 있는 것이다.

한편, 주희는 정이의 '성즉리' 사상을 승계하여 믿음을 인간의 본성이라고 보는 동시에 이理라고 이해한다. 정이나 주희에게서 믿음은 인간학적 범주에 속하는 개념이다. 그것은 인간을 다른 금수의 무리들과 차별화해주는 주요 덕목이다. 주희는 "충성과 믿음은 사람으로서 말한 것이니, 모름지기 사람의 몸을 통해서만 비로소 나타난다"고 말했다. 사람의 마음은 모든 이치를 갖추고 있다. 이것을 자신의 몸을 통해 드러내면 도덕적 행위가 완성되는 것이다. 그 도덕적 행위들은 어진 행위로 나타나기도 하고, 공경하는 태도로 나타나기도 하며, 행위의 믿음을 동반하기도 한다. 몸을 통한 믿음의 행위화는 인간의 조건일 뿐 금수의 조건은 아니다. 따라서 사람이 사람답기 위해서는 진실한 믿음의 실천자가 되어야만 한다. 사람은 믿음을 실천함으로써 자신의 존재 의의를 보장받기 때문이다.

마음이 하나로 되는 것을 성실이라고 말하고, 자기 자신에게 최선을 다하는 것을 충성이라고 말하며, 마음속에 간직되어 있는 것을 미쁨이라고 말하고, 일에서 드러나는 것을 믿음이라고 말한다.

『주자어류』 권6, 「성리 3·인의예지등명의」

성실과 믿음의 구별에 대해 물었다. 대답했다. "성실은 저절로 그렇게 가득 차 있는 것이지만, 믿음은 사람이 인위적으로 가득 차게 만드는 것이다. 그러므로 '성실은 하늘의 도다'라고 했으니, 이것은 성인의 믿음이다. 만약 평범한 사람의 믿음이라면 단지 믿음이라고 부를 수 있을 뿐이지 성실이라고 부를 수는 없다. 성실은 저절로 그렇게 거짓되지 않다는 말이다. 예컨대 물은 단지 물일 뿐이고 불은 단지 불일 뿐이며, 어짊은 철저하게 어짊이고 의로움은 철저하게 의로움일 뿐이다."

『주자어류』 권6, 「성리 3·인의예지등명의」

숙기가 물었다. "성실과 믿음은 어떻게 구별됩니까?" 대답했다. "성실은 저절로 그렇게 가득 차 있는 것이고, 믿음은 사람이 가득 차게 만드는 것이다. 『중용』에서 '성실은 하늘의 도다'라고 말한 것이 성실이다. 또한 '성실하게 하는 것은 사람의 도다'라고 말

한 것은 믿음이다. 믿음은 성실을 다할 수 없으니, 마치 사랑함
이 어짊을 다할 수 없는 것과 같다. 성인은 그렇게 하지만, 평범
한 사람은 그렇게 하지 못한다."

『주자어류』 권6, 「성리 3·인의예지등명의」

주희는 성실誠과 믿음信의 차이에 대해 설명한다. 성실은 자연적 원리이
면서 당위의 법칙과 같은 것이지만, 믿음은 인간이 후천적으로 노력하여
가득 채워나가야 하는 것이다. 성실이 일종의 존재론적 개념이라면 믿음
은 인간학적 개념이라고 할 수 있다. 그래서 주희는 『중용』의 정신에 입각
하여 성실은 하늘의 도리이지만 믿음은 사람의 도리라고 본다. 성실은 인
위가 가해지지 않더라도 저절로 그러한 것이지만, 믿음은 사람이 성실하
게 되고자 하는 노력이 없으면 이루어내기 불가능한 것이다. 그래서 주희
는 믿음이 구체적인 일상의 일로부터 드러나는 것이라고 말한다.

주희는 성실과 믿음의 일체화를 요구한다. 그리고 이것에 성공한 도덕
적 완성인을 가리켜 성인이라고 한다. 성실과 믿음의 일체화 여부에 따라
사람은 성인과 일반인으로 나뉘기도 하고, 인간과 금수로 갈리기도 한다.
즉, 성실과 믿음을 한가지로 일체화한 사람은 성인이겠지만, 흔들리는 마
음 때문에 성실과 믿음이 길항하는 삶을 사는 사람은 일반인의 범주에 머
문다. 또한 믿음의 현실화에 완벽하게 실패한 사람은 가치론적으로 금수
와 다를 바 없다고 평가된다. 따라서 인간은 성실한 세계로 나아가고자 하
는 실천 이성의 힘에 의지하지 않으면 안 된다. 실천 이성은 일상의 구체적

인 일들을 믿음의 양상으로 드러내는 역할을 수행할 뿐만 아니라, 인간을 금수의 길로 나아가지 못하게 내면적으로 잡도리하는 도덕적 권능을 발휘한다.

【 주희 4 】 원문 84

충성은 마음으로 말한 것이고, 믿음은 일로 말한 것이다. 푸른 색을 푸르다고 하고 누런색을 누렇다고 하는 것이 바로 믿음이다. 충성스러우면서 믿음이 없고 믿음이 있으면서 충성스럽지 않은 경우는 없다. 그러므로 정호는 "충성과 믿음은 안과 밖이다"라고 한 것이다. 여기서 안과 밖이라는 두 글자는 아주 좋다.
『주자어류』「논어 3」

충성과 믿음은 다만 한가지 일일 뿐이다. 단지 마음에서 발하여 자기를 다하는 것은 충성이 되고, 이를 증험하여 어기지 않는 것은 믿음이 된다. 충성은 믿음의 근본이요, 믿음은 충성의 드러남이다.
『주자어류』「논어 3」

충성과 믿음은 다만 한가지 일일 뿐이며, 서로가 안과 밖, 시작과 마침, 본과 말이 된다. 자기 자신에게 있는 것은 충성이요, 다른 사물에게 나타나는 것은 믿음이다.

주희는 『논어』를 주석하면서 충성忠과 믿음信의 관계에 대한 자신의 입장을 밝힌다. "충성과 믿음은 실제적인 이理다." 그것은 관념적인 허구가 아니다. 구체적인 일상의 실천 행위가 동반되지 않는다면 충성과 믿음은 존재할 수 없다. 그러면서도 충성과 믿음은 결코 별개로 있지 않다. 충성이 없는 믿음도 있을 수 없지만 믿음이 없는 충성도 존재하지 않는다.

그럼에도 충성과 믿음은 또한 내외·시종·본말의 관계를 갖는 두 가지다. 충성은 자기 자신에게 있는 것이며, 자기를 다하는 것이다. 이에 비해 믿음은 다른 사물에게 나타나는 것이며, 충성이 밖으로 드러난 것이다. 충성이 내면적인 마음을 말하는 것이라면 믿음은 구체적인 일을 의미한다. 구체적인 사물의 색깔이 푸른색으로 나타난 것을 푸르다고 한다거나 누런색으로 나타난 것을 누렇다고 하는 종류의 진실함을 믿음이라고 한다. 믿음이란 실제 사물의 객관적 존재 방식을 의심하거나 부정하지 않는 진실성이라는 의의를 갖는다. 물론 그 진실성의 근거는 내면적 마음의 충성으로부터 발로되지 않으면 안 된다.

이러한 충성과 믿음은 주희적 방식의 수양론에 중요한 토대를 제공한다. 요컨대, 마음을 한가지로 집중하여 흔들림이 없도록 하는 공경의 공부에 충성과 믿음은 필수적이다. 몸가짐을 바르게 하고 엄숙한 행위를 수행하는 일에는 반드시 충성과 믿음이 전제되지 않으면 안 된다. 바른 몸가짐을 하고 존경하는 눈빛으로 상냥하게 다른 사람을 대한다 하더라도, 거기에 충성과 믿음이 결여된다면 그것은 가식적 행위에 지나지 않는다. 이러한 점은 모든 인간관계에 적용된다. 군신, 부자, 부부, 형제, 붕우의 관계에서 충성과 믿음이 배제된 채 공경하는 체하는 일체의 행위는 내실 없는 형식에 지나지 않는다. 이러한 점 때문에 주희는 충성과 믿음이 없는 공경의 공부는 헛된 노력에 지나지 않는다고 본 것이다.

【주희 5】 원문 85

> 질문자가 물었다. "지난해 선생님께서 '단지 하나의 도리이지만, 그 직분은 같지 않다'고 말한 것을 들었습니다. 이른바 직분이라고 말하는 것은 이理는 하나이지만 그 작용이 같지 않다는 것이 아닙니까? 예컨대 임금은 어질고 신하는 경건하며, 자식은 효도하고 부모는 자애로우며 백성이 서로 믿고 사귀는 것과 같은 종류입니다." 대답했다. "그 본체가 이미 같지 않지만, 임금, 신하, 부모, 자식, 백성은 모두 본체다. 어질고 경건하며, 자애롭고 효도하며, 서로 믿는 것은 작용이다."
>
> 『주자어류』 권6, 「성리 3·인의예지등명의」

　주희는 도를 '체體'와 '용用'으로 받아들이고 이해한다. 이때 도의 체용은 이와 기 또는 태극과 음양의 관계나 형이상과 형이하의 관계 등으로 정립되어 설명된다. 이들의 관계에서 전자가 도의 체라면 후자는 도의 용이다.

믿음이란 무엇인가

이것이 이른바 '체용론'의 사고다. 주희는 도에 관해서만이 아니라 사물 각각의 의미와 상호 연관성에 대해서도 체용론적 해석을 시도한다.

그는 사람과 믿음의 상호 관계에 대해서도 체용론적 해석을 시도한다. 그렇다면 여기서는 어떤 것이 체이고 어떤 것이 용일까? 믿음을 본성의 범주로 본 주희의 입장에 따른다면 당연히 믿음은 이에 해당되어 형이상의 체가 되는 것이 맞고, 이에 비해 사람의 존재는 구체적인 형상을 지닌 사물이라는 점에서 형이하의 용이 되는 것이 타당할 듯하다. 그러나 주희는 도리어 사람이 체요, 믿음이 용이라고 한다. 이러한 현상은 왜 일어나는 것일까? 그것은 주희가 본 체용의 기준과 관련된다. 주희는 형이상을 기준으로 볼 때와 형이하를 기준으로 볼 때 체와 용의 관계는 서로 바뀔 수 있음을 시사한다. 주희는 『주자대전』 권48의 「여자약에게 답한다答呂子約」라는 글에서 다음과 같이 말한다. "만약 형이상으로 말한다면 아득한 것은 진실로 체가 되며, 그것이 사물 사이에서 발현한 것은 용이 된다. 만약 형이하로 말한다면 사물은 또 체가 되고 그 사물의 이치가 발현된 것은 용이 된다. 대개 일률적으로 형이상을 도의 체라 하고, 천하의 달도 다섯 가지를 도의 용이라 할 수는 없다."

오하마 아키라大濱晧의 『주자의 철학』을 중심으로 이에 대한 해석을 확인해보자. 군신, 부자, 부부, 형제, 붕우는 분명 형이하의 사물 존재에 해당된다. 이에 비하여 어질고 경건하며, 자애롭고 효도하며, 서로 믿는 것은 그 인간에게 내재한 당연한 이理에 의하여 존재하는 것이다. 당연한 이가 없으면 다섯 가지 사물과 다섯 가지 행위는 존재할 수 없다. 또한 다섯 가지 사물과 다섯 가지 행위가 없으면 당연한 이는 존재하지 않는다. 다섯 가지 사물과 다섯 가지 행위에 의거하여 당연한 이가 있고 당연한 이가 발현한다. 사물과 행위는 체요, 당연한 이는 용이다. 여기서 사물과 행위를 중시하는 주희의 입장을 확인할 수 있다. 그러나 그것은 어디까지나 근거가 있는 사물과 이理에 지배당하는 행위를 중시한 것이다.

　이처럼 주희가 비록 체와 용을 나눠 본다 하더라도 양자가 서로 별개의 것으로 독립하여 존재한다고 본 것은 아니다. 주희는 "체를 거론하면 용의 이理가 이미 갖추어졌다"라고 하는 한편, "일에 나아가도 이의 체를 볼 수 있다"고 한다. 체는 추상적인 독립 존재가 아니라 필연적인 용의 이로서, 용과의 관계 속에서만 존재한다. 이것이 주희적 방식의 '체용일원'의 의의다. 체와 용은 두 가지 것이지만, 한가지 것일 수밖에 없는 존재 방식을 지니고 있다. 결국 사람과 믿음도 체용으로 구분될 수 있지만 궁극적으로는 하나로 통일되지 않으면 안 되는 관계에 있다.

【주희 6】 원문 86

예전에 처음 소학에 입학했을 때는 단지 일처리만을 가르쳤다. 예컨대 예절, 음악, 활쏘기, 말 타기, 글쓰기, 셈하기와 효도, 우애, 충성, 믿음과 같은 것이다. 16, 17세에 대학에 입학한 뒤부터 이치를 가르쳤다. 예컨대 격물치지와 충성, 믿음, 효도, 우애의 근거가 되는 것 등이다.

『주자어류』 권7, 「학 1·소학」

성인이 사람들을 가르칠 때는 대체로 효도와 우애와 충성과 믿음과 같은 일상생활에서 항상 행할 수 있는 것을 말했을 뿐이다.

『주자어류』 권8, 「학 2·총론위학지방」

성인이 사람들을 가르칠 때는 일정한 기준이 있었다. 순임금은 설을 사도로 삼아 인륜을 가르치게 했다. 그래서 부모와 자식 사이에는 친함이 있고, 임금과 신하 사이에는 의리가 있고, 부부 사이에는 분별이 있고, 어른과 아이 사이에는 차례가 있고, 친구 사이에는 믿음이 있게 되었다.

『주자어류』 권8, 「학 2·총론위학지방」

주희는 공부의 대상과 믿음의 관계를 관련지어 생각한다. 일찍이 주희 이전의 교육은 오경을 중심으로 이루어졌다. 주희는 『예기』로부터 『대학』과 『중용』을 독립시켜 『논어』 『맹자』와 함께 사서를 완성하고 이것을 자신의 방식으로 새롭게 주석했다. 또한 그는 『소학』을 편찬하여 어린이들이 반드시 공부해야 할 교재로 삼았다. 『소학』은 세정, 응아, 활쏘기, 말 타기, 글쓰기, 셈하기와 효도, 우애, 충성, 믿음과 같은 일처리와 직접적으로 관련되는 것을 교육의 대상으로 삼고 있다. 적어도 16, 17세 이전까지는 『소학』을 공부하여 수신의 길로 나아가는 기틀을 마련하고자 함이었다. 그 이후 『대학』을 통해 격물치지와 충성, 믿음, 효도, 우애 등의 근거가 되는 것에 대해 공부하게 했다. 또한 『대학』을 공부한 이후에는 『논어』와 『맹자』를 통해 구체적인 사례들로써 공부의 폭을 넓힌 다음 마지막으로 『중용』에 이르러 천인합일의 도리에 관하여 깊이 있게 공부하게 했다. 이것은 주희적 독서법의 순서다.

한편 주희는 사서를 독립시키면서 『대학』의 저자가 증자, 『중용』의 저자가 자사라고 하여, 공자로부터 증자와 자사를 거쳐 맹자로 이어지는 유가적 도통론道統論을 새롭게 수립했다. 이러한 주희적 방식의 도통론은 불교적 방식의 전등론傳燈論에 대한 대항 담론의 성격을 띤다. 주희는 불교의 학설이 공허한 현실 도피주의적 성향에 빠져 있다고 비판한다. 이 과정에서 유가의 학설은 상대적으로 일상생활을 적극 인정하는 현실주의적인 성향을 갖는다는 입장을 천명한다. 유가의 공부는 구체적인 현실을 넘어서는 다른 데 목표를 두지 않는다. 즉, "부모와 자식 사이에는 친함이 있고, 임금과 신하 사이에는 의리가 있고, 부부 사이에는 분별이 있고, 어른과 아이 사이에는 차례가 있고, 친구 사이에는 믿음이 있게 되었다"라고 말한 것처럼, 유가의 공부는 인륜을 벗어나는 것이 아니다. 주희가 볼 때, 적어도 불교에서는 인륜의 믿음이 존재할 수가 없다. 인륜의 믿음은 유가의 것이며, 이 인륜에 대한 믿음으로부터 모든 공부가 출발한다. 공부의 종착지 역시 인륜의 범주를 벗어날 수 없다.

【주희 7】 원문 87

다른 사람의 글을 읽을 때는 그의 말만 듣고 동조하지 않아야 한다. 내가 옳다고 깨달아야 비로소 믿을 수 있다. 반드시 깊이 볼

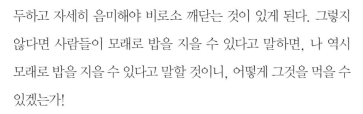

두하고 자세히 음미해야 비로소 깨닫는 것이 있게 된다. 그렇지
않다면 사람들이 모래로 밥을 지을 수 있다고 말하면, 나 역시
모래로 밥을 지을 수 있다고 말할 것이니, 어떻게 그것을 먹을 수
있겠는가!

『주자어류』「독서법 하」

독서법은 하나의 공부 방법이다. 이때 독서의 대상이나 공부의 대상이
어떠한 것이어야 하는가는 매우 중요하다. 주희는 사물의 이치를 궁구하
는 공부에 독서보다 좋은 것이 없다고 본다. 그러나 독서의 대상인 텍스트
들을 전적으로 신뢰하는 것도 바람직한 일은 아니다. 텍스트에 적힌 문자
들이 매우 관념적이거나 추상적인 내용을 담고 있을 수 있기 때문이다. 즉,
텍스트가 일상의 마땅한 도리들을 부정하고 비현실적인 관념의 상상력만
을 자극한다면, 이러한 공부는 문제가 있다. 주희는 불교의 텍스트들이 이
러한 문자들로부터 자유롭지 못하다고 본다. 이러한 문자를 읽고 부화뇌
동하면 곤란하다는 것이다. 이것은 마치 모래로 밥을 지을 수 있다는 것
과 같은 방식의 비현실적 언어가 그들의 텍스트에 기득 차 있다는 진단으
로부터 비롯된 경계의 말이다. 모래로는 결코 밥을 지을 수 없다는 사실이
믿음의 대상이 되어야지, 모래로도 밥을 지을 수 있다는 관념이 믿음의 대
상이 되어서는 곤란하다.

격물 공부를 강조하는 주희의 공부 방법은 그래서 더 중요하다. 주희의
격물 공부는 일상의 구체적 사물을 공부 대상으로 삼기 때문이다. 이이李

2장 원전과 함께 읽는 '믿음'

퍠(1536~1584)도 독서가 이상하거나 유별난 것이 아니라는 점을 강조한다. 그는 『격몽요결』 서문을 통해 독서는 일상생활을 반영하는 것이어야 한다고 주장한다. 독서는 마치 어버이라면 마땅히 사랑할 줄 알고, 자식이라면 마땅히 효도할 줄 알고, 부부라면 마땅히 분별할 줄 알고, 형제라면 마땅히 우애할 줄 알고, 친구 사이라면 마땅히 믿음과 의리가 있어야 하는 것과 같은 종류라고 본 것이다. 주희의 격물론은 공허한 세계의 꿈으로부터 깨어나는 공부 방법이다. "격물은 꿈꾸는 것과 깨어 있는 것의 관문이다. 이르러 알아내는 것은 깨어 있는 것이고, 이를 수 없는 것은 다만 꿈꾸는 것이다."(『주자어류』 권15, 「대학·경하」) 따라서 공허한 세계의 꿈이 독서에 반영되어 믿음의 대상이 되어서는 안 된다. 그 헛된 꿈으로부터 깨어나 생활세계의 진실을 깨달을 수 있어야만 진실한 믿음을 가질 수 있는 것이다. 지금의 우리에게도 무엇을 읽을 것인가라는 문제는 여전히 중요하다.

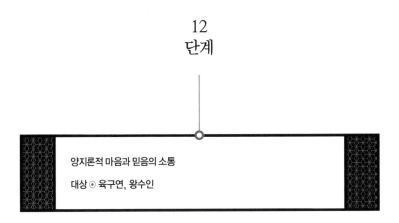

12
단계

양지론적 마음과 믿음의 소통
대상 ⊙ 육구연, 왕수인

육왕학의 탄생과 더불어 믿음에 대해서도 새로운 해석이 등장한다. 육구연과 왕수인은 주희의 성리학을 비판하면서 자신의 새로운 학설을 제시했는데, 이른바 심학心學이라고 일컬어지는 사상 중에서 '심즉리'의 명제가 그 대표적인 주장이다. 육구연과 왕수인의 믿음에 대한 해석 역시 그들의 '심즉리' 사상에 토대를 두고 이루어진다고 할 수 있다. 그것은 선천의 양지에 기초한 전지만물일세에 대한 믿음을 특징으로 한다. 그렇다면 육구연과 왕수인은 믿음의 덕목에 관하여 어떠한 해석을 하고 있는지 더 구체적으로 살펴보자.

충성이란 어떠한 것인가? 그것은 속이지 않는 것을 일컫는다. 믿음이란 어떠한 것인가? 그것은 망령되지 않은 것을 일컫는다. 사람이 속이지 않는데 어찌 충성스럽지 않겠으며, 사람이 망령되지 않은데 어찌 미덥지 않겠는가? 충성과 믿음은 처음부터 두 가지 것이 아니다. 다만, 그 심중에서 속이지 않음으로 말미암아 말한다면 충성이라고 이름하는 것이고, 그 밖에서 망령되지 않음으로 말미암아 말한다면 믿음이라고 이름하는 것이다. 참으로 충성스러움이 있으면서도 미덥지 않은 사람이 있을 수 있겠는가? 참으로 믿음이 있으면서도 충성스럽지 않은 사람이 있을 수 있겠는가? 명칭이 비록 같지 않으나 총체적으로 그 본질로부터 말한다면, 그것은 사람들의 양심에 지나지 않으며, 그것은 성실하고 거짓됨이 없는 것이라서 이를 충성과 믿음이라고 말할 수 있는 것이다. 이로부터 말한다면, 충성과 믿음이라는 명칭은 성인이 처음부터 그 덕으로써 천하 사람들을 교화하고자 밖에 세워놓은 것이 아니라, 대개 모든 사람이 본래부터 가지고 있는 것이며, 안으로 마음의 근저가 똑같이 그러한 것이다.

『육구연집』 권32, 「주충신」

육구연陸九淵(1139~1192)은 남송 시대의 철학자로서 자는 자정子靜, 호는 존재存齋다. 그는 상산象山(오늘날 장시 성 구이시貴溪의 서남쪽)에서 강학했기 때문에 학자들은 그를 가리켜 상산 선생이라고 칭했다. 특히, 그는 주희와 더불어 아호鵝湖의 만남을 통해 '주륙논쟁'을 벌인 것으로 유명하다. 육구연은 주희의 이학에 대한 반동으로 심학을 제창했고 '심즉리心卽理'설을 제출했다. 그는 일찍이 "우주의 마음이 곧 내 마음이요, 내 마음이 곧 우주의 마음이다"라고 하여, 우주의 본래 면목이 사람의 본심을 떠나 존재할 수 없음을 주장했다.

육구연은 믿음의 문제를 충성과 관련지어 논의한다. 그리고 충성과 믿음은 처음부터 두 가지 것이 아니라고 한다. 이 둘을 굳이 구별한다면, 속이지 않음과 망령되지 않음의 특징에서 그 차이점을 찾을 수 있을 뿐이다. 그러나 충성과 믿음은 다 같이 성실함의 일종이며, 거짓 없음을 의미한다. 그것은 사람들이 타고난 고유의 것이다. 그리고 충성과 믿음은 그 명칭은 다르지만 인간의 보편적인 양심을 가리킨다. 이때 양심이란 육구연이 강조하는 '본심'이라고 볼 수 있다. 그것은 경험적인 심리나 생리 등의 조건을 갖춘 특수한 마음을 가리키는 것이 아니라, 유학자들이 말하는 어짊과 의로움을 갖춘 인간의 보편적 마음을 의미한다. 이와 같은 마음에 대한 육구연의 입장은 정호程顥(1032~1085)의 '어짊에 대한 인식識仁'에 영향을 받은 것이다. 이러한 마음은 가치를 자각하는 가치 기준의 근거가 된다. 이러한 특징 때문에 육구연이 말하는 마음은 기운이 파생되어 나타난 개별적 산물로서가 아니라, 온갖 존재를 함유할 수 있는 모든 개별적 이치의 근원이라는 점에서 그 의의가 있다.

노사광勞思光에 따르면, 육구연의 심학에서 이치는 법칙적인 의미가 아니라 규범적인 의미가 있다. 그리고 규범적인 의미의 이치는 본심을 벗어날 수 없으며, 그것은 양심의 범주 밖에서 논의될 수 없다. 믿음과 충성 또한 본심과 양심을 벗어나 논의될 수 없다. 그것은 외계에 존재하는 개별적인 이치가 아니기 때문이다. 이러한 점은 주희의 본성론과 차별되는 특징이라고 할 수 있다. 육구연은 사람의 마음이 본디 우주의 전체임에도, 우주와 인간의 마음이 격리되는 것은 사람이 스스로 우주를 격리시키기 때문이라고 보았다. 육구연의 입장에서 본다면, 그것은 마음의 상실로 인한 편견의 작용 때문이라고 볼 수 있다. 마음의 상실 위에서는 충성과 믿음을 기대하기 어렵다. 그래서 그 마음을 세우고 바로잡는 것이 무엇보다 중요하다. 육구연이 '근본을 알고 큰 것을 세운다知本立大'라거나 '먼저 그 큰 것을 세운다先立乎其大者'라고 강조한 것은 모두 보편적 마음으로서의 본심을 회복하는 것과 관련된다. 그리고 충성과 믿음 역시 본심의 범주와 연계되어 논의된다. 육구연에게 있어서 충성과 믿음은 군신, 형제, 장유, 부부, 붕우 사이에 존재하는 보편적 관계의 품덕이다. 그러나 그것은 개별적인 이치와 관련되는 것이 아니라 보편적 본심과 관련되는 품덕이다. 요컨대, 육구연에게 있어서 충성과 믿음은 모든 인간관계에 적용되는 행위 규범이지, 객관적으로 실재하는 존재의 법칙이 아니다.

이러한 육구연의 사상은 이후 왕수인王守仁(1472~1528)에게 전승되어 좀 더 자세하고 구체적인 정형화된 심학의 체계로 나타난다. 그렇다면 이제 왕수인이 본 믿음의 의의에 대해 살펴보자.

서애가 물었다. "예를 들어 부모를 섬기는 효도, 임금을 섬기는 충성, 친구와 사귀는 믿음, 백성을 다스리는 어짊 등 그 사이에는 수많은 이치가 있으니, 아마도 또한 살피지 않을 수 없을 듯합니다." 선생이 탄식하며 말했다. "이러한 주장의 폐단이 오래되었으니, 어찌 한마디 말로 깨우칠 수 있겠는가? 지금 잠시 그대가 질문한 것에 나아가 말해보자. 예컨대 부모를 섬기는 경우 부모에게서 효도의 이치를 구할 수 없고, 임금을 섬기는 경우 임금에게서 충성의 이치를 구할 수 없으며, 친구와 사귀고 백성을 다스리는 경우도 친구와 백성에게서 믿음과 어짊의 이치를 구할 수는 없다. 그 모든 것은 다만 이 마음에 있을 뿐이다. 마음이 곧 이치다. 이 마음이 사사로운 욕망에 가려지지 않은 것은 곧 하늘의 이치다. 따라서 밖에서 조금이라도 보탤 필요가 없다. 이 순수한 하늘의 이치적인 마음을 부모를 섬기는 데 드러낸 것이 효도이고, 임금을 섬기는 데 드러낸 것이 충성이며, 친구와 사귀고 백성을 다스리는 데 드러낸 것이 믿음과 어짊이다. 단지 이 마음에서 인욕을 제거하고 하늘의 이치를 보존하는 데 힘쓰기만 하면 된다."

『전습록』 상, 「서애록」 3조목

왕수인은 명나라 중기를 대표하는 철학자로서 주자학에 대한 비판적 입장을 통해 자신의 독자적 사상 체계를 수립했다. 그는 주희의 최대 난적이었던 육구연의 사상을 계승하여, 우주의 본체가 내 마음 안에 모두 들어 있다고 하는 '심즉리' 사상을 천명했다. 왕수인은 '심즉리' 외에도 '지행합일'과 '치양지致良知' 등을 자기 학설의 중요한 원리로 내세웠다.

왕수인의 '심즉리' 사상은 외부 대상과의 빈틈을 용인하지 않는다. 이가 마음 안에 본구되어 있는 까닭이다. 왕수인에게서는 마음을 떠난 어떠한 사물이나 사업도 존재할 수 없다. 왕수인에게서 믿음의 문제 역시 마음의 범주를 벗어날 수 없다. 서애徐愛(1488~1518)라는 인물이 왕수인에게 물었던 내용은 사실 주자학의 중심 주제인 '성즉리'에 관한 것이다. 부모·임금·친구·백성 등은 외적 대상이며, 거기에는 이가 구비되어 있다는 것이 주희의 생각이다. 그리고 거기에는 각각 효도·충성·믿음·어짊이라고 하는 착한 본성이 작용하고 있다는 것이다. 서애는 각각의 사물에는 정해진 이치가 있다는 주희의 학설을 가지고 왕수인에게 질문한 것이고, 왕수인은 주희의 학설이 잘못이라고 비판한 것이다.

왕수인은 마음 밖에 존재하는 지극한 선이란 없으며 마음의 본체가 곧 지극한 선이라고 본다. 효도의 이치가 부모에게 있는 것이 아니듯이 충성의 이치가 임금에게 있는 것도 아니고, 믿음의 이치가 친구에게 있는 것도 아니며, 어짊의 이치가 백성에게 있는 것도 아니다. 즉, 대상적 존재에는 이가 존재하지 않는다는 말이다. 이는 오로지 마음에 있을 뿐이다. 구체적으로 말하자면, 효도·충성·믿음·어짊의 이치는 모두 마음에 있을 뿐이다. 그리고 부모를 섬기고 임금을 섬기고 친구를 위하고 백성을 돌보는 마음에서 자연적으로 우러나오는 것이 효도와 충성이고, 믿음과 어짊인 것이다. 마음을 떠난 이치나 이치를 벗어난 마음은 존재할 수 없다.

왕수인에게서 효도·충성·믿음·어짊과 같은 이치는 외재적 대상으로서의 도덕 규범이 아니다. 그것은 왕수인이 서애에게 밝힌 것처럼 인욕을 제거하면 자연스럽게 드러나는 마음속의 순수한 이치이며, 대상에 따라 발로하는 실천적 조리다. 따라서 친구와의 사귐에 있어서 믿음의 이치를 먼저 인식한 다음 이 도덕 규범에 맞추어 친구에게 믿음을 보여주는 행위를 하는 것이 아니다. 마음에서 사사로운 인욕이 제거되면 곧바로 친구에게 믿음을 다해 사귀어야 한다는 마음이 발현된다. 효도와 충성, 어짊도 마찬가지다. 도덕적 실천 의지나 조리 및 행위들은 모두 마음의 이치와 그것이 발현되어 전개되는 과정과 연동되어 있다는 점에서 일원적 구조의 맥락을 지닌다.

이 같은 '심즉리' 사상에 근거할 때, 주희는 본성과 이치를 하나로 보고자 했지만 결정적으로 마음과 이치를 둘로 나눈 커다란 병폐를 면하지 못한다. 믿음의 문제에 한정해서 본다 하더라도 주희는 마음과는 별도로 존재하는 믿음을 주장했다는 의미로 이해할 수 있다. 마음으로부터 독립된 정해진 이치가 선험적으로 존재한다는 것이다. 그러나 마음 따로 믿음 따로, 따로따로 존재하는 믿음은 참다운 믿음일 수 없다는 것이 왕수인의 입장이다. 그리고 이것이 주희를 비판하는 주된 이유다. 결국 '심즉리'에 준거한 믿음으로 돌아가라는 것이 왕수인의 주장인 셈이다.

선생이 말했다. "자하는 성인을 독실하게 믿었고, 증자는 자기에게 돌이켜 구했다. 독실하게 믿는 것도 나쁘진 않지만 돌이켜 구하는 것만큼 절실하지는 않다. 이제 이미 자기 마음에서 납득되지 않는다면, 어떻게 예전에 들은 것에 얽매여서 합당함을 구할 수 있겠는가? 주자와 같은 사람도 정자를 존경하고 믿었지만, 그의 마음에 납득되지 않는 부분에 대해서는 어찌 함부로 추종한 적이 있었겠는가?"

『전습록』 상, 「서애록」 6조목

왕수인은 주희적 방식의 믿음에 문제가 있다고 지적한다. 주희적 방식의 믿음은 마치 자하가 성인을 독실하게 믿는 것과 같고, 또한 주희가 정이를 존경하여 믿는 것과 같다. 왕수인이 볼 때, 이와 같은 믿음은 대상에 대한 믿음일 뿐이다. 대상에 대한 믿음은 내 마음으로부터 대상을 독립시켜 그의 권능에 지배되고 따른다는 의미를 벗어나지 못하는 한계가 있다고 파악된다. 분명 왕수인이 제시한 자하에 대한 성인, 주희에 대한 정이는 가치 지향적인 목표요 바람직한 대상의 성격을 띤다. 자하와 주희는 그 바람직한 가치 지향적 대상을 모범으로 삼아 자기화하고자 한 믿음의 행사자인 것이다.

그러나 왕수인은 이러한 주객 분리의 믿음은 결정적으로 마음의 지지를 받지 못한다고 본다. 대상에 대한 믿음이 아무리 철저하더라도 마음에 납득되지 않는 부분도 생겨날 수 있다는 것이다. 그렇다면 과연 누구나가 그 납득되지 않는 부분에 대해서조차 의심하지 않을 수 있겠느냐는 것이다. 이렇게 본다면, 주희적 방식의 믿음의 대상보다 더 중요한 것은 마음의 문제가 아닐 수 없다. 마음의 범주를 믿음의 대상과 독립시켜 대상에의 믿음을 제1차적인 것으로 상정하는 한 마음의 고유한 존재성은 자신의 능력을 발휘하지 못한다. 이에 왕수인은 외적 대상을 독실한 믿음의 대상으로 삼았던 자하나 주희보다 모든 것을 자기 자신의 문제로 돌려 자신에게서 구했던 증자의 태도를 더 훌륭한 것으로 평가한다. 이러한 왕수인의 입장 역시 '심즉리'의 기준에서 수행된 주희적 방식의 믿음관에 대한 비판이라고 할 수 있다.

소혜는 선가와 불가의 학설을 좋아했다. 선생이 그것을 경계하며 말했다. "나도 어려서부터 선가와 불가에 돈독하게 뜻을 두었고, 스스로 이미 터득한 것이 있다고 생각했으며, 유학은 배우기에 충분하지 않다고 여겼다. 그러나 그 뒤에 용장에서 3년 동안 머물며 성인의 학문은 이와 같이 간단하면서도 쉽고 넓으면서도 크다는 것을 알고 나서야 비로소 30년 동안 기력을 잘못 사용한 것을 탄식하며 후회했다. 무릇 선가와 불가의 학문은 그 오묘한 곳이 성인의 학문과 매우 작은 차이만 있을 뿐이다. 네가 지금 배우는 것은 쓰레기와 두엄풀처럼 하찮은 것인데, 그처럼 스스로 믿고 좋아하니, 참으로 부엉이가 썩은 쥐를 훔치고 좋아하는 것과 같다."

『전습록』상, 「설간록」124조목

지금 학술의 폐단이 어짊을 배웠으나 지나친 것이라고 하겠는가? 의로움을 배웠으나 지나친 것이라고 하겠는가? 아니면 어질지 않고 의롭지 않음을 배워서 지나친 것이라고 하겠는가? 나는 그것이 홍수나 맹수와 비교해서 어떤지 알지 못했다. 맹자는 "내가 어찌 변론하기를 좋아하겠는가? 나는 어쩔 수 없었기 때문이다"라고 했다. 양주와 묵적의 도가 천하에 가득 찼기 때문에 맹자 당시에는 천하 사람들이 양주와 묵적을 존중하여 믿는 것이 오늘날 주희의 학설을 믿는 것보다 덜하지 않았음은 당연하다. 그러나 유독 맹자 한 사람만 그 사이에서 목소리를 높여 외쳐댔으니, 아, 애처롭도다!

『전습록』중, 「답나정암소재서」176조목

왕수인은 성인의 학문을 '심학'이라고 규정한다. 뿐만 아니라 그는 아직 성인의 경지에 도달하지 못한 사람들의 마음 공부도 심학이라고 규정한다. 누구나 마음에서 구하는 공부를 통해 성인이 될 수 있다는 가능성 때문이다. 이때 성학의 기준이 되는 성인은 천지만물을 일체로 보는 도덕적 마음을 가진 사람으로 표상된다. 이른바 성학의 근원이 외재적인 대상세계에 있는 것이 아니라 보편적인 마음의 세계에 있다는 입장이다. 이러한 사고는 왕수인에게 있어서 학문의 정통과 이단을 변별하는 가장 중요한 기준으로 제시된다.

왕수인에게서 주자학은 일차적인 비판의 대상이다. 왕수인은 주자학에 대한 비판을 통해 자신의 철학 체계를 완성해나간 특징이 있기 때문에 누구보다도 주자학에 대해 비판적이었다. 주자학은 심학이 아니라 이학의 특성을 갖는다는 점에서 성인의 학문이라고 볼 수 없다는 것이다. 왕수인은 주자학이 외재적 하늘의 이치를 대상으로 삼아 하늘과 인간의 관계를 통일시키고자 한다는 점에서 성인의 학문적 근원을 마음 자체에 두고 있는 심학과는 본질적으로 차별된다고 본다. 성인의 학문은 결코 대상적 이치로 상정될 수 없다는 것이 왕수인의 입장이다.

선가와 불가의 학문은 더 말할 나위가 없다. 선가와 불가는 요·순·우·탕으로 이어지는 도통의 맥락조차 거부하는 입장이기 때문에 애초에 성학과는 다른 길을 걷는 이단의 학문인 것이다. 특히 요·순·우 삼왕은 오직 정밀하고 유일한 도덕적 마음의 중요성을 강조하고 이것을 전수했는데, 왕수인은 그 마음이 바로 양지이며 그것이 공부의 기준이 되어야 한다고 본다. 왕수인의 심학은 자신의 양지를 현실에 실현하는 학문적 특징을 갖는다고 강조한다.

이러한 이유로 선가와 불가는 왕수인에게 극단적인 비판의 대상이 될 수밖에 없다. 왕수인은 선가나 불가에 대한 믿음은 마치 쓰레기와 두엄풀처럼 하잘것없으며, 그 믿음에 대해 즐거워하는 것은 마치 부엉이가 썩은 쥐를 훔치고 좋아하는 것과 다를 바 없다고 평가한다. 따라서 학문의 길에 들어선 사람들은 마땅히 선가와 불가라는 이단의 유혹으로부터 벗어나야 한다. 거기에는 결단이 필요하다. 외물에 속박된 부엉이와도 같은 일상의 의식을 해방시키지 않으면 안 된다. 학문의 길로 들어선 사람들은 봉황새와 같은 커다란 결단을 지녀야만 하는 것이다. 이단에 대한 호교론적 apologetic 인식은 유학자들이 가진 공통의 문제의식임에 틀림없지만, 부엉이와 봉황새의 비유는 왕수인이 비판한 장자로부터 비롯된 것이라는 점이 아이러니할 뿐이다.

【왕수인 4】 원문 92

군자는 자기를 위해 학문을 하기 때문에 다른 사람이 자기를 속일까 근심한 적이 없고 항상 스스로 자신의 양지를 속이지 않을 뿐이며, 다른 사람이 자기를 믿어주지 않을까 근심한 적이 없고 항상 스스로 자신의 양지를 믿을 뿐이며, 다른 사람이 속임과 불신을 먼저 깨닫기를 구한 적이 없고 항상 스스로 자신의 양지를 깨닫는 데 힘쓸 뿐이다. 이런 까닭에 속이지 않으면 양지에 거짓된 것이 없어서 성실하게 되고, 성실하면 밝아지게 된다. 스스로를 믿으면 양지에 미혹된 것이 없어서 밝아지게 되고, 밝아지면 성실하게 된다. 밝음과 성실은 서로 낳으니, 이 때문에 양지는 항상 깨닫고 항상 비춘다. 항상 깨닫고 항상 비추면 밝은 거울을 매단 것처럼 어떤 사물이 다가와도 저절로 그 아름다움과 추함을 감출 수 없다. 무엇 때문인가? 속이지 않고 성실하면 다른 사람의 속임을 허용하지 않으며, 만약 속이는 것이 있으면 곧 깨닫기 때문이다. 스스로를 믿어서 밝으면 다른 사람의 불신을 허용하지 않으며, 만약 불신이 있으면 곧 깨닫기 때문이다.

「전습록」 중, 「답구양숭일」 171조목

군자의 공부는 남에게 잘 보이고자 하는 데 목표를 두지 않는다. 군자의 공부는 자기 자신을 수양하여 도덕적인 이상인이 되는 것을 목표로 삼는다. 이것이 이른바 다른 사람에게 잘 보이고자 하는 '위인지학爲人之學'에 반대되는 '위기지학爲己之學'의 의의다. 공자로부터 거론된 '위기지학'의 의의를 왕수인 역시 승계한다. 왕수인은 그 위기지학의 내용을 양지에 초점을 맞추어 사유한다. 양지에 대한 믿음이 있으면, 다른 사람이 자기를 속일까 근심할 필요도 없고 다른 사람이 자기를 믿어주지 않을까 걱정하지 않아도 된다. 왕수인은 오로지 자신의 양지를 믿어야 한다고 주장한다. 양지는 영명한 자각성을 가지고 있기 때문에 항상 깨닫고 항상 비추는 특징이 있다고 한다.

인간의 양지는 밝은 거울로 비유된다. 때가 낀 거울이라거나 울퉁불퉁한 거울이라면 사물을 온전하게 비추어내지 못할 것이다. 이런 점을 염두에 두었던지 왕수인은 인간의 양지가 밝은 거울과 같다고 말하는 것이다. 밝은 거울과 같은 양지는 깨달음의 주체다. 그것은 항상 아름다운 것과 추한 것을 있는 그대로 인식한다. 아름다운 것만 받아들인다든가 추한 것을 배제하는 일이 없다. 그래서 거울에 대한 믿음이 있는 것이다. 양지에 대한 믿음도 거울과 같은 종류의 믿음일 수밖에 없다. 그 믿음의 핵심은 무엇인가? 그것은 거울이 속이지 않는다는 점에 있다. 거울과 마찬가지로 양지도 속이는 일이 없다. 지극하게 밝고 지극하게 성실한 양지는 어떤 앎이 없으면서도 알지 못하는 것이 없는 영명성을 갖는다. 그래서 왕수인은 "스스로를 믿어서 밝으면 다른 사람의 불신을 허용하지 않으며, 만약 불신이 있으면 곧 깨닫기 때문이다"라고 말한 것이다. 양지의 영명성이 미치지 못하는 바가 없고, 그것은 늘 자신의 본체인 지극한 선을 발현하는 일에 충실할 뿐이다.

【왕수인 5】 원문 93

옛사람들은 다른 사람의 선행을 보기를 마치 자기로부터 나온 듯이 여겼으며, 다른 사람의 악행을 보기를 마치 자기가 악에 빠진 것처럼 여겼을 뿐만 아니라, 백성의 굶주림과 곤고함을 마치 자기의 굶주림과 곤고함처럼 보았으며, 한 사람이라도 자기 자리를 얻지 못하면 마치 자신이 그를 도랑에 밀어 넣은 것처럼 여겼던 까닭은 의도적으로 그렇게 행하여 천하 사람들이 자기를 믿어주기를 바랐기 때문이 아니다. 자신의 양지를 실현하여 스스로 만족하기를 구하는 데 힘썼을 따름이다. 요임금, 순임금, 탕왕, 문왕, 무왕 등의 성왕이 말을 했을 때 백성 가운데 믿지 않은 자가 없었던 것은 그 양지를 실현하여 말했기 때문이며, 행동

왕수인은 천지 만물은 본래 나와 일체라고 본다. 그리고 양지의 실천을 통해 만물일체의 세계를 구현할 수 있다고 말한다. 이러한 사유는 그의 정치론에도 그대로 적용된다. 정치의 지도자는 양지에 대한 믿음을 가지고 이것을 사사물물의 세계에 구현할 수 있는 성인이라야 한다. 성인은 천하 사람들의 아픔을 자신의 것으로 느낀다. 다른 사람의 선행을 자기로부터 나온 것처럼 느끼고, 다른 사람의 악행을 자신이 악에 빠진 것처럼 느낀다. 굶주림과 곤고함에 대한 느낌 역시 마찬가지다. 그래서 양지의 마음으로 천하 사람들의 아픔을 바라보면, 너무 안타까워서 미치지 않을 수 없고, 그래서 정신을 잃어버리지 않을 수 없다고 한다.

이상과 같은 마음으로 백성을 대하는데 정치가 잘못될 리 없다. 따라서 옛 성왕들은 양지를 바탕으로 백성에게 명령을 내렸다. 이에 성왕의 말을 믿지 않은 자가 없었으며, 그들이 행동했을 때 백성 중 기뻐하지 않은 이가 없었다. 모두가 양지의 발로를 통해 정치에 임했기 때문이다. 왕수인은 『대학문大學問』에서 "천하를 보기를 자기 집과 같이 하고, 세상을 보기를 한 사람처럼 한다"고 했다. 이것은 천하를 공평무사하게 다스린다는 의미이며, 만물일체의 세계를 구현한다는 것에 다름 아니다. 왕수인의 대동의 이상은 양지에 대한 믿음을 현실화하는 데 있었던 것이다.

『대학』에서 말한 후함과 박함은 양지의 자연적인 조리로서 뛰어넘을 수 없으니, 이것을 의로움이라고 한다. 이 조리를 따르는 것을 예라고 하고, 이 조리를 아는 것을 슬기로움이라고 하며, 처음부터 끝까지 이 조리를 지키는 것을 믿음이라고 한다.

『전습록』 하, 「황성증록」 276조목

왕수인은 『대학』의 경문에서 "후하게 할 것을 박하게 하고, 박하게 할 것을 후하게 하는 자는 있지 않다"고 한 말을 해석하면서 믿음의 의의를 확인한다. "도리 자체에 후박이 있다"고 보는 왕수인은 후함과 박함이 다름 아닌 양지의 조리라고 본다. 양지란 사려하지 않더라도 저절로 아는 것이다. 누가 가르쳐준 일이 없는데도 저절로 아는 것이 양지다. 사람이라면 누구나 양지를 가지고 있다는 믿음이 왕수인에게 있다. 그는 천지만물이 일체이지만, 자연의 조리는 경중후박이 있기 때문에 마음의 양지는 그 구체적인 사례에 따라 각각 달리 응해야 함을 인정한다.

왕수인은 양지가 자연의 도리를 따르는 것이 예라고 한다. 개별적 존재자들의 현실적 차이는 예로 인하여 질서가 부여된다. 그리고 이러한 자연의 조리를 아는 것이 슬기로움이다. 그것은 양지를 통한 슬기로움일 뿐이다. 양지는 자연적 조리를 분간하는 슬기로움일 뿐만 아니라 도덕적인 옳고 그름을 판단하는 슬기로움이기도 하다. 그런데 처음부터 끝까지 이 조리를 잘 지키는 것이 믿음이다. 믿음은 자연적 조리를 지키는 구체적인 행위와 관련된다. 믿음은 양지의 실천이다. 양지를 지닌 주체적 존재로서의 인간이 구체적인 행위의 사업들에 드러난 양지의 발현을 지켜내는 실천력이 바로 믿음이라고 할 수 있다. 이런 이유로 왕수인에게서 믿음이란 양지의 자연적 조리를 지키는 것이라고 말해진 것이다.

【왕수인 7】 원문 95

나는 남경에 오기 전에 향원과 같은 마음이 조금 있었다. 그러나 나는 지금 양지에 대한 믿음을 얻어, 참으로 옳은 것을 옳게, 참으로 그른 것을 그르게, 손길이 닿는 대로 실천하여 다시는 조금이라도 덮어 감추지 않게 되었다. 나는 지금에 와서야 비로소 광자의 심경을 가지게 되었다. 천하 사람이 모두 나의 행동이 말과 일치하지 않는다고 말하더라도 그렇게 둘 뿐이다.

「전습록」 하, 「황성증록」 312조목

왕수인이 37세에 용장龍場에서 '심즉리'를 깨달았다는 이야기는 매우 유명하다. 왕수인은 그 이전까지 주희가 제시한 격물格物의 공부에 심취해 있었다. 한때 그는 격죽格竹을 통해 격물의 이치를 깨달아보고자 시도했던 적이 있다. 그러나 아무리 해도 대나무의 도리는 알 수 없었고, 마침내 7일째가 지나서는 병에 걸리고 말았다. 이로 말미암아 왕수인은 주희의 공부 방법에 문제가 있다는 것을 절감하고, 사물의 이치가 대상 사물에 있는 것이 아니라 마음 자체에 있음을 깨달아 '심즉리' 사상을 주창했다.

용장에서 '심즉리'의 이치를 깨달은 왕수인은 이후 남경에서 생활하게 된 45세 무렵부터 구체적으로 '양지'에 대한 믿음을 굳힌다. 그리고 50세에 정식으로 '치양지'를 자신의 학문적 종지로 삼는다. 45세부터 50세에 이르는 시기는 왕수인의 학문과 사업이 모두 절정을 이루었던 최고 융성기였다. 왕수인의 친구였던 왕사여王思輿는 이 시기의 왕수인을 가리켜 "동요케 하려 해도 동요하지 않았다觸之不動"고 평가했다. 공자가 말한 '불혹' 내지 맹자가 말한 '부동심'을 왕수인도 40대에 이행할 수 있었던 것인데, 거기에는 양지에 대한 믿음이 큰 역할을 했다. 양지의 시비 판단은 잘못을 덮어두거나 은폐하는 것이 아니다. 시비를 왜곡시키지 않고 있는 그대로를 결정하며, 또한 그에 따라 실천하는 것이 양지의 믿음이다.

양지의 믿음은 향원과 광자狂者의 분별을 가져온다. 향원은 일반 세속에 동류하고 깨끗하지 못한 세상에 합세하여 소인에게 거슬리지 않기 때문에 비난하려고 해도 어느 하나를 특별하게 지적할 것이 없고, 꼬집으려 해도 어느 하나를 특별하게 꼬집을 것이 없는 사람이다. 그러나 그의 마음은 군자에 아첨하며 소인에게 아첨하는 것일 뿐이다. 이에 비해 광자는 그 뜻을 성인에게 두었기 때문에 어떠한 혼란과 속세의 오염도 그를 유혹하거나 흔들 수 없다. 그는 참으로 봉황과 같이 높은 곳에서 날려는 뜻을 가진 사람이다. 여기서 한 단계만 극복하면 성인인데, 그 한 단계를 극복하지 못했기 때문에 약간의 소홀함이 있는 것이다.

이상, 향원과 광자에 대한 분별은 「양명연보」(52세, 하)의 내용을 요약한 것이다. 본래 광자는 진리의 세계에 과감하게 나아가 취하는 태도를 가진 사람을 뜻한다. 중도의 이치를 완성한 사람에는 미치지 못하지만, 그는 성인에게만 뜻을 두고 사는 이상주의자라는 점에서 큰 의미가 있다. 왕수인은 이러한 광자를 봉황새에 비유한 것이다. 이에 비해 일상의 향원은 부엉새와 다를 바 없다. 광자의 뜻은 무척 높아서 실행이 불가능할지도 모른다. 그러나 어떠한 허식도 없고 아무것도 숨기지 않으며 양지의 근거에 따라 옳은 것을 옳다고 하고 그른 것을 그르다고 하여 실천하면 그만이고, 잘못된 행동은 바로잡으면 된다. 왕수인의 대표적 문인이었던 왕용계王龍溪(1498~1583)는 이 같은 광자의 정신이야말로 성인의 경지로 들어가기 위한 진정한 출발점이라고 평가한다.

【왕수인 8】 원문 96

앎이 없으면서도 알지 못하는 것이 없는 것은 본체가 원래 그와 같은 것이다. 비유하면 태양이 일찍이 사물을 비추려는 마음을 지닌 적이 없으나 저절로 비추지 않는 사물이 없는 것과 같다. 비춤이 없으면서도 비치지 않는 것이 없는 것은 인제 태양이 본체다. 양지는 본래 앎이 없는데도 이제 도리어 앎이 있기를 요구하고, 본래 알지 못하는 것이 없는데도 이제 도리어 알지 못하는 것이 있다고 의심하는 것은 단지 믿음이 미치지 못하는 것일 뿐이다!

「전습록」 하, 「황성증록」 282조목

사람은 하루 동안에 고금의 세계를 모두 한 차례 경험하고 지나 가지만 사람이 보지 못할 뿐이다. 밤기운이 맑고 깨끗할 때는 보는 것도 없고 듣는 것도 없으며, 생각하는 것도 없고 억지로 행하는 것도 없어서 가슴속이 담담하고 평온하다. 이것이 복희·황제의 세계다. 새벽녘에는 정신이 맑고 기운이 명랑하여 온화하고 화목하다. 이것이 바로 요임금과 순임금의 세계. 오전에는 예의로 사귀고 기상이 질서정연하다. 이것이 바로 삼대의 세계다. 오후에는 정신과 기운이 점점 어두워지고 가고 오는 것이 복잡하고 어지럽다. 이것이 춘추전국의 세계다. 점점 더 어두워져 밤이 되면 만물은 잠들어 쉬고 풍경은 적막하고 고요하다. 이것이 사람이 소멸하고 사물이 다한 세계. 배우는 자가 양지를 믿어서 기운에 의해 어지럽혀지지 않는다면, 항상 복희·황제 이상의 사람이 될 수 있다.

『전습록』 하, 「황성증록」 311조목

왕수인의 믿음의 핵심은 '양지' 본체에 대한 믿음이라고 할 수 있다. '양지'라는 말은 어원적으로 『맹자』의 '양지·양능'에서 유래한다. 양지는 가르쳐주지 않아도 저절로 옳고 그름을 아는 능력이며, 양능은 가르쳐주지 않아도 저절로 도덕적 행위를 할 수 있는 능력을 가리킨다. 양지는 앎이 없으면서도 알지 못하는 것이 없다. 왕수인은 이것을 의심하는 것은 양지에 대한 믿음이 부족하기 때문이라고까지 말한다.

왕수인은 양지에 대한 믿음의 부족이 외재적인 하늘의 권능에 의지하는 기존의 주희적인 태도에서 기인한 것이라고 본다. 왕수인에게서 양지는 외재적 하늘이 인간에게 부여한 덕성과 같은 것이 아니다. 그것은 인간 외부에서 인간을 규제하는 이념이나 규범과는 전연 다른 것이다. 왕수인은 자신의 양지에 대한 믿음이 공고해지자 이전까지 자주 언급했던 주자학의 주요 강령these인 "하늘의 이치를 보존하고 인간의 사사로운 욕망을 제거한다"라는 표현을 더 이상 쓰지 않는다. 왕수인은 '하늘의 이치'를 '양지'로 대체한다. "내 마음의 양지는 이른바 천리다."(『전습록』 중, 135조목) 인간의 사사로운 욕망이 하늘의 이치를 가로막는다고 본 주희에 비하여 왕수인은 인간의 사사로운 욕망이 양지의 본체를 가로막는다고 보게 된 것이다.

양지의 본체는 마치 태양과 같다. 인위적인 비춤이 없으면서도 비치지 않는 것이 없는 게 태양이다. 양지 역시 태양처럼 인위적인 앎이 없으면서도 알지 못하는 것이 없는 앎이다. 그런데도 모르는 것이 있고, 무지한 상태에 빠지기도 하는 것은 무엇 때문인가? 왕수인은 태양에 구름이 끼기 때문이라고 한다. 성인의 양지는 구름 한 점 없는 하늘의 태양과 같고, 현명한 사람의 양지는 엷은 구름이 태양 주변을 가리고 있는 상황과 같으며, 어리석은 사람의 양지는 먹구름으로 뒤덮인 태양과 같다. 그래서 "비유하자면, 구름이 밀려오면 태양빛이 막혀 가려졌다가 구름이 지나가면 태양빛이 회복되는 것과 같다"(『전습록』 하, 237조목)고 한 것이다.

또한 왕수인은 맹자로부터 '존야기存夜氣'설을 계승한다. 이것은 밤의 기운을 보존하라는 주장이다. 맹자는 「고자 상」 편에서 "낮과 밤이 양심을 불어나게 하는 것과 새벽의 기운에 있어서도, 그 좋아하고 싫어하는 것이 서로 비슷한 것이 드물다. 그런데 낮 동안에 하는 행위가 그것을 꽁꽁 묶어서 없애버리니 꽁꽁 묶어서 없애버리는 것을 반복하면 밤의 기운 또한 양심을 보존할 수 없고, 밤의 기운이 보존할 수 없으면 금수와의 거리가 멀지 않다"고 했다. 왕수인에게서는 맹자가 말한 밤기운의 맑고 깨끗한 상황이 양지의 본체를 유비한다. 그런데 인간의 사사로운 욕망이 이 양지의 본체를 가로막는다는, 현실적인 문제가 발생한다. 여기서 사사로운 욕망의 배제가 요청된다. 그러나 왕수인은 양지의 본체를 적극 구현하는 '치양지'의 공부가 수행되기만 하면, 인간의 사사로운 욕망은 구름이 걷히듯이 사라질 것이라고 본다. 따라서 '치양지'의 구현을 위해서 주희와 같은 유의 독서나 정좌의 방법 등은 의미를 행사하지 못한다.

왕수인은 사람이 하루 동안 고금의 세계를 모두 경험한다고 한다. 단지 이것을 깨닫지 못할 뿐이라는 것이다. 온전한 밤기운 속에 앉아 있을 때는 복희와 황제 같은 세계에 놓인다. 새벽녘에는 요임금과 순임금의 세계, 오전에는 하·상·주 삼대의 세계, 오후에는 춘추전국의 세계를 살다가 점점 더 밤이 다가오면서 사람이 소멸하고 사물이 다한 세계를 경험한다는 것이다. 왕수인은 유가가 지향하는 삼대 이전의 세상은 화목하고 평화로웠다고 본다. 이때는 인간이 사사로운 욕망에 의하여 살지 않고, 오로지 순수한 마음을 가지고 살았다고 한다. 보편적인 양지의 본체를 유지하고 살았던 시대인 것이다. 따라서 인간이 양지에 대한 믿음을 확고하게 갖고 이를 따라 실천하는 삶을 살면 누구라도 성인이 될 수 있다고 주장하는 것이다. 왕수인은 "사람들은 가슴속에 각각 하나의 성인을 지니고 있다. 다만 스스로 믿지 못하기 때문에 모두 자신이 성인을 묻어버리고 말았을 뿐이다"(『전습록』하, 207조목)라고 말한다. 왕수인에게 있어서 성인에 대한 믿음은 양지의 구현에 대한 믿음 외에 다른 것일 수 없다. 스스로 묻어버린 양지를 드러내는 일은 스스로에 대한 믿음을 확인하는 길이기도 하다. 왕수인이 얼마나 인간을 적극적으로 긍정했는지를 확인할 수 있는 대목이다.

사람이 사는 데 커다란 병통은 단지 오만을 뜻하는 '오'라는 한 글자다. 아들이 오만하면 반드시 불효하게 되고, 신하가 오만하면 반드시 불충하게 되고, 아비가 오만하면 반드시 자애롭지 못하게 되고, 친구가 오만하면 반드시 믿음직스럽지 못하게 된다.

『전습록』하, 「황이방록」 339조목

믿음을 방해하는 것은 외부 대상이 아니다. 믿음은 일차적으로 자기 믿음일 수밖에 없는 자체적인 특성상 자기 믿음의 박약은 믿음을 잃게 하는 주된 원인으로 작용한다. 뿐만 아니라 자기 믿음이 지나친 것 역시 믿음의 상실을 가져온다. 믿음이 마음의 균형을 잡아주지 않는 한 믿음은 자기 역할을 수행해나가기 어렵다. 믿음은 마음의 중심과 긴밀한 유대관계를 지니고 있기 때문이다. 마음의 중심이 흔들리면 믿음도 흔들린다.

왕수인은 특히 지나친 마음의 양태가 큰 문제를 일으킨다고 본다. 마음이 완고한 의지력을 동반할 때 그것은 오만으로 나타난다. 심리학적으로 오만이란 타인에 대한 열등감과 두려움으로 상대를 부정하고 낮추며, 상대적으로 자기 자신을 높이려는 마음을 의미한다. 타인에 대한 열등감만이 오만한 마음을 부추기는 것은 아니다. 상대방을 깔보는 자기 우월감도 오만의 일종이다. 오만은 자기 열등감과 자기 우월감이라는 부정적 감정에서 일어나는 것이라고 할 수 있다.

오만은 모든 인간관계에 침윤될 수 있다. 부모와 자식, 윗사람과 아랫사람, 친구와 친구 사이 등에서 오만은 자신의 부정적 권능을 휘둘러댄다. 만일 부모와 자식 사이에 오만이 작용하면 부모는 자식을 사랑하지 않고 자식은 부모에게 효도하지 않게 된다. 오만이 윗사람과 아랫사람 사이에 작용하면 윗사람은 아랫사람을 무시하고 아랫사람은 윗사람에게 불충하게 된다. 친구와 친구 사이에 오만이 작용하면 친구 사이에는 불신이 야기된다.

오만은 삶에 대한 잘못된 인식을 제고한다. 그것은 대상을 있는 그대로 보지 못하게 가로막는 편견의 확장이기 때문이다. 편견에 인도되지 않는 오만은 없다. 그리고 오만은 상대방을 자신의 틀에 가두고 그의 존재적 열등성을 확인해보고자 하는 편견으로부터 자유롭지 못하다. 편견은 자기중심적인 일방적 판단이다. 오만은 상대방에 대한 관용과 배려가 없다. 오만이 편견에 뿌리를 내리고 있기 때문이다. 이러한 오만은 사람이 살아가는 데 있어 커다란 병통이다. 그것은 인간관계를 불신으로 몰고 가는 파괴적인 암세포와도 같은 것이다. 건강한 삶을 유지하기 위해서라도 오만의 병폐는 치유되어야 한다.

사람으로서 이 세상을 잘 살아간다는 것은 매우 중요한 일이다. 그것은 무엇을 먹고 사느냐는 문제가 아니다. 그것은 어떠한 마음을 가지고 타자와의 소통을 이루며 사느냐의 문제이며, 이것은 무엇을 먹고 사느냐는 문제보다 더 긴요하다. 자기중심적인 오만한 삶을 살기보다는 상대방을 인정하면서 배려하고 상호 소통할 수 있는 믿음의 삶을 살아가는 것이 필요하다. 믿음은 자신의 실체를 드러내지 않으면서도 모든 인간관계와 사회관계를 넘어서 타자와의 원만한 상호 소통을 매개한다. 믿음은 그 모든 상호관계에 생명을 불어넣는 힘이다.

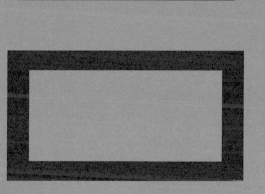

3장

원문

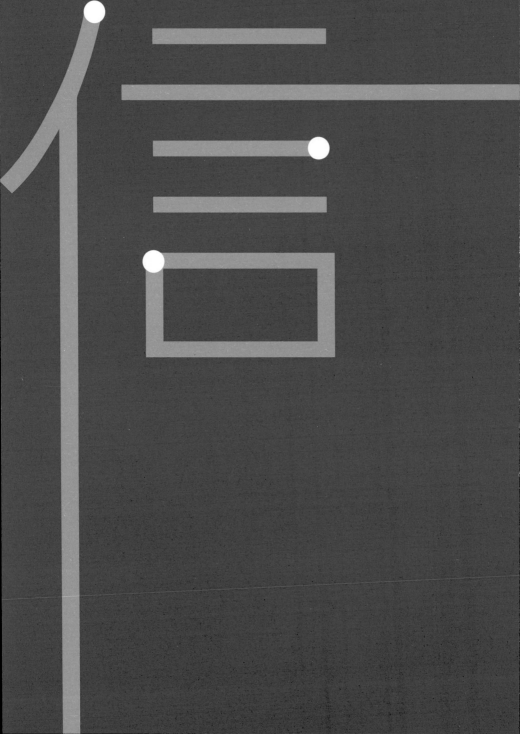

【시경 1】 원문 1

死生契闊, 與子成說. 執子之手, 與子偕老.

于嗟闊兮, 不我活兮. 于嗟洵兮, 不我信兮.(「邶風·擊鼓」)

【시경 2】 원문 2

及爾偕老, 老使我怨. 淇則有岸, 隰則有泮. 總角之宴, 言笑晏晏.

信誓旦旦, 不思其反. 反是不思, 亦已焉哉.(「衛風·氓」)

【시경 3】 원문 3

采苓采苓, 首陽之巓. 人之爲言, 苟亦無信. 舍旃舍旃, 苟亦無然.

人之爲言, 胡得焉.

采苦采苦, 首陽之下. 人之爲言, 苟亦無與. 舍旃舍旃, 苟亦無然.

人之爲言, 胡得焉.

采葑采葑, 首陽之東. 人之爲言, 苟亦無從. 舍旃舍旃, 苟亦無然.

人之爲言, 胡得焉.(「唐風·采苓」)

【시경 4】 원문 4

鴻飛遵渚, 公歸無所, 於女信處.

鴻飛遵陸, 公歸不復, 於女信宿.(「豳風·九罭」)

有客宿宿, 有客信信. 言授之縶, 以縶其馬.(「周頌·臣工之什·有客」)

【 시경 5 】 원문 5

信彼南山, 維禹甸之.(「小雅·谷風之什·信南山」)

【 서경 1 】 원문 6

爾無不信. 朕不食言. 爾不從誓言, 予則孥戮汝, 罔有攸赦.(「商書·湯誓」)

【 서경 2 】 원문 7

王曰: 嗚呼, 我西土君子. 天有顯道, 厥類惟彰, 今商王受, 狎侮五常, 荒怠弗敬, 自絶于天, 結怨于民. 斮朝涉之脛, 剖賢人之心, 作威殺戮, 毒痛四海, 崇信姦回, 放黜師保, 屛棄典刑, 囚奴正士, 郊社不修, 宗廟不享, 作奇技淫巧, 以悅婦人, 上帝弗順, 祝降時喪, 爾其孜孜奉予一人, 恭行天罰.(「周書·泰誓」下)

王曰: 古人有言曰, 牝雞無晨, 牝雞之晨, 惟家之索. 今商王受, 惟婦言是用, 昏棄厥肆祀弗答, 昏棄厥遺王父母弟不迪, 乃惟四方之多罪逋逃, 是崇是長, 是信是使, 是以爲大夫卿士, 俾暴虐于百姓, 以姦宄于商邑. 今予發, 惟恭行天之罰.(「周書·牧誓」)

列爵惟五, 分土惟三, 建官惟賢, 位事惟能. 重民五敎, 惟食喪祭,惇信明義, 崇德報功, 垂拱而天下治.(「周書·武成」)

【서경 3】 원문 8

周公曰: ……厥或告之曰, 小人怨汝詈汝, 則皇自敬德. 厥愆, 曰: 朕之愆允若時, 不啻不敢含怒. 此厥不聽, 人乃或譸張爲幻. 曰: 小人怨汝詈汝, 則信之. 則若時, 不永念厥辟, 不寬綽厥心, 亂罰無罰, 殺無辜. 怨有同, 是叢于厥身. 周公曰: 嗚呼. 嗣王其監于玆.(「周書·無逸」)

【서경 4】 원문 9

周公若曰: 君奭. 弗吊天降喪于殷, 殷旣墜厥命, 我有周旣受. 我不敢知曰: 厥基永孚于休, 若天棐忱. 我亦不敢知曰: 其終出于不祥. 嗚呼, 君. 已曰時我, 我亦不敢寧上帝命, 弗永遠念天威越我民, 罔尤違, 惟人. 在我後嗣子孫, 大弗克恭上下, 遏佚前人光在家. 不知天命不易天難諶, 乃其墜命, 弗克經歷嗣前人恭明德. 在今予小子旦, 非克有正, 迪惟前人光, 施于我沖子. 又曰: 天不可信. 我道惟寧王德延, 天不庸釋于文王受命.(「周書·君奭」)

【서경 5】 원문 10

苗民弗用靈, 制以刑, 惟作五虐之刑曰法, 殺戮無辜. 爰始淫爲劓刵椓黥, 越玆麗刑并制, 罔差有辭. 民興胥漸, 泯泯棼棼, 罔中于信, 以覆詛盟.(「周書·呂刑」)

【 주 역 1 】 원문 11

六五, 厥孚交如, 威如, 吉.(「大有」)

【 주 역 2 】 원문 12

困: 亨, 貞, 大人吉, 无咎, 有言不信.(「困」)

【 주 역 3 】 원문 13

中孚: 豚魚吉, 利涉大川, 利貞.

象傳: 中孚, 柔在內而剛得中. 說而巽, 孚, 乃化邦也. 豚魚吉, 信及

豚魚也. 利涉大川, 乘木舟虛也. 中孚以利貞, 乃應乎天也.

象傳: 澤上有風, 中孚; 君子以議獄緩死.(「中孚」)

【 춘 추 좌 전 1 】 원문 14

所謂道, 忠於民而信於神也. 上思利民, 忠也; 祝史正辭, 信也. 今

民餒而君逞欲, 祝史矯擧以祭, 臣不知其可也.(「魯桓公」6年條)

【 춘 추 좌 전 2 】 원문 15

慶鄭曰: "背施, 無親; 幸災, 不仁; 貪愛, 不祥; 怒鄰, 不義. 四德皆

失, 何以守國?" 虢射曰: "皮之不存, 毛將安傅?" 慶鄭曰: "棄信·背

鄰, 患孰恤之? 無信, 患作; 失援, 必斃. 是則然矣." (…) "背施·幸

災, 民所弃也. 近猶讎之, 況怨敵乎?"(「僖公」14年條)

【춘추좌전 3】 원문 16

冬, 晉侯圍原, 命三日之糧. 原不降, 命去之. 諜出, 曰: "原將降矣."
軍吏曰: "請待之." 公曰: "信, 國之寶也, 民之所庇也. 得原失信, 何
以庇之? 所亡滋多." 退一舍而原降. 遷原伯貫于冀. 趙衰爲原大
夫, 狐溱爲溫大夫.(「僖公」25年條)

【춘추좌전 4】 원문 17

穆伯如齊, 始聘焉, 禮也. 凡君卽位, 卿出幷聘, 踐修舊好, 要結外
援, 好事鄰國, 以衛社稷, 忠·信·卑讓之道也. 忠, 德之正也; 信,
德之固也; 卑讓, 德之基也.(「文公」元年條)

【춘추좌전 5】 원문 18

吾盟固云'唯強是從', 今楚師至, 晉不我救, 則楚彊矣. 盟誓之言,
豈敢背之? 且要盟無質, 神弗臨也. 所臨唯信, 信者, 言之瑞也, 善
之主也, 是故臨之. 明神不蠲要盟, 背之, 可也.(「襄公」9年條)

【춘추좌전 6】 원문 19

小國無信, 兵亂日至, 亡無日矣, 五會之信, 今將背之, 雖楚救我,
將安用之. (…) 舍之聞之, 杖莫如信.(「襄公」8年條)
秋欒盈自楚適齊. 晏平仲言於齊侯曰, 商任之會 受命於晉 今納
欒氏 將安用之 小所以事大 信也 失信不立君其圖之. 弗聽. 退告
陳文子曰, 君人執信 臣人執共 忠信篤敬 上下同之 天之道也 君自

棄也 弗能久矣.(「襄公」22年條)

季康子欲伐邾, 乃饗大夫以謀之. 子服景伯曰: "小所以事大, 信也; 大所以保小, 仁也. 背大國, 不信; 伐小國, 不仁. 民保於城, 城保於德. 失二德者, 危, 將焉保?"(「哀公」上7年條)

【춘추좌전 7】 원문 20

南蒯之將叛也, 其鄉人或知之, 過之而歎, 且言曰: "恤恤乎, 湫乎攸乎! 深思而淺謀, 邇身而遠志, 家臣而君圖, 有人矣哉!" 南蒯枚筮之, 遇坤之比曰: "黃裳元吉", 以爲大吉也. 示子服惠伯, 曰: "卽欲有事, 何如?" 惠伯曰: "吾嘗學此矣, 忠信之事則可, 不然, 必敗. 外彊內溫, 忠也; 和以率貞, 信也, 故曰'黃裳元吉'. 黃, 中之色也; 裳, 下之飾也; 元, 善之長也. 中不忠, 不得其色; 下不共, 不得其飾; 事不善, 不得其極. 外內倡和爲忠, 率事以信爲共, 供養三德爲善, 非此三者弗當. 且夫易, 不可以占險, 將何事也? 且可飾乎? 中美能黃, 上美爲元, 下美則裳, 參成可筮. 猶有闕也, 筮雖吉, 未也. 將適費, 飮鄉人酒. 鄉人或歌之曰: "我有圃, 生之杞乎! 從我者子乎, 去我者鄙乎, 倍其鄰者恥乎! 已乎已乎! 非吾黨之士乎!"
(「昭公」12年條)

【논어 1】 원문 21

曾子曰: "吾日三省吾身, 爲人謀而不忠乎? 與朋友交而不信乎? 傳不習乎?"(「學而」)

子曰: "君子不重, 則不威, 學則不固. 主忠信. 無友不如己者. 過則勿憚改."(「學而」)

顏淵季路侍. 子曰: "盍各言爾志?" 子路曰: "願車馬衣輕裘, 與朋友共, 敝之而無憾." 顏淵曰: "願無伐善, 無施勞." 子路曰: "願聞子之志." 子曰: "老者安之, 朋友信之, 少者懷之."(「公冶長」)

【논어 2】 원문 22

子曰: "道千乘之國, 敬事而信, 節用而愛人, 使民以時."(「學而」)

【논어 3】 원문 23

子曰: "弟子, 入則孝, 出則悌, 謹而信, 汎愛衆, 而親仁. 行有餘力, 則以學文."(「學而」)

【논어 4】 원문 24

有子曰: "信近於義, 言可復也."(「學而」)

【논어 5】 원문 25

子曰: "人而無信, 不知其可也. 大車無輗, 小車無軏, 其何以行之哉?"(「爲政」)

【논어 6】 원문 26

子使漆彫開仕. 對曰: "吾斯之未能信." 子說.(「公冶長」)

【논어 7】원문 27

宰予晝寢. 子曰: "朽木不可雕也, 糞土之牆不可杇也, 於予與何誅?" 子曰: "始吾於人也, 聽其言而信其行, 今吾於人也, 聽其言而觀其行. 於予與改是." (「公冶長」)

【논어 8】원문 28

子曰: "十室之邑, 必有忠信如丘者焉, 不如丘之好學也." (「公冶長」)

好信不好學, 其蔽也賊. (「陽貨」)

篤信好學, 守死善道. (「泰伯」)

【논어 9】원문 29

子貢問政. 子曰: "足食, 足兵, 民信之矣." 子貢曰: "必不得已而去, 於斯三者何先?" 曰: "去兵." 子貢曰: "必不得已而去, 於斯二者何先?" 曰: "去食. 自古皆有死, 民無信不立." (「顏淵」)

【논어 10】원문 30

子貢問曰: "何如斯可謂之士矣?" 子曰: "行己有恥, 使於四方, 不辱君命, 可謂士矣." 曰: "敢問其次." 曰: "宗族稱孝焉, 鄉黨稱弟焉." 曰: "敢問其次." 曰: "言必信, 行必果, 硜硜然小人哉! 抑亦可以爲次矣." 曰: "今之從政者何如?" 子曰: "噫! 斗筲之人, 何足算也?" 子曰: "不得中行而與之, 必也狂狷乎! 狂者進取, 狷者有所不爲也."

(「子路」)

【논 어 1 1】 원문 31

子曰: "不逆詐, 不億不信, 抑亦先覺者, 是賢乎!"(「憲問」)

【논 어 1 2】 원문 32

子曰: "君子義以爲質, 禮以行之, 孫以出之, 信以成之. 君子哉!"

(「衛靈公」)

【논 어 1 3】 원문 33

子張問仁於孔子. 孔子曰: "能行五者於天下爲仁矣." "請問之." 曰:

"恭寬信敏惠. 恭則不侮, 寬則得衆, 信則人任焉, 敏則有功, 惠則

足以使人."(「陽貨」)

【맹 자 1】 원문 34

孟子對曰: "地方百里而可以王. 王如施仁政於民, 省刑罰, 薄稅

斂, 深耕易耨, 壯者以暇日修其孝悌忠信, 入以事其父兄, 出以事

其長上, 可使制梃以撻秦楚之堅甲利兵矣."(「梁惠王」上)

公孫丑曰: "詩曰: '不素餐兮'. 君子之不耕而食, 何也?" 孟子曰: "君

子居是國也, 其君用之, 則安富尊榮, 其子弟從之, 則孝弟忠信.

'不素簒兮', 孰大於是?" 孟子曰: "君子居是國也, 其君用之, 則安

富尊榮, 其子弟從之, 則孝弟忠信. '不素簒兮', 孰大於是?"(「盡心」

上)

孟子曰: "有天爵者, 有人爵者. 仁義忠信, 樂善不倦, 此天爵也, 公卿大夫, 此人爵也."(「告子」上)

【맹자 2】 원문 35

書曰: "湯一征, 自葛始." 天下信之, 東面而征, 西夷怨, 南面而征, 北狄怨, 曰: "奚爲後我?" 民望之, 若大旱之望雲霓也. 歸市者不止, 耕者不變, 誅其君而弔其民, 若時雨降. 民大悅.(「梁惠王」下)

【맹자 3】 원문 36

人之有道也, 飽食·煖衣·逸居而無教, 則近於禽獸. 聖人有憂之, 使契爲司徒, 教以人倫, 父子有親, 君臣有義, 夫婦有別, 長幼有序, 朋友有信.(「滕文公」上)

【맹자 4】 원문 37

上無道揆也, 下無法守也, 朝不信道, 工不信度, 君子犯義, 小人犯刑, 國之所存者幸也.(「離婁」上)

【맹자 5】 원문 38

孟子曰: "居下位而不獲於上, 民不可得而治也. 獲於上有道, 不信於友, 弗獲於上矣. 信於友有道, 事親弗悅, 弗信於友矣. 悅親有道, 反身不誠, 不悅於親矣. 誠身有道, 不明乎善, 不誠其身矣. 是

故誠者, 天之道也, 思誠者, 人之道也. 至誠而不動者, 未之有也,

不誠, 未有能動者也.”(「離婁」上)

【맹자 6】 원문39

孟子曰: “大人者, 言不必信, 行不必果, 惟義所在.”(「離婁」下)

孟子曰: “仲子, 不義與之齊國而弗受, 人皆信之, 是舍簞食豆羹

之義也. 人莫大焉亡親戚君臣上下. 以其小者信其大者. 奚可哉?”

(「盡心」上)

【맹자 7】 원문 40

孟子曰: “不信仁賢, 則國空虛, 無禮義, 則上下亂, 無政事, 則財用

不足.”(「盡心」下)

【맹자 8】 원문 41

可欲之謂善, 有諸己之謂信.(「盡心」下)

【맹자 9】 원문 42

曰: “非之無擧也, 刺之無刺也, 同乎流俗, 合乎汚世, 居之似忠信,

行之似廉絜, 衆皆悅之, 自以爲是, 而不可與入堯舜之道, 故曰‘德

之賊’也. 孔子曰: 惡似而非者, 惡莠, 恐其亂苗也, 惡佞, 恐其亂義

也, 惡利口, 恐其亂信也, 惡鄭聲, 恐其亂樂也, 惡紫, 恐其亂朱也,

惡鄕原, 恐其亂德也. 君子反經而已矣. 經正, 則庶民興; 庶民興,

斯無邪慝矣."(「盡心」下)

【순자 1】 원문 43

信信, 信也, 疑疑, 亦信也.(「非十二子」)

【순자 2】 원문 44

庸言必信之, 庸行必愼之, 畏法流俗, 而不敢以其所獨甚, 若是則
可謂愨士矣. 言無常信, 行無常貞, 唯利所在, 無所不傾, 若是則可
謂小人矣.(「不苟」)

【순자 3】 원문 45

人之性惡, 其善者僞也. 今人之性, 生而有好利焉, 順是, 故爭奪
生而辭讓亡焉, 生而有疾惡焉, 順是, 故殘賊生而忠信亡焉, 生而
有耳目之欲, 有好聲色焉, 順是, 故淫亂生而禮義文理亡焉.(「性
惡」)

堯問於舜曰: 人情何如? 舜對曰: 人情甚不美, 又何問焉? 妻子具
而孝衰於親, 嗜欲得而信衰於友, 爵祿盈而忠衰於君. 人之情乎!
人之情乎! 甚不美, 又何問焉? 唯賢者爲不然.(「性惡」)

【순자 4】 원문 46

故人主天下之利埶也, 然而不能自安也, 安之者必將道也. 故用
國者, 義立而王, 信立而霸, 權謀立而亡. 三者明主之所謹擇也,

仁人之所務白也.(「王霸」)

德雖未至也, 義雖未濟也, 然而天下之理略奏矣, 刑賞已諾, 信乎天下矣, 臣下曉然皆知其可要也. 政令已陳, 雖覩利敗, 不欺其民, 約結已定, 雖覩利敗, 不欺其與. 如是, 則兵勁城固, 敵國畏之, 國一綦名, 與國信之. 雖在僻陋之國, 威動天下, 五伯是也. 非本政教也, 非致隆高也, 非綦文理也, 非服人之心也, 鄉方略, 審勞佚, 謹畜積, 脩戰備, 齺然上下相信, 而天下莫之敢當. 故齊桓晉文楚莊吳闔閭越句踐, 是皆僻陋之國也, 威動天下, 彊殆中國, 無它故焉, 略信也. 是所謂信立而霸也.(「王霸」)

故明其不幷之行, 信其友敵之道, 天下無王霸主, 則常勝矣. 是知霸道者也.(「王制」)

假今之世, 益地不如益信之務也.(「彊國」)

【순자 5】 원문 47

故國者, 重任也, 不以積持之則不立. (…) 故一朝之日也, 一日之人也, 然而厭焉有千歲之固何也? 曰: 援夫千歲之信法以持之也, 安與夫千歲之信士爲之也. 人無百歲之壽, 而有千歲之信士, 何也? 曰: 以夫千歲之法自持者, 是乃千歲之信士矣.(「王霸」)

【순자 6】 원문 48

不足於行者, 說過, 不足於信者, 誠言.(「大略」)

言之信者, 在乎區蓋之間. 疑則不言, 未問則不言.(「大略」)

【묵자 1】 원문 49

吾聞之曰: "非無安居也, 我無安心也. 非無足財也, 我無足心也."
是故君子自難而易彼, 衆人自易而難彼. 君子進不敗其志, 內究其
情. 雖雜庸民, 終無怨心, 彼有自信者也.(「親士」)

【묵자 2】 원문 50

子墨子曰: "季孫紹與孟伯常, 治魯國之政, 不能相信, 而祝於叢
社, 曰: '苟使我和.' 是猶弇其目, 而祝於叢社曰: '苟使我皆視'. 豈
不繆哉!"(「耕柱」)

【묵자 3】 원문 51

是以必爲置三本. 何謂三本? 曰: 爵位不高, 則民不敬也蓄祿不厚,
則民不信也. 政令不斷, 則民不畏也. 故古聖王高予之爵, 重予之
祿, 任之以事, 斷予之令. 夫豈爲其臣賜哉? 欲其事之成也.(「尙賢」
中)

【묵자 4】 원문 52

是故子墨子言曰: "雖有深溪博林, 幽澗毋人之所, 施行不可以不
董, 見有鬼神視之." 今執無鬼者曰: "夫衆人耳目之請, 豈足以斷
疑哉? 奈何其欲爲高君子于天下, 而有復信衆之耳目之請哉?" 子
墨子曰: "若以衆之耳目之請, 以爲不足信也, 不以斷疑. 不識若昔
者三代聖王堯舜禹湯文武者, 足以爲法乎? 故于此乎, 自中人以上

皆曰: 若昔者三代聖王, 足以爲法矣. 若苟昔者三代聖王足以爲法, 然則姑嘗上觀聖王之事. 昔者, 武王之攻殷誅紂也, 使諸候分其祭曰: '使親者受內祀, 疏者受外祀.' 故武王必以鬼神爲有, 是故攻殷伐紂, 使諸候分其祭. 若鬼神無有, 則武王何祭分哉? 非惟武王之事爲然也, 故聖王其賞也必于祖, 其僇也必于社. 賞於祖者何也? 告分之均也; 僇於社者何也? 告聽之中也. (…) 今執無鬼者曰: '鬼神者, 固無有.' 則此反聖王之務. 反聖王之務, 則非所以爲君子之道也!"(「明鬼」下)

【묵자 5】 원문 53

今雖毋在乎王公大人, 賫若信有命而致行之, 則必怠乎聽獄治政矣, 卿大夫必怠乎治官府矣, 農夫必怠乎耕稼樹藝矣, 婦人必怠乎紡績織絍矣. 王公大人怠乎聽獄治政, 卿大夫怠乎治官府, 則我以爲天下必亂矣. 農夫怠乎耕稼樹藝, 婦人怠乎紡織績絍, 則我以爲天下衣食之財將必不足矣. 若以爲政乎天下, 上以事天鬼, 天鬼不使; 下以持養百姓, 百姓不利, 必離散不可得用也. 是以入守則不固, 出誅則不勝, 故雖昔者三代暴王桀紂幽厲之所以共抎其國家, 傾覆其社稷者, 此也. 是故子墨子言曰: "今天下之士君子, 中實將欲求興天下之利, 除天下之害, 當若有命者之言, 不可不強非也. 曰: 命者, 暴王所作, 窮人所術, 非仁者之言也. 今之爲仁義者, 將不可不察而強非者, 此也."(「非命」下)

有強執有命以說議曰: "壽夭貧富, 安危治亂, 固有天命, 不可損

益. 窮達賞罰幸否有極, 人之知力, 不能爲焉." 群吏信之, 則怠於
分職; 庶人信之, 則怠於從事. 吏不治則亂, 農事緩則貧, 貧且亂
政之本, 而儒者以爲道敎, 是賊天下之人者也.(「非儒」下)

【 노자 1 】 원문 54

太上下知有之. 其次親而譽之. 其次畏之. 其次侮之. 信不足焉,
有不信焉. 悠兮, 其貴言, 功成事遂, 百姓皆謂我自然.(『老子』17章)

【 노자 2 】 원문 55

上德不德, 是以有德, 下德不失德, 是以無德. 上德無爲而無以爲,
下德爲之而有以爲. 上仁爲之而無以爲, 上義爲之而有以爲, 上禮
爲之而莫之應, 則攘臂而扔之. 故失道而後德, 失德而後仁, 失仁
而後義, 失義而後禮. 夫禮者, 忠信之薄, 而亂之首, 前識者, 道之
華, 而愚之始. 是以大丈夫處其厚, 不居其薄, 處其實, 不居其華.
故去彼取此.(『老子』38章)

【 노자 3 】 원문 56

信言不美, 美言不信.(『老子』81章)

【 장자 1 】 원문 57

曰:"藐姑射之山, 有神人居焉, 肌膚若冰雪, 綽若處子. 不食五穀,
吸風飮露. 乘雲氣, 御飛龍, 而遊乎四海之外. 其神凝, 使物不疵

瘖而年穀熟. 吾以是狂而不信也." 連叔曰: "然. 瞽者無以與乎文章之觀, 聾者無以與乎鐘鼓之聲. 豈唯形骸有聾盲哉? 夫知亦有之. 是其言也, 猶時女也. 之人也, 之德也, 將旁礴萬物以爲一世蘄乎亂, 孰弊弊焉以天下爲事! 之人也, 物莫之傷, 大浸稽天而不溺, 大旱金石流土山焦而不熱. 是其塵垢粃糠, 將猶陶鑄堯舜者也, 孰肯以物爲事!"(「逍遙遊」)

【 장자 2 】 원문 58

泰氏, 其臥徐徐, 其覺于于; 一以己爲馬, 一以己爲牛; 其知情信, 其德甚眞, 而未始入於非人.(「應帝王」)

【 장자 3 】 원문 59

非彼無我, 非我無所取. 是亦近矣, 而不知所爲使. 若有眞宰, 而特不得其眹. 可行已信, 而不見其形, 有情而無形.(「齊物論」)

夫道, 有情有信, 無爲無形; 可傳而不可受, 可得而不可見; 自本自根, 未有天地, 自古以固存; 神鬼神帝, 生天生地; 在太極之上而不爲高, 在六極之下而不爲深, 先天地生而不爲久, 長於上古而不爲老.(「大宗師」)

【 장자 4 】 원문 60

丘請復以所聞: 凡交近則必相靡以信, 交遠則必忠之以言, 言必或傳之. 夫傳兩喜兩怒之言, 天下之難者也. 夫兩喜必多溢美之言,

兩怒必多溢惡之言. 凡溢之類妄, 妄則其信之也莫, 莫則傳言者
殃.(「人間世」)

今哀駘它未言而信, 無功而親, 使人授己國, 唯恐其不受也, 是必
才全而德不形者也.(「德充符」)

【 장자 5 】 원문61

夫孝悌仁義, 忠信貞廉, 此皆自勉以役其德者也, 不足多也.(「天
運」)

語仁義忠信, 恭儉推讓爲修而已矣; 此平世之士, 敎誨之人, 遊居
學者之所好也.(「刻意」)

聖人不死, 大盜不止. 雖重聖人而治天下, 則是重利盜跖也. 爲之
斗斛以量之, 則竝與斗斛而竊之; 爲之權衡以稱之, 則竝與權衡
而竊之; 爲之符璽以信之, 則竝與符璽而竊之; 爲之仁義以矯之,
則竝與仁義而竊之.(「胠篋」)

【 장자 6 】 원문 62

至德之世, (…) 當而不知以爲信.(「天地」)

至禮有不人, 至義不物, 至知不謀, 至仁無親, 至信辟金.(「庚桑
楚」)

【 장자 7 】 원문 63

尾生與女子期於梁下, 女子不來, 水至不去, 抱梁柱而死. (…) 無

異於磔犬·流豕·操瓢而乞者, 皆離名輕死, 不念本養壽命者
也.(「盜跖」)

【상앙 1】 원문 64

人情而有好惡; 故民可治也. 人君不可以不審好惡; 好惡者, 賞罰
之本也. 夫人情好爵祿而惡刑罰, 人君設二者以御民之志, 而立
所欲焉. 夫民力盡而爵隨之, 功立而賞隨之, 人君能使其民信於
此明如日月, 則兵無敵矣.(『商君書』「錯法」)

【상앙 2】 원문 65

六蝨: 曰禮樂, 曰詩書, 曰修善, 曰孝弟, 曰誠信, 曰貞廉, 曰仁義,
曰非兵, 曰羞戰. 國有十二者, 上無使農戰, 必貧至削.(「勒令」)

【한비 1】 원문 66

法所以凌過遊外私也; 嚴刑, 所以遂令懲下也. 威不貸錯, 制不共
門. 威·制共, 則衆邪彰矣; 法不信, 則君行危矣; 刑不斷, 則邪不
勝矣.(『韓非子』「有度」)

形名參同, 用其所生. 二者誠信, 下乃貢情.(「揚權」)

法刑苟信, 虎化爲人, 復反其眞.(「揚權」)

【한비 2】 원문 67

用時日, 事鬼神, 信卜筮, 而好祭祀者, 可亡也.(「亡徵」)

【한비 3】원문 68

人主之患在於信人. 信人, 則制於人. 人臣之於其君, 非有骨肉之親也, 縛於勢而不得不事也. 故爲人臣者, 窺覘其君心也無須臾之休, 而人主憒處其上, 此世所以有劫君弑主也. 爲人主而大信其子, 則姦臣得乘於子以成其私, 故李兌傅趙王而餓主父. 爲人主而大信其妻, 則姦臣得乘於妻以成其私, 故優施傅麗姬殺申生而立奚齊. 夫以妻之近與子之親而猶不可信, 則其餘無可信者矣.(「備內」)

【한비 4】원문 69

誘於事者, 困於患, 其進言少, 其退費多. 雖有功, 其進言不信, 不信者有罪. 事有功者必賞, 則群臣莫敢飾言以憪主. 主道者, 使人臣前言不復於後, 後言不復於前, 事雖有功, 必伏其罪, 謂之任下.(「南面」)

【한비 5】원문 70

龐恭與太子質於邯鄲, 謂魏王曰: "今一人言市有虎, 王信之乎?"曰: "不信." "二人言市有虎, 王信之乎?"曰: "不信." "三人言市有虎, 王信之乎?"王曰: "寡人信之." 龐恭曰: "夫市之無虎也明矣, 然而三人言而成虎. 今邯鄲之去魏也遠於市, 議臣者過於三人, 願王察之." 龐恭從邯鄲反, 竟不得見.(「內儲說 上·七術」)

言之爲物也以多信, 不然之物, 十人云疑, 百人然乎, 千人不可解

믿음이란 무엇인가

也.(「六經」)

【한비 6】원문 71

鄭人有欲買履者, 先自度其足而置之其坐, 至之市而忘操之. 已得履, 乃曰: "吾忘持度." 反歸取之. 及反, 市罷, 遂不得履. 人曰: "何不試之以足?" 曰: "寧信度, 無自信也."(「外儲說」左上)

【한비 7】원문 72

小信成則大信立, 故明主積於信. 賞罰不信則禁令不行, (…) 是以吳起須故人而食, 文侯會虞人而 獵. 故明主信, 如曾子殺彘也. 患在尊厲王擊警鼓與李悝謾兩和也.(「外儲說」左上)

【여불위 1】원문 73

天曰順, 順維生; 地曰固, 固維寧; 人曰信, 信維聽. 三者咸當, 無為而行. 行也者, 行其理也. 行數, 循其理, 平其私.(『呂氏春秋』「季冬紀·序意」)

【여불위 2】원문 74

天行不信, 不能成歲; 地行不信, 草木不大. 春之德風, 風不信, 其華不盛, 華不盛則果實不生; 夏之德暑, 暑不信, 其土不肥, 土不肥則長遂不精; 秋之德雨, 雨不信, 其穀不堅, 穀不堅則五種不成; 冬之德寒, 寒不信, 其地不剛, 地不剛則凍閉不開. 天地之大, 四時之化, 而猶不能以不信成物, 又況乎人事? 君臣不信, 則百姓誹謗, 社稷不寧; 處官不信, 則少不畏長, 貴賤相輕; 賞罰不信, 則民易犯法, 不可使令; 交友不信, 則離散鬱怨, 不能相親; 百工不信, 則器械苦偽, 丹漆染色不貞. 夫可與為始, 可與為終, 可與尊通, 可與卑窮者, 其唯信乎! 信而又信, 重襲於身, 乃通於天. 以此治人, 則膏雨甘露降矣, 寒暑四時當矣.(「離俗覽・貴信」)

【동중서 1】 원문 75

爲人臣者比地貴信而悉見其情于主, 主亦得而財之, 故王道威而不失. 爲人臣常竭情悉力而見其短長, 使主上得而器使之, 而猶地之竭竟其情也, 故其形宜可得而財也.(『春秋繁露』「離合根」)

中央者土, 君官也. 司營尙信, 卑身賤體, 夙興夜寐, 稱述往古, 以屬主意. 明見成敗, 微諫納善, 防滅其惡, 絶源塞隟, 執繩而制四方, 至忠厚信, 以事其君, 據義割恩, 太公是也. 應天因時之化, 威武强禦以成. 大理者, 司徒也. 司徒者金也, 故曰土生金.(「五行相生」)

地卑其位而上其氣, 暴其形而著其情, 受其死而獻其生, 成其事而歸其功. 卑其位所以事天也, 上其氣所以養陽也, 暴其形所以爲忠也, 著其情所以爲信也, 受其死所以藏終也, 獻其生所以助明也, 成其事所以助化也, 歸其功所以致義也. 爲人臣者, 其法取象於地. 故朝夕進退. 奉職應對, 所以事貴也; 供設飮食, 候視疾, 所以致養也; 委身致命, 事無專制, 所以爲忠也; 竭愚寫情, 不飾春過, 所以爲信也; 伏節死難, 不惜其命, 所以救窮也; 推進光榮, 褒揚其善, 所以助明也; 受命宣恩, 輔成君子, 所以助化也; 功成事就, 歸德於上, 所以致義也. 是故地明其理爲萬物母, 臣明其職爲一國宰. 母不可以不信, 宰不可以不忠. 母不信則草木傷其根, 宰不忠則奸臣危其君. 根傷則亡其枝葉, 君危則亡其國. 故爲地者務暴其形, 爲臣者務著其情.(「天地之行」)

【동중서 2】 원문 76

土有變, 大風至, 五穀傷. 此不信仁賢, 不敬父兄, 淫泆無度, 宮室榮. 救之者, 省宮室, 去雕文, 擧孝悌, 恤黎元.(「五行變救」)

【한유 1】 원문 77

性之品有上中下三. 上焉者, 善焉而已矣; 中焉者, 可導而上下也; 下焉者, 惡焉而已矣. 其所以爲性者五: 曰仁, 曰禮, 曰信, 曰義, 曰智.(『韓昌黎文集』卷11, 雜著 1, 「原性」)

【정이 1】 원문 78

仁義禮智信五者, 性也. 仁者, 全體. 四者, 四支. 仁, 體也. 義, 宜也. 禮, 別也. 智, 知也. 信, 實也.(『二程全書』卷2, 「元豊己未呂與叔東見二先生語」)

理則天下只是一箇理, 故推至四海而準. 須是質諸天地, 考諸三王不易之理. 故敬則只是敬此者也, 仁是仁此者也. 信是信此者也.(『二程全書』卷2,「元豐己未呂與叔東見二先生語」)

【정이 2】원문 79

惟四者有端而信無端. 只有不信, 更無信. 如東西南北已有定體,
更不可言信. 若以東爲西, 以南爲北, 則是有不信. 如東卽東, 西卽
西, 則無(不)信.(『二程全書』卷16,「入關語錄」)

問: "四端不及信, 何也?" 曰: "性中只有四端, 却無信. 爲有不信, 故
有信者. 且如今東者自東, 西者自西, 何用信者? 只爲有不信, 故有
信者."(『二程全書』卷19,「劉元承手編」)

四端不言信者, 旣有誠心爲四端, 則信在其中矣.(『二程全書』卷27,
「鄒德久本」)

【정이 3】원문 80

信有二般, 有信人者, 有自信者. 如七十子於仲尼, 得佗言語, 便終
身守之. 然未必知道這箇怎生是, 怎生非也. 此信於人者也. 學者
須要自信. 旣自信, 怎生奪亦不得.(『二程全書』卷19,「劉元承手編」)

【주희 1】원문 81

氣之精英者爲神. 金木水火土非神, 所以爲金木水火土者是神. 在
人則爲理, 所以爲仁義禮智信者是也.(『朱子語類』卷1, 理氣 上,
「太極天地」上)

大而天地萬物, 小而起居食息, 皆太極陰陽之理也. 又曰: 仁木,

義金, 禮火, 智水, 信土.(『朱子語類』卷6, 性理 3, 「仁義禮智等名義」)

或問: "仁義禮智, 性之四德, 又添信字, 謂之五性, 如何?" 曰: "信是誠實此四者, 實有是仁, 實有是義, 禮智皆然. 如五行之有土, 非土不足以載四者. 又如土於四時各寄王十八日, 或謂王於戊己. 然季夏乃土之本宮, 故尤王. 月令載'中央土.', 以此."(『朱子語類』卷6, 性理 3, 「仁義禮智等名義」)

夫五行之序, 木爲之始, 水爲之終, 而土爲之中. 以河圖洛書之數言之, 則水一, 木三而土五, 皆陽之生數而不可易者也, 故得以更迭爲主而爲五行之綱. 以德言之, 則木爲發生之性, 水爲貞靜之體, 而土又包育之母也. 故木之包五行也, 以其流通貫徹而無不在也. 水之包五行也, 以其歸根反本而藏於此也. 若夫土, 則水火之所寄, 金木之所資, 居中而應四方, 一體而載萬類者也. 故孔子贊乾之四德而以貞元擧其終始, 孟子論人之四端而不敢以信者列序於其間, 蓋以爲無適而非此也.(『朱子大典』卷72, 雜著, 「聲律辨」)

【주희 2】원문 82

性猶太極也, 心猶陰陽也. 太極只在陰陽之中, 非能離陰陽也. 然至論太極, 自是太極; 陰陽自是陰陽. 惟性與心亦然. 所謂"一而二, 二而一也." 韓子以仁義禮智信言性, 以喜怒哀樂言情, 蓋愈於諸子之言性. 然至分三品, 卻只說得氣, 不曾說得性.(『朱子語類』卷5, 性理 2, 「性情心意等名義」)

人之所以生, 理與氣合而已. 天理固浩浩不窮, 然非是氣, 則雖有是理而無所湊泊. 故必二氣交感, 凝結生聚, 然後是理有所附著. 凡人之能言語動作, 思慮營爲, 皆氣也, 而理存焉. 故發而爲孝弟忠信仁義禮智, 皆理也.(『朱子語類』卷4, 性理 1,「人物之性氣質之性」)

【주희 3】원문 83

一心之謂誠, 盡己之謂忠, 存於中之謂孚, 見於事之謂信.(『朱子語類』, 性理 3,「仁義禮智等名義」)

問誠信之別. 曰: 誠是自然底實, 信是人做底實. 故曰:"誠者, 天之道."這是聖人之信. 若衆人之信, 只可喚做信, 未可喚做誠. 誠是自然無妄之謂. 如水只是水, 火只是火, 仁徹底是仁, 義徹底是義.(『朱子語類』卷6, 性理 3,「仁義禮智等名義」)

叔器問: 誠與信如何分? 曰: 誠是箇自然之實, 信是箇人所爲之實. 中庸說"誠者, 天之道也.", 便是誠. 若"誠之者, 人之道也.", 便是信. 信不足以盡誠, 猶愛不足以盡仁. 上是, 下不是.(『朱子語類』卷6, 性理 3,「仁義禮智等名義」)

【주희 4】원문 84

忠, 以心言; 信, 以事言. 靑是靑, 黃是黃, 這便是信. 未有忠而不信, 信而不忠, 故明道曰:"忠信, 內外也."這內外二字極好.(『朱子語類』,「論語」3·學而篇中,「曾子曰吾日三省吾身章」)

忠信只是一事. 但是發於心而自盡, 則為忠; 驗於理而不違, 則為信. 忠是信之本, 信是忠之發.(『朱子語類』,「論語」3·學而篇中,「曾子曰吾日三省吾身章」)

忠信只是一事, 而相為內外始終本末. 有於己為忠, 見於物為信.(『朱子語類』,「論語」3·學而篇中,「曾子曰吾日三省吾身章」)

【 주 희 5 】 원문 85

問: "去歲聞先生曰: '只是一箇道理, 其分不同.' 所謂分者, 莫只是理一而其用不同? 如君之仁, 臣之敬, 子之孝, 父之慈, 與國人交之信之類是也." 曰: "其體已略不同. 君臣·父子·國人是體; 仁敬慈孝與信是用."(『朱子語類』卷6, 性理 3,「仁義禮智等名義」)

【 주 희 6 】 원문 86

古者初年入小學, 只是教之以事, 如禮樂射御書數及孝弟忠信之事. 自十六七入大學, 然後教之以理, 如致知格物及所以爲忠信孝弟者.(『朱子語類』卷7, 學 1,「小學」)

聖人教人, 大概只是說孝弟忠信日用常行底話.(『朱子語類』卷8, 學 2,「總論爲學之方」)

聖人教人有定本. 舜"使契爲司徒, 教以人倫: 父子有親, 君臣有義, 夫婦有別, 長幼有序, 朋友有信.(『朱子語類』卷8, 學 2,「總論爲學之方」)

【주희 7】 원문 87

看人文字, 不可隨聲遷就. 我見得是處, 方可信. 須沉潛玩繹, 方有見處. 不然, 人說沙可做飯, 我也說沙可做飯, 如何可喫!(『朱子語類』「讀書法」下)

【육구연 1】 원문 88

忠者何? 不欺之謂也; 信者何? 不妄之謂也. 人而不欺, 何往而非忠; 人而不妄, 何往而非信. 忠與信初非有二也. 特由其不欺于中而言之, 則名之以忠; 由其不妄于外而言之, 則名之以信. 果且有忠而不信者乎? 果且有信而不忠者乎? 名雖不同, 總其實而言之, 不過良心之存, 誠實無僞, 斯可謂之忠信矣. 由是言之, 忠信之名, 聖人初非外立其德以敎天下, 蓋皆人之所固有, 心之所同然者也.(『陸九淵集』卷32,「主忠信」)

【왕수인 1】 원문 89

愛曰:"如事父之孝, 事君之忠, 交友之信, 治民之仁, 其間有許多理在, 恐亦不可不察." 先生嘆曰:"此說之蔽久矣, 豈一語所能悟? 今姑就所問者言之: 且如事父不成, 去父上求個孝的理; 事君不成, 去君求個忠的理; 交友治民不成, 去友上·民上求個信與仁的理: 都只在此心, 心即理也. 此心無私欲之蔽, 即是天理, 不須外面添一分. 以此純乎天理之心, 發之事父便是孝, 發之事君便是忠, 發之交友治民便是信與仁. 只在此心去人欲·存天理上用功

便是."(『傳習錄』上,「徐愛錄」3條目)

【왕수인 2】 원문 90

先生曰:"子夏篤信聖人, 曾子反求諸己. 篤信固亦是, 然不如反求
之切. 今旣不得于心, 安可狃于舊聞, 不求是當? 就如朱子, 亦尊信
程子, 至其不得于心處, 亦何嘗苟從?"(『傳習錄』上,「徐愛錄」6條
目)

【왕수인 3】 원문 91

蕭惠好仙釋, 先生警之曰:"吾亦自幼篤志二氏, 自謂旣有所得, 謂
儒者爲不足學. 其後居夷三載, 見得聖人之學若是其簡易廣大,
始自嘆悔錯用了三十年氣力. 大抵二氏之學, 其妙與聖人只有毫
釐之間. 汝今所學乃其土苴, 輒自信自好若此, 眞鴟鴞竊腐鼠耳!"
(『傳習錄』上,「薛侃錄」124條目)

今世學術之弊, 其謂之學仁而過者乎? 謂之學義而過者乎? 抑謂
之學不仁不義而過者乎? 吾不知其于洪水猛獸何如也! 孟子云:
"予豈好辨哉? 予不得已也!"楊·墨之道塞天下, 孟子之時, 天下之
尊信楊·墨, 當不下于今日之崇尙朱說, 而孟子獨以一人呶呶于其
間, 噫, 可哀矣!(『傳習錄』中,「答羅整菴少宰書」176條目)

【왕수인 4】 원문 92

君子學以爲己, 未嘗虞人之欺己也, 恒不自欺其良知而已; 未嘗虞

人之不信己也, 恒自信其良知而已; 未嘗求先覺人之詐與不信也, 恒務自覺其良知而已. 是故不欺則良知無所僞而誠, 誠則明矣; 自信則良知無所惑而明, 明則誠矣. 明誠相生, 是故良知常覺常照. 常覺常照, 則如明鏡之懸, 而物之來者自不能遁其妍媸矣. 何者? 不欺而誠則無所容其欺, 苟有欺焉, 而覺矣; 自信而明則無所容其不信, 苟不信焉, 而覺矣.(『傳習錄』中,「答歐陽崇一」171條目)

【왕수인 5】 원문 93

古之人所以能見善不啻若己出, 見惡不啻若己入, 視民之饑溺猶己之饑溺, 而一夫不獲, 若己推而納諸溝中者, 非故爲是而以蘄天下之信己也, 務致其良知, 求自慊而已矣. 堯·舜·三王之聖, 言而民莫不信者, 致其良知而言之也; 行而民莫不說者, 致其良知而行之也.(『傳習錄』中,「答聶文蔚」179條目)

【왕수인 6】 원문 94

『大學』所謂厚薄, 是良知上自然的條理, 不可逾越, 此便謂之義; 順這個條理, 便謂之禮; 知此條理, 便謂之智; 終始是這條理, 便謂之信."(『傳習錄』下,「黃省曾錄」276條目)

【왕수인 7】 원문 95

我在南都以前, 尙有些子鄕愿的意思在. 我今信得這良知眞是眞非, 信手行去, 更不著些覆藏. 我今才做得個狂者的胸次, 使天下

之人都說我行不掩言也罷.(『傳習錄』下,「黃省曾錄」312條目)

【 왕 수 인 8 】 원문 96

無知無不知, 本體原是如此. 譬如日未嘗有心照物, 而自無物不照. 無照無不照, 原是日的本體. 良知本無知, 今卻要有知; 本無不知, 今卻疑有不知, 只是信不及耳!(『傳習錄』下,「黃省曾錄」282條目)

人一日間, 古今世界都經過一番, 只是人不見耳. 夜氣淸明時, 無視無聽, 無思無作, 淡然平懷, 就是羲皇世界. 平旦時, 神淸氣朗, 雍雍穆穆, 就是堯·舜世界. 日中以前, 禮儀交會, 氣象秩然, 就是三代世界. 日中以后, 神氣漸昏, 往來雜擾, 就是春秋·戰國世界. 漸漸昏夜, 萬物寢息, 景象寂寥, 就是人消物盡世界. 學者信得良知過, 不爲氣所亂, 便常做個羲皇已上人.(『傳習錄』下,「黃省曾錄」311條目)

【 왕 수 인 9 】 원문 97

人生大病, 只是一傲字. 爲子而傲必不孝, 爲臣而傲必不忠, 爲父而傲必不慈, 爲友而傲必不信.(『傳習錄』下,「黃以方錄」339條目)

【 더 참고하면 좋은 책 】

이동철 외, 『21세기의 동양철학: 60개의 키워드로 여는 동아시아의 미래』, 을유문화
사, 2005.
동양철학의 주요 개념을 60개로 나누어 설명한 책이다. 각각의 개념 설명이 사전
적 정리 작업에 그치지 않고, 비판적인 관점을 통해 현대적 해석을 시도하고 있다
는 장점이 있다. 아쉬운 것은 '믿음'에 대한 소개가 배제되었다는 점이다.

미조구치 유조 외, 『중국사상문화사전』, 김석근 외 옮김, 민족문화문고, 2003.
도쿄대학출판부의 『중국사상문화사전』을 번역한 것이다. 중국 사상사를 이해하
는 데 가장 기본적인 66가지 항목에 대해 그 역사적 생성과 의미의 변천 과정을
서술한 것이 특징이다. 이 책 역시 '믿음'에 대한 별도 항목이 없는 점이 아쉽다.

심의용, 『주역: 마음속에 마르지 않는 우물을 파라』, 살림, 2006.
점술과 관련된 책 혹은 '난공불락의 경전'이라고 알려진 『주역』의 거대한 숲을 공
자나 맹자, 사마천, 셰익스피어 등의 이야기로 풀이한 책이다. '나를 믿어야 남의
신임도 얻는다'는 믿음관을 확인할 수 있다.

『춘추좌전』1-3, 신동준 옮김, 한길사, 2006.
춘추의리 정신을 중국 고대 역사에서 확인할 수 있는 기회를 제공한다. 특히 국가나 제후 상호 간의 맹약으로 나타나는 믿음에 대해 확인할 수 있다.

『논어』, 동양고전연구회, 지식산업사, 2002.
'여덟 명의 철학자가 10년에 걸쳐 이룩한 공동 작업의 결실'이라고 평가받는 이 책은 공자의 사유를 오늘날의 언어로 이해할 수 있는 길잡이 역할을 한다. 특히 다양한 주석가의 해석을 고려하면서 원문에 접근하고자 한 고민들이 곳곳에 배어 있다. 조선의 유학자 정약용의 논어 해석을 많은 부분 수용하고 있는 것도 하나의 특징이다.

시라카와 시즈카, 『사람의 마음을 움직여 세상을 바꾸리라: 전혀 다른 공자 이야기』, 장원철 옮김, 한길사, 2004.
일본의 현존하는 학자 가운데 최고의 한자학 권위자라고 평가받는 시라카와 시즈카白川靜의 『공자전』을 번역한 것이다. '전혀 다른 공자 이야기'라는 부제에서도 알 수 있듯이 이 책은 '윤리적 공자' 또는 '도학적 공자'의 모습과는 완전히 다른 공자의 새로운 모습을 보여준다. 시라카와의 '인仁'과 '신信'에 대한 해석 역시 주목할 만하다.

묵적, 『묵자』, 박재범 옮김, 홍익문화사, 1999.
공자의 어짊에 기초한 믿음관을 정면에서 부정하며 겸애에 대한 믿음을 통해 세상을 바로잡겠다던 묵자의 사상이 기록된 서시다. 묵가의 평화사상과 절검정신 등을 읽을 수 있다.

최진석, 『노자의 목소리로 듣는 도덕경』, 소나무, 2001.
'천의 얼굴'을 가졌다는 평가가 있을 정도로 『노자』에 대한 해석은 다양하다. 이러한 평가는 『노자』에 대한 열린 해석을 가능케 하는 장점으로 작용하기도 한다. 특히 『노자』에서 발견되는 믿음의 문제에 주목할 때, 그것이 단순한 언어적 약정에 그치지 않는다는 점을 알 수 있다. 이 책은 그런 면에서 특기할 만한 자기주장이 있다.

장주,『장자』, 오강남 풀이, 현암사, 1999.
우화를 통해 철학에 접근하는 것은 독자들에게 즐거움을 제공한다.『장자』가 그
런 책이다. 〈교수신문〉에서는 대학생이 교양서로서 읽기에 적합한『장자』번역서
로 이 책을 선정한 적이 있다. 현대적인 관점을 통한 해석이 돋보일 뿐만 아니라 종
교인이기도 한 번역자의 종교적 해석 방식 역시 참신하다. 종교적이지만 종교적이
지 않은 철학적 번역서다.

순황,『순자』, 김학주 옮김, 을유문화사, 2001.
성악설을 주창한 순자 믿음관의 원형을 확인할 수 있는 번역서다. 선진유학을 종
합하면서도 제자백가의 다양한 사상을 비판적으로 수용하기도 한 순자 철학의
의의를 확인할 수 있다. 다만 번역의 완정성 문제에서 약간의 오류가 발견되기도
한다.

상앙,『상군서』, 우재호 옮김, 소명출판, 2005.
'이목지신移木之信'이라는 유명한 고사성어를 남긴 상앙의 생각을 직접 확인할
수 있다. 법에 대한 믿음이야말로 부국강병의 지름길임을 역설한 상앙의 사상은
진시황의 천하통일로 꽃을 피운다. 이러한 점에서 이 책은 선진 법가사상의 의의
를 확인할 수 있는 기회를 제공한다.

한비,『한비자』I·II, 이운구 옮김, 한길사, 2002.
이 책은 법가사상의 원형을 담고 있는 것 외에도 그 서술 방식이 '이야기의 숲'에서
피어오른다는 특징이 있다. 수많은 일화를 통해 법치국가의 이상을 구현하고자
한 한비자의 고뇌를 확인할 수 있다. 여기서는 믿음에 대한 구체적이고 다양한 사
례가 논의되고 있어 주목할 만하다.

모리야 히로시,『한비자: 관계의 지략』, 고정아 옮김, 이끌리오, 2008.
한비자의 법가사상에 나타난 믿음의 의의를 알기 쉽게 풀이해놓은 대중서다. 복

잡한 현대 사회의 조직생활에서 발생할 수 있는 문제들을 한비자의 방식으로 풀어볼 기회를 제공한다.

여불위, 『여씨춘추』, 정하현 옮김, 소명출판, 2011.
진나라의 승상이었던 여불위가 문객들을 동원하여 편찬한 책이다. 중국 고대 제국을 형성하는 데 관련된 당대의 세계관과 삶의 모습들을 확인할 수 있는 자료집이라고 봐도 좋다. 믿음에 대한 우주론적 질서를 통해 새로운 제국의 정치철학적인 권위를 확보하려는 시도가 확인된다.

동중서, 『동중서의 춘추번로: 춘추-역사 해석학』, 신정근 옮김, 태학사, 2006.
동중서의 역사관과 오행론적 세계관을 살펴볼 수 있는 책이다. 현대의 독자들을 배려한 우리말 풀이가 돋보인다는 점과 『춘추번로』를 동중서의 춘추-역사 해석학으로 본다는 점에서 기존에 출간된 번역서들과 차별화된다. 믿음에 대한 오행론적 관점을 확인할 수 있다.

유향, 『열녀전』, 이숙인 옮김, 글항아리, 2013.
일곱 가지 유형의 여성상을 기준으로 중국 고대의 다양한 여성 이야기를 소개한 책이다. 시대가 마련해놓은 여성상의 한계가 없는 것은 아니지만, 적어도 여성들이 가지고 있던 믿음의 측면과 그녀들이 야기한 불신의 해악적 요소들에 대한 시대적인 입장을 살펴볼 수 있다.

여정덕 편, 『주자어류』 1-4, 허탁·이요성 역주, 청계, 1998~2001.
주희의 심즉리 사상에 기초한 믿음관을 직접 확인할 수 있는 책이다. 이 책은 『주자어류』의 앞부분만 번역한 한계 때문에 다양한 주희의 입장을 확인하는 데는 어려움이 있다. 그러나 저서 전면에 일관되게 흐르고 있는 성즉리의 철학사상을 이해하는 데는 큰 어려움을 겪지 않을 것이다.

왕수인, 『전습록』 1·2, 정인재·한정길 옮김, 청계, 2001.
양지설에 기초한 왕수인의 천지만물일체설과 지행합일설 등을 확인할 수 있는 원자료다. 주자학적 믿음관에 대한 비판으로 제기된 왕수인의 믿음관을 직접 확인할 수 있다.

시마다 겐지, 『주자학과 양명학』, 김석근·이근우 옮김, 까치, 1986.
성리학의 '내면주의적 전개'라는 입장을 견지한 시마다 겐지는 주자학에서 양명학에로의 역사적 전개에 주목한다. 이 점은 일반적인 주자학과 양명학의 대립적 해석에 반기를 드는 것임에 분명하다. 신유학 읽기의 또 하나의 즐거움을 제공하는 책으로서, 믿음의 인간상에 대한 성리학적 입장의 일단도 확인 가능하다.

신영복, 『강의: 나의 동양고전 독법』, 돌베게, 2004.
중국 선진 시대의 주요 고전들을 알기 쉬운 우리말로 풀이한 책이다. 비전공자를 대상으로 한 것이지만, 중요한 고전들이 총망라되었고 주요 사상들이 배제되지 않았다. 특히 동양의 관계론에 주목하여 고전을 독해한 점이 주목할 만하다. '신뢰를 얻지 못하면 나라가 서지 못한다'는 『논어』의 믿음관을 오늘날의 언어로 확인할 기회를 제공한다.

김재한, 『동서양의 신뢰: 비교 연구를 넘어 일반 이론으로』, 아카넷, 2009.
신뢰에 대한 다양한 시각과 정의 및 양태들에 대해 알아볼 수 있는 책이다. 이 책은 신뢰에 대한 동서양 사상의 비교론적 검토를 수행하고 있는데, 이를 통해 동양의 신뢰관을 좀 더 특징적으로 살펴볼 수 있다.

하지현·신동민, 『청소년을 위한 정신의학 에세이』, 해냄, 2012.
믿음을 저해하는 정신의학적 용례들을 살펴볼 수 있는 책이다. 청소년을 대상으로 알기 쉽게 풀이했지만, 내용만큼은 결코 가볍지 않다. 나는 이 책에서 특히 망상의 용례에 대해 주목해 보았다.

李中輝 等 編著, 『信』, 山東教育出版社, 2008.
중화민족전통미덕총서의 일환으로 기획·출판된 이 책은 전통적인 믿음의 내용을 명언편, 성언편, 우언 신화편, 고사편의 네 분야로 나누어 설명하고 있다. 중국

어로 서술된 점 때문에 일반 독자들이 독해하는 데 어려움이 있지만, 믿음에 대한 참고 자료로 유용하다.

宋一夫 主編, 『國學百家講壇: 信』, 現代敎育出版社, 2012.
이 책은 중국의 국학백가강단 시리즈물의 하나다. 공자, 맹자, 순자, 동중서, 위징, 유종원, 이정, 주희, 육구연, 왕수인, 진확 등을 중심으로 그들이 언급한 믿음의 문제를 풀이했다. 중국어로 된 믿음에 대한 대중서인 동시에 관련 자료집의 성격까지 갖추고 있다.

믿음이란 무엇인가

ⓒ 이종성

초판 인쇄	2014년 6월 27일
초판 발행	2014년 6월 30일

지은이	이종성
기획	한국국학진흥원
펴낸이	강성민
편집	이은혜 박민수 이두루
편집보조	유지영 곽우정
마케팅	정민호 이연실 정현민 지문희 김주원
온라인 마케팅	김희숙 김상만 한수진 이천희
독자모니터링	황치영

펴낸곳	(주)글항아리	출판등록 2009년 1월 19일 제406-2009-000002호
주소	413-120 경기도 파주시 회동길 210
전자우편	bookpot@hanmail.net
전화번호	031-955-8891(마케팅) 031-955-8897(편집부)
팩스	031-955-2557

ISBN	978-89-6735-120-5 93100

글항아리는 (주)문학동네의 계열사입니다.

이 도서의 국립중앙도서관 출판시도서목록(CIP)은 서지정보유통지원시스템 홈페이지
(http://seoji.nl.go.kr)와 국가자료공동목록시스템(http://www.nl.go.kr/kolisnet)에
서 이용하실 수 있습니다. (CIP제어번호 : CIP2014018350)